團體工作
理論與實務

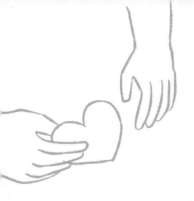

推薦序一

　　在傳統媒體報導上看到家庭暴力事件，通常看到的都是受害方遭受到毆打迫害等有形或無形的傷害，當受害方鼻青臉腫一把鼻涕一把眼淚，對著鏡頭或麥克風前哭訴自己的不幸時，大家聽到的是單方面的委曲，多會認為施暴者或加害方太可惡；但當受害方所展現出來的傷痛，燃起社會的同情心之時，有沒有人嘗試深入探討為什麼？為什麼加害方要如此以暴力傷害親人？而加害方的內心世界是否有人關心或嘗試聽其內心的話，畢竟消弭家庭暴力是終極目標，但也總有社會的聲音認為「受害人的可憐形象」讓大多數人或司法、社工等人員心理有所偏向，縱使暴力行為是不可原諒的，但加害人是不是也有其主張呢？如果不能找出家暴的成因而提前防堵，那何來談「消弭家暴」？

　　我不是社工人，也不是助人工作者，以上僅是我以社會大眾的一般看見提出的疑問；在內人是社工也是家暴社工時，使我在耳濡目染下也對家暴事件有所初步認識；當然，暴力行為是絕對不能被接受的，但從媒體新聞報導發現，有時深入探討家暴案後，似乎發現中間有些故事可能不是單一方的描述，而是仍須理解雙方各自的說詞與感受；據知，目前臺灣大部份服務家暴的社工團體都是以受害方為主，而對於家暴加害方，似乎沒有

一套系統或綜觀性的理論及實務方法，以致多頭馬車無法成為服務主流，或也無法成為課堂上針對家暴加害人的完整教材，以致師資、治療師即使滿腹實務經驗，卻無法在學校殿堂中傳道、授業、解惑。

經由內人於六年前介紹認識帶領「家暴加害人認知處遇團體」的謝宏林老師與王振宇老師，初識時知道兩位老師帶著幾位治療師在執行認知團體輔導時有同步錄影，並於完成後作檢討分析及報告，使我深感敬佩老師與治療師們的努力投入，使我深感一個團體的發展，必須不斷培養新人實踐傳承，因此在多位老師與見習的治療師、夥伴的陸續加入後，也有了同步觀察正在進行中的團體，並於團體結束後接續的討論階段中，各員再深入將自己「鏡中人」的方式來做角色轉換，在數年間各階段的操作下，從而發展出一套理論及實際操作的方式，也發展出初級的「深化小組」進行教育訓練，待有了一定的基礎後，就可以進入中階加入聚思小組參與討論，然後再由鏡觀模式的操作，讓初學者組由初、中、高階的教育及訓練成為團體的副主持人，再訓練成為團體帶領者，這過程就如同本書第5頁的詳述：

　　以此，鏡觀模式的展演與深化團體效果，重中之重是仰賴著聚思小組的投入與理解。我們相信：「當聚思小組能以自身充分融入團體時，不僅願意將自己交出，更熱衷於服務團體中的「他」（即使是非自願性案主）。關注於團體中的任何語意及非語意的表述，在與自身生命經驗相互碰撞，產生出主客觀融合的感受，藉此於內團體時，誠實及自然的說出自己的理解與看見。

　　很高興謝宏林博士這套「從不同眼光看待家暴加害人」的服務模式能為大眾接受；尤其當三年前成立了全國性的「中華人際關懷處遇協會」，並由王振宇老師擔任執行長，在兩位老師的合作下，經過三年研究及實務操作的去蕪存菁後，謝宏林老師完成《團體工作理論與實務：團體的看見群策共享處遇經驗-鏡觀模式的思維與運用》這本工具書，本書詳細的從理論的說明，再藉由深入淺出的漸進引導，讓有識者在「推門」進入這領域時，不會因為與所學不同而有所懷疑，在老師的書中一步步帶領學者前進，甚至在進入本書「門院」後，自會發現本書的工作方式確實與以往的學習與實務操作方式有所不同。

　　多人的智慧如浪潮般湧向自己，恐一下子會有滅頂之感，但謝宏林老師個人的示範及說明，使見習治療師可藉著條理順明後，再進入家暴防制的新境界。這是一本正在持續成長與轉化的工具書，因為隨著社會躁動不斷的發生，新的、多元的家暴衝突事件會不斷繁複出現，所幸謝宏林博士帶領的團隊夥伴皆能深入這領域並不斷前行，期待後續「中華人際關懷處遇協會」能定期發表服務實務看見，以更多元、多面向的論文篇章回饋社會，讓家庭暴力的社會問題消弭殆盡！

劉守仁 中將

空軍前副司令、國防部前總督察

社團法人中華人際關懷處遇協會常務監事

寫於2024年6月

推薦序二

在社會大眾眼中，他們是家庭暴力的「加害人」，在司法體系內，他們是「相對人」，在保護業務社工眼中，他們是「施暴者」，但在人關團隊「聚思小組」成員的視野裡，他（她）們就是真真實實的「人」，是個匯集了眾多生命苦澀、背負了社會諸多負面眼光的「暴力行為」人。

從事家暴受害人服務多年，在年度案件量沒有明顯降低狀況下，我始終疑惑除了受暴單方服務體系的介入之外，還有沒有使施暴者降低暴力行為的其他服務模式？於是帶著如此期待與好奇，終在103年下旬，從觀察宏林與振宇兩位老師的家暴加害人認知團體開始，我一步步踏入家暴「加害人」的處遇歷程，這對多年從事受暴被害人服務的我來說，走進他（她）們的生命故事，不只使我內心感到衝突，更也夾雜驚恐與陣陣的心痛。

面對家暴行為人的否認與抗拒，他（她）家發生了什麼事？他（她）經歷了什麼生活？是我的好奇，也是我想靠近他（她）的想像；當我（們）以認知團體治療師與他（她）們互動時，我（們）想改變他（她）什麼？如果司法裁處、認知團體是可以改變他（她）們的方式之一時，身為治療師的我（們）又該如何自處？如何使用自己成為「改變」與「降低」暴力的「工具」。

在宏林與振宇兩位老師的帶領下，經過一次次的討論、發想與試做，「鏡觀模式」終在106年有了雛形，再經過這些年實務操作的修正與轉化，不只看見參加家暴處遇團體成員的心境產生變化，也讓團體帶領的治療師、聚思小組，甚至是深化小組的見習治療師等等，都深深體會經由「鏡子」的映照與掃描，也經由利他式的「面質」與「接納」的再詮釋，促發成員們重新認識自己，進而進入他（她）們願意自省的內心世界。

不論是家暴團體成員，或是身在其中的治療師，為了順應社會生存，我們都有隱藏在生活表象下的自己，即使人們隱藏眼淚，不承認生命曾有的傷，甚至極盡張牙舞爪之能掩飾自己的不堪，但都無法隱藏在鏡子前顯露的真實。

宏林老師的書寫，呈現了這幾年一起陪伴「鏡觀」夥伴與成員們的心路歷程，將每一分感動堆疊出一篇篇可供閱讀的文字，今時的榮幸與感謝，已不足以形容我身為這團隊一員的心情，藉著本書的出版，更使我領受助人工作不是創造一時的感動，而是促使一起走過的我們，認識自己有幸成為家暴行為人治療師的職份，更帶著這份美好的負擔，同步奔跑下段路程。

陳貞樺

勵馨基金會台南分所主任
社團法人中華人際關懷處遇協會常務理事

寫於2024年初春

自 序

鏡觀模式

「一個人的看見，常是鬆解執著心境的開始」。在自己的實務經驗裏，常有隱約乍現，但又不是全然知曉，即使是從事精神醫療多年，及至後續延伸的心理衛生工作型態，皆有感知人要從內心改變，一切正向歷程的衍化才會開展起來。但如何讓人看見，是一個已知，卻又很難經過手段，促發其如實的體驗，一來是如何具像化「人」的內在經驗，及透過理解層次，顯現自我內在原初的印記，二來是如何引起動機關注自我的歷程，尤其是深埋於內在深層不願碰觸的痛境。如是的迷茫與擔憂，時刻困擾著我面對服務對象的不安，及至終日惶惶不知所措。

有幸的，在緣份的加持下，我遇見了一群能同甘共苦的伙伴們，大家胼手胝足的聚合彼此實務經驗，無私的奉獻己力，為我們的服務對象跌倒的那一個心坎，費盡心思的陪伴其能再度站起來。因為大伙們相信，當成功喚醒他們的內在自我時，已能鬆動執著，朝向改變的方向前行，連帶地受盡苦難的破碎家庭，也能再度綴合，過著較好的人生境遇，這是我們一伙所堅信不移的。

　　而我為了讓此路徑，能成形、能固化、能更長遠，不被時光消耗或是世間瑣事所消弭，必須將付出的歲月與投入形之成文，此舉才能護住得來不易的看見，也期能銜接更多機緣，將大伙由實務經驗堆砌而成的「鏡觀模式」，展露並獲得更多的曝光，殷切盼望有更多伙伴們加入，即使一人之力服務一人，進而十人之力服務千人，藉由此書的牽線，大家有志一同匯集更大的力量，協助亟須拯救的家庭。

　　我力量雖是單薄，不過我已了然於無邊的穹蒼，只因借助大伙的無畏思維，我感到豐沛與安然，這是一條繼續前行的路，我必不孤單。

謝宏林
社團法人中華人際關懷處遇協會理事長
2024.06.26

目次

第一章　起頭式的聯想

第二章　為何我們團隊要創造出一個新的模式－「鏡觀模式」

第三章　鏡觀模式的核心運作－聚思小組

第四章　鏡觀模式的完美組合／60

第五章　聚思小組的功能說明

第六章　聚思小組功能

第七章　增進凝聚力

第八章　共同臨在感

第九章　催化團體進程

第十章　擴大治療界線

第十一章　聚焦論述

參考文獻

第一章　起頭式的聯想

我的開頭……

　　有無一種可以協助讓服務對象看到自己的樣子？沒有強迫性，也很自然，但又能很深層的聚焦他（她）（後續以「他」為中性代表詞）的困境。尤其是在「這一個人」無法辨識真正自己時，我能用怎樣的方式，藉用多層次（維度）或是又可拉近及拉遠的處理手法，讓他從內在深處由衷的與我們共伴前行。

　　這個殷殷期待，是來於長期以來的服務經驗。每次看見受限於人生窘境的他，因無以名狀（indescribable）的恐懼或悲傷所困住時，其在當下的反應與事件，在自身及外人的理解上，是清楚呈現其因果關係，導致了自己和他人忙於處理所呈現的負面結果。惟事實是如此的簡單嗎？當下的情況是可以單線思維，即可輕易解決嗎？以此疑惑來思索較為複雜的議題。倘若，一個人面對眼前的這個事件時，他的想法和情緒皆是正向時，他會如何看待此事件，以認知行為理論及正向心理學來說，這個答案當然就是正向的行為／結果。相反的，當此時的想法和情緒皆是負面的，他所看到的事件可預期的，一定是愁雲慘霧的結論。

　　事實是如此嗎？我們再深究一些，看一下那想法和情緒是如何來的？是來自個人的特質或性格嗎？還是有意識或潛意識的影響？若以這個思考點而言，很多的心理議題就可細細的琢磨了。想像一下，個人是如何被模塑而成的，是與家庭重要照顧者的耳濡目染，及學習與所處環境的熏陶有關，且在日積月累的成長軌跡上，逐漸的刻記而成。當然其中有歡樂、悲傷、痛苦與傷痕。上述這些可能性，應該都會發生在所有人的身上。甚至有些也逐漸成為個人對待外界的一種慣性，此即是被他人所認定的個人特質／性格。

　　有趣的，因殊異的個人特質／性格，面對著外界的人、事、物時，所產生的情緒反應，確實有脈絡可循嗎？也即是一般我們所稱之為「**習慣**」，有點類似路徑的感覺。當一條路常被走踏時，在長時間的過程，就形成了明晰的理路。常在默然中，自然而然的取代了專注力及思考空間，這是大腦的終極作用，可同時身兼數職，協助自己做最重要的事，其他旁枝末節，就是習慣使然。

　　也因過於**為常**，所以在外人所見，就逐漸形成對理解你的一個認定。為何會論及此觀點？無論是對待身邊週遭所有的一切，每個人的認為，都是出自於當下的抉擇，可完全的自我決定。但如與前述的成長脈絡而論，互為交應比對時，就會有些微的差異點出現。也可說是，當下的抉擇，是自己完整的認知嗎？或是有股不知名的影響力，隨時又任意的方式，牽引著自己，甚而在無知的狀態下，深刻的左右了自我的決定，猶如在迅雷不及掩耳的情況下，已影響到自身諸多的情緒產生。

　　唯此，鏡觀模式的緣起，是以**借位**的方式，重新展演他的人生，透過語意所架構出的文本，經由聚思小組的演譯，深化對話的層次，將他的人生具象化成一個「擬鏡的反映」。也因同在時空中表述聚思老師的看見，恰如他內在劇場的作用，吸引著停駐於當下，而又能看見自己的過往所在位置與型態，且在樣態的呈現裡，又似有語意的流動，形成了「鏡中的我」（聚思小組所營造出的效果）與「鏡前的我」（站在鏡前的他），多方的交互輝映，產生了團體治療的效果。

如何呈現出這面 「鏡子」

「鏡中的我」如何產生「鏡映」效果
先來一段冥想之旅

因為鏡子角度不同產生很多不一樣的理解。在陳述不同期待的時候，我就想到兩種角度，第一個就是期待的衝撞（期待扭曲），也就是期待是衝突的。所以這兩種期待彼此拉扯得很嚴重，在很扭曲的兩個不同期待照射下，這個鏡子就會很歪曲，因此在裡面的人就映照出來扭曲的模樣。另外一種就是他得到了很高的期待（期待謬誤），然而這個期待從很高的角度斜斜照射下去，好像水面的折射現象，原本我們都會判斷水面是很淺的，但其實很深，這就是水面的折射。我們從很高的角度看下去的時候，人們就會看起來特別的矮，這也是一種扭曲（很大的期待會讓人的形體會被壓扁）。

若以兩種呈現方式，一種呈現是鏡子照射我現在穿著的樣子，「我今天穿的這身衣服，我照著鏡子覺得這是好看的。」我覺得用鏡子去呈現自己的儀容也是一個鏡映效果。舉例來說，有些厭食症患者，他們看待自己的模樣，他們真實體態可能是很瘦小，但他們在看到鏡子的自己時，可能顯現很臃腫模樣。為何有如此的差異？那是來自社會給予的價值（**潛意識的他者－社會化的我**），以致於影響到他們在「**鏡中的自己**」看起來完全不一樣。

另外一個呈現方式，例如，當我正在流淚時，我看到鏡子的人也在流淚，所以我知道我正在流眼淚、我正在傷心。這時「鏡中的我」反映的是我的感受被人看見了，而且我承認了我有這樣子的感受。但我其實有想到另一可能是有一些人沒有辦法讓眼淚流出來，所以當他在照鏡子時，他會因為看到自己正在流眼淚，而感到羞愧，因為受到傳統文化架構影響，男性是不能流眼淚的。以致於他會有點遮掩自己的臉，**極度否認沒有流淚這件事**。

上述的畫面跟減肥一樣，都是因為社會文化體制，影響了我們正在做這件事情時的另一種詮釋，也就是我們眼睛裡看到的，跟我們本人其實不見得是完全相同，只是因為我們處在這個社會框架下，它把我們改變成符合社會期待的樣子。

以此，鏡觀模式的展演與深化團體效果，重中之重是仰賴著聚思小組的投入與理解。我們相信：「當聚思小組能以自身充分融入團體時，不僅願意將自己**交出**，更熱衷於服務團體中的「他」（即使是非自願性案主）。關注於團體中的任何語意及非語意的表述，在與自身生命經驗相互碰撞，產生出主客觀融合的感受，藉此於內團體時，誠實及自然的說出自己的理解與看見。」

自己在什麼位置？

這裡特別提及的，以鏡觀模式的運作理念，擔任聚思小組觀察團體時，自己應處於何種角度或是位置？才可將團體看透或是能更清楚理解團體中所發生的事。而有讓人感到好奇的，團體中的他所遇到的問題，真如所看到的樣子嗎？也許事情並不是如此簡單易見。

就鏡觀模式而言，他之所以呈現當下的窘境，有可能是受到長期以來的脈絡所影響，此脈絡有的遠至早年的生命經驗（童年逆境－目睹暴力／受虐兒），及重要照顧者的身、語、意等的波及，甚而這些牽連直至今日，仍像一雙看不見的手，深入到他現在的人生裡，就像被加料的毒害著他及與外界的關係。更加有趣的，這些特別的現象，何以能在團體中勾起團體外觀察的聚思老師，亦即為何會觸動到聚思老師，這便牽涉到彼此間的連結（投射作用）。

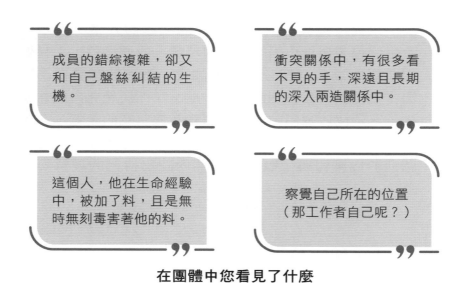

成員的錯綜複雜，卻又和自己盤絲糾結的生機。

衝突關係中，有很多看不見的手，深遠且長期的深入兩造關係中。

這個人，他在生命經驗中，被加了料，且是無時無刻毒害著他的料。

察覺自己所在的位置（那工作者自己呢？）

在團體中您看見了什麼

擔任「聚思老師」時，您願意給人看到什麼？

　　這一次的「您」，是以聚思小組身分加入團體，您雖不是被服務的對象，相反的，您是協助他人的助人者。但有一點要說明的是，當你看到團體成員人生經驗時，我們也期待你能允許自己向內探詢，回到自己較早年的生命經驗，也許當中有跟成員類似的場景，或是有些不同的體驗。每當經驗觸及到彼此時，那種感受對我們團體十分受益，因為它將我們連結在一起，促發我們能以他人的眼，看待他所遇到的困境。而當我們從他所身處的難處，看待他的因應方式時，就不難理解我們和他所共同要解決的問題了。所以，**您願意給人看到什麼**？

期盼被協助者有更大的改變效果

在與家庭暴力加害人（以下簡稱**家暴加害人**）工作已有很長的一段時間，我時常會想的不單是在我生命交會的眼前這個所範定的加害人「這個人」，而是因其所波及的相關人，因為彼此間的生命糾葛，導致於混亂系統裡，過著讓人心痛的生活。在長期的煎熬與磨難下，好不容易有機會，可以在法入家門的機緣，才讓系統有了缺口，讓外界窺視「<u>這個家到底發生了什麼事</u>？」。

雖然在司法處遇的界定上，我們只能針對他（團體成員），盡心盡力貢獻我們和他僅有的相處時間，我對「<u>如何給他更大的改變</u>」，這句話時刻迴盪在我心海裡。唯此，我檢視著：家暴加害人處遇工作，以現在的認知行為理論所設計的方案，是否真能改變他的行為模式，甚至影響到他的家人。這是一連串的連鎖效應（ripple effect），但起始點是在我的工作型態可否觸及燃點，將其在與之相處的有限時光，植入希望的種子／信念，甚而能在任何時機點萌芽。

有幸的，實作的機運下，有愈來愈多的伙伴相聚與共鳴。不只給了我們團隊的工作能量，也因各自的學理背景，或是實務經驗，及工作策略等的互相激勵。逐漸一點一滴為我們共同的夢增添了豐富的色彩。當中不乏衝擊與辯證，更因共同的理念，促發了差異的多元理解，建構出了「<u>鏡觀模式</u>」的運用方法。

從認知行為處遇漸行至鏡觀模式的帶領

因著前述更大化的改變理念，從認知行為模式的處遇策略，逐漸經由成員身上的看見及團隊的滋養下，我們從實務工作裡，領悟出的鏡觀模式，與認知行為模式的運用與加害人處遇的契合度議題，有下列幾項的促發想像：

加害人的認知是否能在短期內達到預期治療效益？

觀之目前國內主要的家暴加害人團體，大部分以認知行為模式為介入的主要運作策略。若以這個理論所做的介入作為，其預期是可以迅速達到立竿見影的效果，亦即是很容易彰顯這個家暴事件對其所造成的影響。

所以圍繞著兩造所謂的家暴事件，對加害人而言，它可以讓他們立即有不一樣的想法改變。可是這不一樣的想法轉化，它的效能、效用是否能維持很長的一段時間？甚至這一輩子就是在這一次的僅有機緣下，讓參與團體成員在完成團體後，可以讓他們確實得到改變。

或許有些成員可能會在這一次的團體過程，得到一些與以往不同的經驗。然有一條件須列入考量，有部分加害人在參與團體之前，因整個家暴處理過程，從最前端的兩造司法議題及兩個人之間關係，交織而成的是一個非常惡劣的狀態，一直到進入處遇團體。

　　這些所謂的團體成員，他們是否能真正的靜下心來，或是衡量利益得失，真誠納受團體所規劃的團體處遇目標，就實務面來說，應是相對困難的。在此思考前提下，何種模式或是理論**可跨越認知行為模式**的運作目標，且能在如此短暫的週期干預下，讓成員的情緒、感受、做法等，得到前所未有的改變。上述期待對長期經營的我們，是一直念茲在茲的。

對涉及「抗拒」的實務操作反思

　　要改變一個長期經驗，且已經深化至慣性的工作型態，要轉換真的是很困難。尤其是從2001年一直到2014年的這段期間，不算短，將近13年的時間，整個處遇團隊，一直在做認知行為模式操作策略，這個所謂的「認知行為」，相信以此理論所設計的加害人團體，操作形式應該很清楚，就是從家暴事件歷程去做不同的想法轉換，再經過想法轉換之後，面對他所經歷的同一事件，引發較諸往昔不同的情緒反應。

　　這裡指的是比較正向的情緒，以此就會做出對自己有利的決定，也就是參與團體之後，他做選擇行為就跟往昔所謂的暴力部分截然不同。這是認知行為裡面很重要的一個運作的形式，然在整體操作過程，大家忽略了一項重要的議題，且是影響效益甚大的一個阻礙指標－「**成員抗拒**」。

　　以「成員的抗拒」而言，任何形式的團體，含自願性團體，皆有某種型式的存在。這對家暴加害人團體，又屬非自願性成員，抗拒是必然的存在。因為很多的抗拒是來自於家暴司

法歷程，從通報、警政、社政及衛政的介入，最後經法院判決，整個過程遭受較諸個人的生命經驗，是完全的極端失控。他對體制的不滿，對法令的誤解，還有對事件當事人（又稱**相對人－被害人**），可能是他的配偶或是其他家人，在此家庭系統的恩怨情仇結合都讓他有問題。

歷經實務工作13年之後，發現要消融團體抗拒，且在歷經團體的加持後，他在未來能有不同的想法或是更良善的應對方式。所以如何以不同的思維讓團體成員，能看見自己在家庭關係裡，有多少複雜的原因或是背景，不知不覺中是被觸發的，且引起了無法克制的情緒反應，甚至在兩造的衝突關係中，有很多看不見的手，深遠且長期的伸入兩造關係中，嚴重干擾兩個人所感知或是體解現實情境的盲區。

如何激發他於團體運作中，覺察到自己所在的位置、衍生出現在自己困境的背景，及如何於自己的生命世界中，有牽連的線絲那一端是什麼？這些看的見，卻隱藏於內心的深處，透過長期性的壓抑，不知不覺中，就在眼界的認知構化成無事的表面現象，但卻也時時影響自己與周遭他人的生命糾葛。

那為什麼標定鏡觀模式？

為此，如何創造一個方式，導引團體成員看見這些錯綜複雜，卻又與自己盤根錯節的纏繞在一起，且如何勒緊著雙方的殘餘生機。經多年的團隊實作，並應用了聚思小組的團體參與，造就了有多層次的團體運作，促使成員能在多維度的空間裡，看見了「**鏡中的自己**」。在鏡中的他，對其有

諸多的內心探究，並顯現了他曾相識及許多陌生的自己。在多年的伙伴運作與討論，團隊給「她」取了一個很對味的名字：「**鏡觀模式**」。

這些團體成員加入這個團體處遇，其實較其他在以往的一個治療生涯裡面，是屬於很不同的一群人。他不是「自願性案主」。他是整個體制、社會的眼光，所謂的「類犯罪者」或是被貼「標籤」的加害人。因這些的助緣，對成員而言，就是一個很明顯的「非自願性案主」。

更有甚者，這些非自願性案主，可能甚至比染毒接受戒治的毒癮者，更為非自願性。因為他充滿著憤怒，甚至他會認為整個過程裡面他是對的，而且過程還會堅信認為他沒有所謂的錯誤的地方，且顯然與藥癮的或是戒酒的其他非自願的部分，都會讓自己感受截然不同。

那為何運用「鏡觀模式」？因為團隊看到的是，在系統因果論中，家庭暴力的影響既深且遠，深的部分是所影響的是「這個人」他在生命經驗中，被加了料，且是無時無刻毒害著他的料；遠的部分可能不是只有他的上一代，甚至可推至更久遠，也可能正影響他現在的子女，這種代間傳遞的苦果，對其家族而言，如同祖傳的家庭魔咒，讓幾代的人都在此輪迴中，無法跳出惡性循環。

如此對家暴情事，不僅是對加害人具有很大的傷害性，也對應到被害人，被拖入此漩渦裡，也對這一個他所處系統裡面的其他家庭成員，全都是一個很痛苦的事情。弔詭的是，就人性來講的話，其實人是追求快樂，只有對自己是有利的一個空間，就會努力去營造出來。

　　可是為什麼會因為在不對的時間，做不對的事，導致產生了這一個很負面的衝擊。那個衝擊不僅針對個人，也牽連到相對人（被害人），且波及系統的其他家庭成員。全系統的人，全部都受到這個暴力事件的衝擊。

　　回到家暴衝突的場景：一個情緒不佳（加害人），一個身心受傷（被害人），加上其他人在身心靈都受傷情況。為什麼會有這種狀態，很多家庭都過著這種沉重的人生低谷。往昔沒有家暴法，這個事情就是眼皮底下的一個默認，大家都矇著眼睛不去看事情，到底是怎麼講？怎麼發生？怎麼樣的去解決？而是讓它自然的發展，最後的承擔就是用社會這個全體共業，對社會造成無可彌補的衝擊。

　　然現在就已有家暴法，依法所看到的這一個過程，我們如果有機會去做不一樣的改變，可能對這一個人及被害人或是受波及的系統其他成員，確實是可以改變的。在此設定之下，就不用衍生成歷史共業，不用被社會所承擔，此改變的動能，導向在他自己的系統裡面就可以得到解決。即使是非自願性案主，對這個體制、對這個法律、對這個團體，具有很強的抗拒，而且這個抗拒甚至是有敵意的抗拒。

　　唯有些事情，不以對或錯的二元對立觀點來看待歸咎問題，而是以另一種角度來觀看，在整個過程裡面，現在這個情緒漩渦裡面，導致家暴的緣由，也不單只是我們所看到的，以個人的情緒、個人對性別的認知、對權力的認知等、對這個家庭的誤解這麼簡單的事。

我們的看見與理解

我們始終相信，所創造的鏡觀模式，是以這五大層面為著眼點，每一層面都在團隊裡不斷的辯證，及成為我們的信念。

第一個層面的部分是「**人其實在本質上是可以被外界所改變的**」。而這個改變，不是指改變我們所看到的結果面，也不是說促發成員努力在過程當中慢慢的去做一個修正跟變化，而是關注在最核心的部分，對「**個人身分認同**」的部分，也就是**信念**真的得到了改變。

第二個層面是指「**影響的不僅是成員本身**」。家暴事件當中的利害關係包括他自己、被害人及系統的其他人，這些人皆身陷在痛苦的深淵裡面，如果團隊有機會去解救他們，即使以小小微薄的力量去改變，對我們具有很重要的生命意義，對成員、被害人及系統內的其他人來講，得以改善他們的生活品質。

第三個層面是指「**擴展家暴處遇模式的典範**」。台灣本土已蘊孕出「法入家門」處理家庭暴力的社會體制，憑藉法律處理家暴事件，是累積許多人的智慧、經驗與時間，匯集而成的

珍貴社會資源，同時，政府體制還有各種相關的配套，這是前所未有的狀態，我們看見每個網絡單位目前狀態都非常成熟，然而我們卻看見在處遇治療中僅著重於「**結果面**」的處理。

也因為「**倒果為因**」的處遇方式，導致整個家暴被害人服務輸送方案策略，著重對被害人進行就業媒合、改善經濟狀況，或是庇護安置，結果在資金投入後，有些被害人返回原來的家庭系統時，卻因為引起家庭風暴的主角（加害人），仍未曾在「司法介入的公權力輾壓」下得到屈服，他們有些仍然我行我素，繼續施行暴力，有些則是改變施暴形式，改為較不被關注的暴力方式，致使已被國家社會處理過的家庭，還是處於四分五裂的狀態，沒有比以前較好，且變得更差，那此一已成熟預防及拯救被害人脫離苦海的美意，就在未能改變加害人的扼腕挫敗下，成為付諸流水的憾事。

第四個層面為「**每個人都值得被用心對待**」。家暴事件，從通報至實際上被裁定接受加害人處遇的落差非常大。從2018年至2023年的統計（衛生福利部保護服務司，2023a），歷年通報數仍有逐年增加的趨勢。例如2018年通報數是103,930件，至2023年已達到132,147件，去除無效通報及重複通報件數，也是如此。另針對有效通報的案件類型，自2017年至2023年，皆以「婚姻跟離婚或同居關係」為最多，如以2023年為例，此項即有60,856人，大概占約近五成左右，「兒少保護」也占了一定的份量（22,862人）。

若依**家庭暴力防治法第14條第1項第4款**所規定，加害人須接受**精神治療**、**戒癮治療**、**心理輔導**、**認知教育輔導**、**親子教育輔導**、**其他輔導治療**等六項。

　　其中以認知教育輔導最多，然再如何加總，加害人經法院裁定處遇的比例真是少之又少。例如2019年時，有效通報件數達到114,381件，然經法院裁定處遇僅5,333件，占全部通報量為4.7%，再以所謂最多的認知教育輔導中的認知教育，僅占了2,421件。約占通報件數的2.1%。連同2018年、2019年也都是約為百分之2點多（衛生福利部保護服務司，2023b），顯見接受加害人認知教育的機會僅是鳳毛麟角。

　　這好比一個漏斗一樣，剛開始漏斗面很大，後端的部分變得非常窄小，整體家暴司法過程，經過「**漏斗效應**」層層過濾後，大概僅剩2%多到1%，其最後結果幾近渺茫。

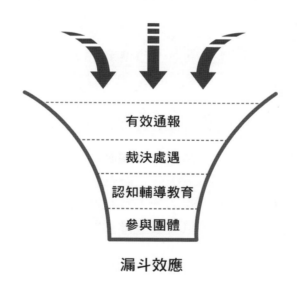

漏斗效應

　　因此，如以家庭暴力中的有效通報至真正的裁定處遇是如此少，實際上分散在各個縣市，再由各個縣市裡面的處遇團隊接收的更是少之又少。如果說除以19個縣市，爾後每個縣市再分派給3～5個團隊，那幾乎一個團隊1年365天僅能處

遇幾個個案數,再減掉有通知未報到的個案,更顯得
無以為繼。

在家暴加害人如此單薄的情況下,僅以認知行為
模式介入這些加害人處遇工作,並期待能有所改變,
這個效果著實會讓身為處遇人員的我們特別擔心。為
此,團隊的希望是在如此短暫的時間,無論其是__12__週
或__24__週,一旦成員經過此次機緣進到「鏡觀團體」,
這個團體裡面,能讓我們真正幫助到成員,讓其有改
變的機會,甚至最終讓他回到家裡面,導引整個家庭
系統,也得到不一樣的改變。

也因念茲在茲的,還有一點是即使在這個過程裡
面,假設今日改變的事,在這一個人何時能影響他所處
的系統,透過運作整個團體過程,徹底的讓他真的看見
了,而且是看見能讓他會有觸動的場景(多重角度、想
法)。這個觸動的想法會是讓他願意從原初的部分,慢
慢的回到那個系統的部分,且在回到系統之後,他願意
改變自己,更讓這個系統變得更好。

投入如此多的人力符合成本效益嗎？

（主、協同帶領者2位／聚思小組3～7位／深化小組10來位／督導2位）

若以「**社會成本**」衡量，「鏡觀模式」被認為整個成本投入太高了，可是後來我想一想，如果今天一個家庭因為我們介入得到真的改變，所謂的「**社會報酬率**」反倒是無可計量。進一步來說，世人皆以「**經濟效益**」的單一社會成本來考量，然對家暴加害人處遇後的成效而言，卻不是一個有效的評估標準。倘若一個原本充滿恐懼不安的家庭系統得到改變了，這些深陷風暴中的目睹兒童、受暴婦女，還有相關的利害關係人，他們的生活品質跟未來發展絕對跟現在所處的氛圍不同。家暴加害人在未介入前，絕對會造成很大社會成本的負擔，可是這些社會成本的負擔，因為這個改變，從他們開始接觸「**鏡觀模式**」，在這個團體帶領的過程裡面，他確實已經開始在改變，對比社會成本的1,000、2,000萬，這些經濟價值根本上是無法相比的，因為衡量尺度從根本上就已是不相同。

第五層面從實務經驗累積的智慧告訴了我們，這22年來我們其實做了很多，經驗了許多，也整理很多資料。在整理這些資料過程裡面，發現是否可以更聚焦，從而讓我們的經驗變成是可以被更多人看見，能將這個模式拓展出去，就是傳達並讓更多人運用這個方式，改變更多需要的人，讓更多家庭得到更好的改變。所以在此表示，**我立志選擇這困難的入口**，是從一個很重要的初衷，「**如何協助他們改變什麼？**」即使在這個點裡面，我已看到很多的改變。

希望他們改變什麼？

　　另一則是思索著，要他們改變什麼？如前述所言，一般所認知的改變，是希望他們檢視暴力事件及暴力的過程。然深究改變的方向是在結果面的部分。若能再升一層的話，就是**改變他在出現暴力更前面的部分驅動因素是什麼？**這過程與前面所看到的結果改變部分可以再更深一層，就是改變到「**身分認同**」。

　　如能達到此程度的改變，成員已不是一位充滿負面情緒的加害人，而是能在家庭角色中呈現出正向的角色。此種徹底的改變是團隊所希望的，即使改變有些不盡人意。換句話說，成員願意接受改變的程度，及其改變的方向，就要端看每個人在團體12週或是24週過程裡面，願意接受及開放到什麼程度。

　　另論及改變的程度，要深究成員願意改變的動機，而且「動機」是一個人希望改變最重要的一個原動力。如果個人改變過程是被外界或是被迫做改變的話，那個運作方式就是「認知行為」的核心架構。嘗試以操作策略，不斷重複的社會學習，將原本慣性改變，透過引發想法的進化，使其往正向思考的方向前進。

　　但如僅是誘發其對原事件的想法改變，使用重複性的訓練，以此種改變似乎是最底層的，也即是做一個很短暫的效果而已。因為在此僅是讓成員看見了目前不利的困境，是誰的不利困境，是家庭系統？是被害人？或是相關週遭的親

人？也許是，也許不是，也許就是他自己所處的窘境而已。以此為改變的話，就只是想改變他自己的「不利困境」，包括解除司法的限制及撕掉身上的標籤，至於所謂的真正改變自己，以及還給家庭系統一個良性的空間，不一定是他所追求的。

啟發「自我改變」的動機

如果說經由「鏡觀模式」的薰陶，從原本抗拒的心態，經過團體歷程的撼動，使其看見了曾經自己的需要理解與保護內在自己，並營造一個超越時空的空間，由他自己去體會與思索，並從中得到一些與往昔截然不同的抉擇，這種與認知行為的「想法改變」，層次上是有些微的差異，差異點著重於啟發「**自我改變**」的動機。

行為

感受

觀點

期待

需求

自我

冰山理論

即使改變的動機，在歷經整個團體過程的時間，成員皆未有明確表態，甚至沒有說願意改變的狀態，其實也沒有關係，至少在這個過程裡面，團隊所運用的方法確實能讓成員看見了：「自己為什麼會有情緒及自己為什麼對現在家人的一個想法、態度或是認知」甚至論及潛意識：「為什麼產生傷害性的一個過程？」這個部分讓成員看見。唯此，團隊希望成員的改變是因為他看見自己的狀態，這個狀態可能是來自於早年的生活經驗，或者是於成長過程裡面的挫折，加上現在的一個環境壓力等等，如此複雜的一些因素致使產生了情緒波瀾。

植入改變意願的種子歷程

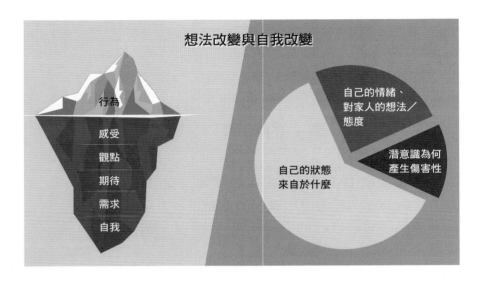

製造一個覺察的體驗機會，讓成員感受到那個情緒的出口是非常地具傷害性的狀態，並從中反思出是須要改變的時候了，進而從看見自己，以及後來願意改變自己，再去影響到整個系統。在此尚有一論述是重要的，在成員心裡埋下一顆種子，給這顆種子的條件是，可以很早就發芽，甚至就在團體裡面就發芽，甚至容許長成一棵小樹。那在團體中，就已開始看見跟改變的一些狀態，且能與團體分享，這當然對團體其他成員及對自己皆有很大的助益。

另一種可能是，即使成員未於團體中表達，然於他的心裡面已埋下了種子，至少這顆種子於未來的日子裡，在可能的一個機遇條件成熟，種子就萌芽了，便會讓他開始思索著改變他的人生，這是比較後面的部分，如果越晚期待種子發芽，可預見的是對自己狀態較不理想。

　　不過以鏡觀模式運作的想法，任何種子發芽的
時間點是無法「預設」（presuppositions），所以也
沒有所謂好或不好的先設條件。因為至少在這一生裡
面，它在某個人生的困境中，他已經有轉變，如此萌
芽的時間點只是一個個人程度議題。我們不會刻意的
就是說要讓它符合我們所期待，因為若是要求成員符
合團體帶領者的期待，這意涵本身就是一個強制性，
也導致他成為非自願性案主的一個本體。

成員心裡埋下的那顆種子，可能在
一個機遇條件成熟時，就萌芽了，
讓他開始會思索著改變他的人生。

團隊看到的是「一群需要協助的人」

看待這一群需要協助的成員，
團隊看到的是什麼？

為何在這時間點做了這些事情？

何種緣由導致自己陷入如此困境？

往前拉，我們看到他的「原生家庭」？

　　在此所看待這一群需要協助的成員，團隊看到是什麼？以每個人生的軌跡而言，不以現在的「家暴加害人」這個結果定調個人的負面標籤，而是思索著他為什麼在這時間點做了這些事情？是何種緣由導致自己陷入這麼大的困境？亦即是這個結果面的部分是怎麼樣來的？所以團隊會從這個結構點的部分往更前面、更廣及深度去看脈絡。而且脈絡的深究，也不止於相對人與被害人之間的關係，我們會再往前拉，拉到「原生家庭」這個重要的初始社會化機構。帶著成員以較「鏡觀」的方式，去回溯到內心覺察自己在原生家庭所經歷的過程。這裡不是單指促其覺察到自己小時候的痛苦經驗，而是藉由聚思小組的多維度運用，以「借位（心理位移）」的方式，形塑了「**現在的他**」與「**小時候的他**」之間的跨時空互動，致使於原生家庭裡面他的角色、位置，還有就是說原生家庭對他的影響是什麼？讓他看見自己連結到跟原生家庭關係所產生出來的現在，如何影響他跟配偶或是家人相處的模式。

　　相信很多的人，他們對於家暴事件的認知，處於情緒及暴力風暴裡面是他自己現在，他是能理解的。然如再深入探究他現在所能理解的部分，這個背後的支撐是什麼？他們沒有辦法解釋，因為沒有人刻意針對眼前這位「混亂及具傷害性的」人去探討它。例如成長史怎麼了？尤其是在原生家庭對待他的一個模式，濡化成他對外界的人際關係模式及處世原則。

　　總之團隊有一個價值信念，我們所看到的就是他在此階段裡面，是一個有困境的人。如果可以讓這個人更清楚知道為什麼現在的結果是這樣子？且延伸另一觀點，他極度不希望自己被貼標籤，然這個因司法制度已介入之下，對其所貼上的標籤會讓他很受挫，而且也破壞他自己對原來家庭系統的一個信念。

　　也因處遇「結果面」的層次，是未能明確指明，他沒有看見或是無法察覺的家庭動力系統。此系統的崩解已非一日之寒，而是經過長期時間的某系統內動力的影響，這個動力的影響，除了原生家庭的脈絡部分，還須從全方位脈絡、系統總成細究。團隊運用了系統觀點，包含米紐慶「結構派家族治療」中的家庭界線，及其彼此之間的角色位置。還有鮑溫（Bowen）的「家庭系統」論述，對兩代之間的代間傳遞，及他們之間的界線、「分化融合」等議題。上述的理論皆可協助團隊藉由此視域，在團體

米紐慶 「結構派家族治療」	鮑溫（Bowen） 「家庭系統」
❶家庭界線	❶兩代的代間傳遞
❷角色間的位置	❷三角同盟
❸三角同盟	❸分化融合

系統觀點

運作的過程裡面，很清晰看到成員的脈絡走向。總而言之，這是一群需要受協助的人，即使他所做的行為是錯的，仍然是需要協助他，且協助不是只針對他本人而已，還包括跟他相關的人，因為他們就是一體的，要全方位的處遇才是最適切的。

另事涉「家暴被害人」部分，團隊也認為應該將其擺在脈絡中一併細究。因為在整個家庭系統裡面，如果我們不明就理的剖析現在結果面的狀態，整個家暴服務輸送系統、接受服務的雙方及家暴加害人處遇團隊等，皆處於「**負面的事實結果**」箝制之下，無論做任何拆解後，都只是處在結果面這個「**問題表殼**」打轉，加上此種表殼常長了堅硬的殼，因為都沒辦法敲碎，永遠都只是停留在表面。

唯此，看待這群人的方式，偌以整個思考流程為重點，應以「**脈絡層次**」部分去做討論。因為我首先問的就是來自於團體內的這一個人，再以他的部分怎麼樣去引申出後面的系統。如果只是運用「認知行為」觀點，以及家暴政策的理念論述處遇成效，卻單憑是否再犯，似乎沒有立足點。加上家暴加害人處遇改變的方向，只是要做到改變他這個人嗎？

假如只改變這個人，其實他再回到原本的家庭系統，但所處的家庭系統中潛藏脈絡所塑造的困境及沒有透過梳理**那些是自己的原初脈絡？那些因自己的的原初脈絡造成的共頻？那些是非自己的卻被誘發出來？**而是有兩造之間的發酵議題。

　　上述三種情況，或是更多於此的錯綜複雜的因素，使得自己的情緒深陷那個困境裡面。即使於團體過程，他有部分看見，然當系統沒有改變的情勢下，導致效果與看見的部分，也因時間而慢慢淡化。相對應的，如果在過程中改變了他的某些想法，甚至最核心的部分，促發他看見自己曾經就是在弱勢的那一方，讓他願意自己改變自己的動力下，更有能量回去改變那個系統，所以最終的目的是改變他跟他所在的一個系統，亦即是對他自己及系統所有的人，都能因為團隊的介入，改變了他們的一個生活的品質。

如何於過程中看見他多層次的自己？

　　我們做的策略，是**如何於這個過程裡面讓他看見？ 那這個看見要怎麼做？**因為一個人很難站在自己的外面看到自己，即使我們用了很多抽象的一些形式或是方法，可能要把那個距離拉開是有困難的，也就是把他**從本體拉出來**，看見他自己是很困難。所以在此的一個狀態裡面，我們是否要選用什麼樣的一個策略的方式？讓他去看清自己。

　　有幸的，我們引用了**心理位移**的理論概念。整體而言，心理位移還不到理論的部分，不過可確認近乎一個技術策略，以「心理位移」說明：當一個人在過程裡面，可讓自己做了三個層次的部分。首先，第一個層次是，拉開那個距離，因為他拉開那個距離（這個距離不是有形的距離，而是心理層次的距離。）才有機會站在外面的位置，然後去看見自己，這個看見就是一個「反身」了，這是一個反思的狀態，加上「鏡中的我」與「鏡前的我（自我）」所離開的距

離，所呈現出的是我跟你的角色，我（鏡前的我）就是對方，你（鏡中的我）就是超主觀的，另在**鏡前的我**與**鏡中的我**之間的**「距離空間」**，隱藏著有一位具客觀性的他（這是由我、你的相對主觀，所產生的客觀性），以第三者這個角色所作的距離。另外「鏡觀模式」整個團體運作具有多層次策略手法，亦即是透過多層次交映，以**我**、**你**、**他**三者的心理位移為主軸，加上「聚思小組」與「深化小組」，及「團體會後會」的討論，企圖將每週的團體塑造成六個維度，並將維度塑造成立體交織的效果。

鏡觀模式的六個維度

維度	MEMBER	FUNCTION()
一	L、CL、團體成員	常態性團體帶領氛圍。
二	L、CL、團體成員、團體外的聚思小組	觀察式團體的動態關聯性運作。
三	團體成員、團體外的聚思小組	帶領者邀請聚思小組進入團體時，成員對聚思小組的分享，產生了內在劇場。
四	L、CL、團體成員	團體回復運作狀態。 成員有了「『他』為何如此看我」的內射性的思考。
五	深化小組	「深化小組」對團體運作、團體過程以及聚思小組如何影響團體的觀察。
六	L、CL、聚思小組、深化小組、督導	團體會後會，針對此次所有有關團體發生的有形、無形的看見，聚焦討論所有成員顯著或隱而未顯的議題。

　　其第一維度是指由「團體帶領者」、「協同帶領者」與團體成員所組成的；第二維度是由「團體帶領者」、「協同帶領者」、團體成員與團體外的聚思小組所組成的，此時的成員對聚思小組的「**『我』**被看見了什麼？」的部分產生動力效果；第三維度是當團體進行約1小時後，帶領者邀請聚思小組進入內團體，此時帶領者及成員退至外圍，形成反向內外團體，此時成員對聚思小組的分享，產生了「投射性的**『您』**是什麼？」的內在小劇場；第四維度是當聚思小組又退至外圍時，團體回復運作狀態，此時成員有了「**『他』**為何如此看我（內射性的）」的思考；第五維度是在團體外的另一現場，由「深化小組」全般性的對團體運作，好似高空鳥瞰整個地面，具有縱觀的空間感，看到的不單一是團體過程，也看到了聚思小組影響團體的化學變化；第六維度是指團體會後會，在此經由深化小組、聚思小組、帶領者們及督導等四種角色所組合而成的團體，針對此次所有有關團體發生的有形、無形的看見，聚焦討論所有成員顯著或隱而未顯的議題，有此六個維度所共構出的效果，即是構築成「**那一面鏡子**」及所映射出的「**鏡中自我**」兩個虛擬實境之感。

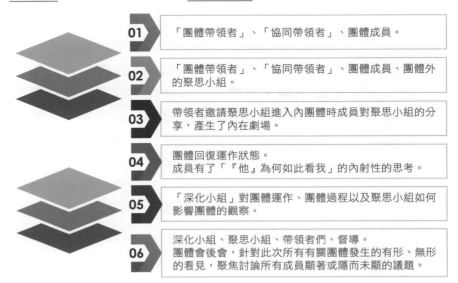

01 「團體帶領者」、「協同帶領者」、團體成員。

02 「團體帶領者」、「協同帶領者」、團體成員、團體外的聚思小組。

03 帶領者邀請聚思小組進入內團體時成員對聚思小組的分享，產生了內在劇場。

04 團體回復運作狀態。
成員有了「『他』為何如此看我」的內射性的思考。

05 「深化小組」對團體運作、團體過程以及聚思小組如何影響團體的觀察。

06 深化小組、聚思小組、帶領者們、督導。
團體會後會，針對此次所有有關團體發生的有形、無形的看見，聚焦討論所有成員顯著或隱而未顯的議題。

　　藉由此構想所投入的團體運作，已算是很深入團體，且是一個實驗性團體及屬於教學性團體。團體過程裡面，所看到的就是一個資深及具豐富團體經驗的帶領者，於整個**督導過程**，包括**團體之前的討論**、**團體中的觀察**、及**團體會後會**。如此運作方式對個別團體成員及團體帶領者，都是一個很好的學習跟經驗。

具象與外化效果

「無所定卻有所顯」

成員在經歷了三元（我、你、他）的自我狀態心理位移轉換的自我辯證過程，總是會自然找到最適合自我的狀態。

　　前述所提到的「鏡中的我」與「鏡前的我（自我）」之間所凝聚的距離空間，空間中充滿著兩端互為「**理解及辯證**」的過程，此過程所範定的即是「存有」。「鏡中的我」與「鏡前的我（自我）」兩個彼此之間的關係，那個存有是什麼？這個很重要，因為這裡是整個鏡觀模式最核心的運作目的－「具象與外化」成員的內在核心問題癥結所在，激發成員自己去解讀，進而在解讀的過程裡面，自己就會開始有一些辯證，這個辯證又稱為**「無所定卻有所顯」**（身為知識承載的主體，成員在經歷了三元（我、你、他）的自我狀態

心理位移轉換的自我辯證過程，總是會自然找到最適合自我的狀態）（金樹人，2000：191），亦即是說，自己在過程中或是於實際面的理解，尚未得到他所要答案，卻已影響或撼動到自己的思考。若以辯證的過程，其中是促發自己檢視，其實它還有「看見」，也就是說：「存在的看見」。

一個人照鏡子時，不只是單純鏡中的他那麼簡單，因為這裡面，還有「**存有的理解**」。換句話就是當看到鏡中的自己時，靜靜的我就會思考說：「我今天穿的這套衣服適不適合我今天要表現的狀態」。倘若思考說可能不適合，因為我感覺上半身跟下半身顏色太暗了，這個太暗的感覺，就是存有的理解（自己覺知理解對應到實際未來的情境或是生活）。

上述照鏡子的過程，即是自己在鏡子中的我與鏡前的我，進行反覆式的內心演繹，那演繹的主題都是自己給出的解釋，惟又在過程裡面又產生了「**異化**」的效果，**此效果促使我們去做更多事情的選擇**。

鏡觀模式立足點以**心理位移**嵌入為基石，如前述所擬制的六個維度運用，顯見團體操作策略，非以單一團體帶領者帶領團體進行，而是透過聚思小組的策略運作。將原來的一個維度拓展成**六層維度**，這就是鏡觀模式的另一重點方式。

論及此模式對團體成員有沒有效果？以團體自2017年開始至今，從團體實質運作中看到很有效果，因為它深度夠，且成員反應的部分很強，特別是聚思小組進到內團體時候，小組成員在團體中的討論，時常常引起外圍的成員共鳴，他們都亟欲想回應。（成員說，哇，老師，你怎麼講得那麼準，我的生活就這樣子，你怎麼會那麼厲害？）。

聚思行進的獨白效應

鏡觀模式運作規定，**限制**聚思小組不得跟外圍的成員去做回應，因為這個回應就好像類似他在外面很多時候對話是一樣的，他亟欲想去解釋他的立場，還有解釋他的答案，可這過程裡面，他就沒有經過一個省思，他自動化直接的回應。 在此，特別標明：鏡觀模式是屬「**獨白**」形式設定，亦即是當在內團體時，不與外圍成員互動，這將導致**語塞式**彈回到他的內心，於是在其心裡產生個小劇場在那邊運作：「他為什麼會這麼認定我是這樣子？」此處「獨白」的實作，就好比是「鏡前的我」與「鏡中的自我」間的對話場景，運作的模式不是來自於表面的對話，反倒是相互間的理解與辯證。

每個人一生的歷程裡面，心中就有個鏡子，再深入的說，好似在個人內部的心理層次，有很細微的運作，在運作的過程發現會有很多的選擇，且這些選擇牽涉的範圍其實是很複雜的，如同螺旋式的一個思維方式。所謂**螺旋式的思維**，它不是線性的，是一種來來回回的運作方式。

此處所說的是，有比螺旋式更細微、更複雜的運作方式，甚至**超越了螺旋式的運作思維**。鏡觀模式的運作思維，不僅是來來回回，還加上六個維度的交互影響。

換個方式說明，當每個人在面對實際情況應對時，常受到外界的影響，也就是指「此時此地」，有一些物理環境空間的因素會「**攝入**」，比如於團體運作的時候，團體中的每位成員，他會**潛意識的尋找自己的團體位置，當成員講述自己的狀況時，團體會產生很多細微的動力變化，導致個人的選擇產生變異**。

　　這是團體的效果，團體的運作裡面有來自於成員自己的人生經驗，而人生經驗的本質，又受到重要他人的影響，附加成員於未進入團體時的人際互動的經驗法則。當中有些促發成員較有衝擊的特殊事件，在此視為「**衝擊革命**」，此所謂的衝擊革命，是對往後人生有深遠的影響，有正面及負面的經驗衝擊皆有。此部分涉及往昔的經驗提取，亦即是在成員內心世界都有一些抉擇的部分，其影響因素來自於衝擊的記憶提存。

　　值得深究是有關「鏡觀模式」團體運作對成員的影響狀態，這不僅涉及到整個團體運作時的團體動力，也可藉由此促發成員產生反思，或是於在表述過程裡面激發個別成員的主觀經驗。一般型式的團體運作，通常是由帶領者在團體過程中的提點或是刺激，及運用團體當中一些很細微**身**、**語**、**意**的部分。

　　這些操作策略都會影響成員的選擇，亦即是無論是認知行為或是其他理論模式，皆期待這些方式讓成員改變想法。然在改變這個想法過程中，涉及利益的考量，也就是沒有對自己有益的考量情形之下，他所做的這些選擇其實是很難被看見的，更難影響到自己。因有這一層的考量，鏡觀模式的**運作核心概念：「如何促發他看見」**，此看見是較諸以往他所沒有看見的。

　　也就是說，在以前的生活模式、主觀的經驗和價值信念，以及自己的一些角色跟規則等等，這些因素於自己的主觀認知常被視為理所當然，況且還包括潛意識運作。這裡所述的潛意識運作所做出來的選擇，倘若要改變他的想法，在實務操作上確實是十分艱難。

動動腦

☑ 在鏡子中的我與鏡前的我，進行反覆式的內心演化，演化的主題都是自己給出的解釋，而在過程裡面又產生了「異化」的效果。

☑ 此效果促使我們去做更多事情的選擇。

如何促發他看見？

　　鏡觀模式促發他看見了跟以往不同那些隱藏在內心深層的部分，透過模塑「**一面鏡子**」，在此鏡子中的「**鏡中的自我**」，顯現自己非常多元的面貌，而非僅是來自於「鏡前的我」，單一視角的思維而已。那如何顯現多元的面貌，最重要是運用了「聚思小組」這個主要元素，透過特殊「**一群參與觀察員**」有目的性的運作。每位聚思小組的助人者，他也有屬於自己的一個「**主觀世界**」、「**經驗法則**」、「**對世界的看法**」，及彼此醞釀出成員及聚思小組**以前沒有思考**的部分，都會在這個鏡中呈現。

　　所以這個鏡中的我是非常的多元複雜的，且在運作過程裡面，有些「**浮現的看見**」對成員及自己皆是有衝擊的，有些衝擊是非常負面的，甚至會喚醒成員的自我防禦系統。有些聚思老師，個人的主觀經驗是負面的，可此所述的負面不代表是實際上的負面，因為成員看到別人有跟他具有相同經驗時，或是聽到別人也同樣經過這個負面的生命世界時，在自己一個思維裡面，會產生較諸以往「**不同的見解**」，這不同的見解是「**打破了自己的慣性認知**」，這一層的轉換運作是認知行為理論較難觸發的想法。

　　以此鏡觀模式的運作，這個「鏡中的我」很多元，而且顯現以前未看見的「**參照點**」，實際上對成員而言，是一個很好抉擇的參考。另外提供一個機會省思自己的生命世界，當中有些源自於自己親身經驗裡面，受到個人的成長經驗及重要照顧者的影響，還有代間傳遞的部份，亦即是在整個社會化的過程中，所引發出來的這些主觀認知，全是讓自己可以存活的「**資糧**」。

　　透過團體運作的梳理，原來的資糧受到挑戰，這些挑戰的過程，對成員而言，不必然完全能被接受，至少已有「**鬆動**」的可能，這個鬆動是讓他看見以往不同的參照點。

　　討論「**參照點**」如何促發成員鬆動？其可能原因是往昔時光，大多數的人皆無法覺知自己受到何種事件、情緒、感受及苦難經驗所牽絆？這些原因造成了個人走向艱難的人生旅途。現在鏡觀模式顯現出塵封於內心深處的記憶，且因聚思老師反映的是同理、關懷及包容（聚思小組營造出一個彼此尊重、傾聽及自由表達的建設性空間，能「與對方談話

（talking with each other）的對話空間（dialogical space），
是一個可以容納多種想法、信念和觀點的空間。（引自駱芳美、
郭國禎，2023，頁433）），也提到了一些看法，讓成員開始看見
了自己還有很多的選擇。還有就是說在這個過程裡面，透過
這個鏡中的我，所呈現出來具象化經驗的部分，他會看到自
己以往沒有看見的部分。這就好像將心理位移從「我」移到
「你」及「他」的位置，亦即是在「我」的位置時，「我
執」的主觀生命經驗裡面很少去運作，現在透過這個團體的
模式，我們嘗試讓他看到不同角度的部分，重新看待他自己
的生命世界，這是鏡觀模式很重要的觀點。

　　在團體動力運作過程中，如何促發成員覺察自己，這裡運
用了「你」的位置，將聚思小組扮演「你位格」角色，因距離及
看見，提出了一些不同的觀點，此時成員在「我位格」位置會
產生一些疑惑，「今天他在外面，如何看我？」，此作用是
在蝕化「我執」的自我防禦能力，也瓦解了他的掌控力。因
為先前整個過程裡面，成員非常主觀性的，無法接受其他人
的看法，可是整個心理運作的過程，還要專注在聚思老師的
身上。

　　當聚思小組進到團體內圈時，分享在團體外面看到的現象，因為聚思老師所看見的，有些是成員已**深埋在記憶的深處**，有些是成員**刻意逃避的**，有些是**讓其回想到以前生命經驗當中所承受的那些苦**。

　　上述的看見不僅產生**同理**，而且產生了**自我剖析**的能量。緊接著，聚思小組退到外圍時，成員對聚思老師所看見的理解，變成了「為何老師是這樣看他呢？」。而且是在團體中看他的時候，其他成員怎麼去在看待他，這些細微的變化，在每個人的人際關係、自我價值、自我利益及自我位置，常會為自己營造著一個比較正向的方式，讓人家看見，因為這是一個人存在的基本原則。

　　人都是非常主觀的，而主觀當然不是壞，況且對個人來講，主觀是人際關係中很自然地呈現，也因這種反應，造成關係中的相關人等產生痛苦。可是就個人主觀而言，以前他是沒有錯的，其實每個人在做一個抉擇，不能用對跟錯二元的相對應方式去剖析事情是對或錯，反倒是應該探討脈絡到底為什麼會產生主觀性的想法？他為什麼做這個選擇？他為什麼皺著眉頭與家人、相關人去做反應。這裡有人際關係、社會化、社會學習的角度去進行，所以在鏡觀模式很重要的部分是「做一面鏡子」，讓他看見，還有就是要讓他看見我們所營造出的鏡子。所謂的讓他看見，不是讓他用主觀性的方式看見，而是用其他角度看見，這個看見促發他從主觀性的自我轉化到客觀性的部分。

內在動機的啟發

我們常常在講說一個人會執著，就是被**貪**、**瞋**、**癡**等三毒所牽絆，逐漸形成了「小我」的樣子，這是他最重要的價值，也是存在這個世間的本質。對這個人來講是非常真實的，而且在所經歷的人生經驗裡，也是一步一步雕塑出來的，對自己存在的意義是非常重要的。所以常常說**這個人**的性格、**這個人**的處世態度、**這個人**對待他人的做法。還有就是說，**這個人**代表他自己的部分，其實都是「**小我**」。看待這個小我，不是用對錯來辯證這個人是否對錯，而是說在這個部分，怎麼樣讓它再拉開一個距離，讓這個距離的呈現，會更加有反思的作用。所以鏡觀模式除了剛剛講的看見，還有就是反思，加上在過程裡面，用的是非常柔性方式，主動地孕育著改變的契機，期待有朝一日，他拋棄了原來的價值、信念、規則及假設（我們的期待（各自主觀的立場），不一定是他真正的期待，但在彼此共構歷程裡，我和他的期待從兩條平行線，慢慢的逐漸貼近，當達到最理想的狀態，我和他皆沒入彼此的地平線）。

我們常常在講說一個人，如果他開始願意改變他自己時，絕對是來自於他「內在的動機」，所以這個內在動機是非常的寶貴，也是我們在鏡觀模式裡小心謹慎地呵護它。如果他有動機出現，就像我們前面所講的，我們已埋下他心中的種子。

首先，必須培養原來那個貧瘠的土壤，使其變得肥沃，且在培養過程中要非常有耐心、有溫度的去培植這個土壤。想想看，在一個很肥沃的土壤，比如像很多那種沼澤地，在這個地方常看到的是歷經千百年，浸潤在一個充滿著水、土壤、陽光跟空氣，這些自然界的天然組合，慢慢醞釀出土壤的肥沃度。

常常有人說，其實什麼土壤最營養？答案是黑土。當土壤以黑土狀態呈現時，它是非常肥沃的，只要去把種子種在這個黑土裡面，長出來的農作物是非常的碩大，而且在種植過程幾乎不用額外施肥，因為土壤本身就是有機肥，它就很自然的，就讓這個種子有一個自然的環境，也是我們在做鏡觀模式很重要的做法。相對的，對土壤的療癒也很重要，那土壤的療癒就好像這個人在受到前面的司法介入、服務輸送過程，還有在整個家庭關係，及他個人人際關係所處的世界，猶如土壤養分的流失，變得貧瘠不堪。所以鏡觀模式非常注重療癒，在團體過程不斷挹注養分來關懷成員，因此接納、同理、平等及信任等，皆是營造肥沃之壤必備條件。

倘若某一團體成員，他從第一週就是一個非自願性案主，一直到第12週，甚至到24週，他還是一個非自願性案主的狀態時，代表處遇方式永遠都是在貧瘠土壤裡面去做所謂的耕耘。所以他展現出來的，如同一個農作物，不是產量低，就是說在過程就已經枯萎掉了。因此我們希望透過鏡觀模式的團體運作方式，讓整個土壤永遠保持是在一個肥沃的狀態。我們的種子是種在黑土裡面，即使在整個團體周期的過程，他都沒有萌芽，可是我們相信的，不管在這個團體的一個生命過程裡面是怎麼樣的，相信至少哪一天的時候，這個頑劣的種子，他有機會去發芽了，當他有機會發芽，在這肥沃的土壤裡面，他絕對會長成一個漂亮的大樹。

鏡觀模式理論架構

　　這個想法是透過鏡中的我，去做所謂的詮釋，這個過程裡面有講到就是「**鏡前的我**」跟「**鏡中的我**」，還有「**究竟中的我**」是透過什麼方式去營造出來的，這些點對成員來講是很重要，對團體來講也是很重要，對帶領者來講也是很重要，對帶領者還有成員及整個團體這三者共構的關係裡面也都很重要。所以我們常常在講到理論模式，不免俗套也是用了很多當代的理論架構，可是我們在理論架構，怎麼樣去做板塊的部分，讓這些架構很適切且很吻合的。在鏡觀模式的團體運作，我們常常在想，如果今天除了厚植肥沃的土壤外，還要將他從「**非自願性**」的位置變成「**自願性案主**」的努力，我們需要在這個過程投入很多的人力、物力，更需要耗時很多的時間去做這些事情。可是我做這件事情我感覺是有價值的，也不是我們前面所講的，用社會成本能計量的，因為就像前面所講的，當一個人開始有動機去改變自己時，其實是無可計量的，這是我們在做此策略很重要的觀點。

　　要讓非自願性案主在如此短期的時間，真的能改變自己確實是非常的困難。因為這裡有一些先決條件，我們可能要特別去考量，其中有所謂的「非自願性案主的抗拒」。想想看，在他原本的生命世界中，或是他所處的一個家庭系統，在外人來看的話是非常糟糕，甚至說很混亂的，可就他本身來看的話，他其實在那個地方是非常習慣，也是他認知的正常環境，結果現在有家庭暴力防治法的介入，其實在介入過程裡面對他來講，就是一個生命的撕裂。這生命的撕裂，將他原本所認知合理的世界，變成是一個犯罪的狀態（為什麼叫犯罪狀態？因為其實司法介入一個很重要的點，就是有罪

跟沒罪嗎？那目前司法就已經裁決，他是有罪的，所以這個部分代表他就是犯罪。）這將很嚴重的打擊他，以及原本他對家庭的認知。

當然這個部分，以我們在所說的抗拒，不正是違反了案主的意願、違反了案主的自決，所以看到的是一個非自願性案主，他喪失了他自己原來的生命世界的意義。因此在這裡有個很重要的點，就是我們怎麼樣的讓他的抗拒得到一些緩解，甚至讓他願意妥協，更進而就是讓他一一放下，再進一步的，就是他願意改變。不過，事實上，這是很困難的，因為以認知行為學派而言，其實會認為說有改，就是有效，那所謂有改就是不會再犯。所以對一個接受處遇的加害人來講的話，這很難去妥協。更遑論與過往的自己不同就是改變，願意讓自己過得跟以前不一樣的生活，對自己就是很頑固的挑戰。

投射性認同的衍生與阻抗

「抗拒就一直潛藏於團體陰影處」，倘若沒有清楚瞭解成員在團體過程中所存在的抗拒是因何而生？團體的效能一定是事倍功半，折損了心力的投入。以家暴加害人為例，小時候的成長經驗，及社會化與社會學習，不僅影響到人際關係，且不斷塑造出「**投射性認同**」的人生旅途。而此投射性認同的成因，最早可追溯到他小時候的成長環境，可能他就是被害人或是目睹兒，致使幼年生活過得很辛苦。其中重要照顧者的教養方式，充斥著字眼就是鄙夷不堪的侮辱性言語，好似他是一個不該出生的人，這造成在其潛意識裡面，是他很討厭的部分。

　　因為他就是這樣子，才淪為家裡面最弱勢的人，所以相當討厭那個弱者的角色，這個想法逐漸的深埋於其潛意識中，不自覺的產生了投射性認同，更清楚的說，這個弱者的身分角色，他無時無刻想將其移除，也導致往後的人生歲月裡，不斷地投射到他施暴的一方（受害人）身上。這個轉化蛻變過程，首先必須找到能當容器的對象，將其形塑成他心中那個「**不堪的弱者**」，再來透過很複雜的過程，誘導對方也接受了這種角色，他終於馴化了一個對象，這個對象就是家暴事件中的被害人，他馴化的這個對象，承接他心中的那個弱者的角色。因此整個過程中，他已進化到他幼時面對著那個強者的角色身分，經潛意識的作用轉移到另外一個對象上面，最後對他來講，這是最完整的，我們常常說人就是在追求他缺少的那一塊，他找到了它，他生命中的自己。

　　然而這不是說它代表他的人格是完美的，反倒是他原來潛意識裡面，那個他不想要的，雖然他找到了那個缺塊，令人扼腕的是，他找到了那個潛意識裡面那個弱者，就是「**曾經幼時自己被害人身分（含目睹）**」，被他馴化的那個缺塊，短暫造就了他心裡的完美，可是卻被外界視為他是一個「罪犯」，因為他傷害了另外一個人，這個被傷害的人是他找到的那個缺塊，這是一個充滿矛盾及弔詭的地方。

　　人際關係模式特別強調這部分，也是鏡觀模式一直思考如何讓他看見。當他看見了「小時候的他」時，我們就會具象化這個缺口，顯示現在會有家暴行為，及與被害人衝突關係為事發點，連結到小時候的他。這時候脆弱的他會逐漸顯露出來，曾經害怕、擔心、恐懼與憤怒的諸多負面感受，讓我們開始有個缺口當做突破點。此時我們開始工作是針對**過往受傷的他在**

<u>**工作，而不是現在強悍的他在工作**</u>，因為如果你一直對強悍的他去工作情形之下，他永遠都是「非自願性案主」。

　　所以，有一個核心的概念，就是「**身分認同**」的問題。當他身分認同了他投射性認同角色的時候，他會有動機去改變他自己，因為他曾經受過那種痛，而透過鏡觀模式顯現那種痛的過程中，他知道受苦的人很辛苦，所以讓他找到那個辛苦的他、那個受苦的他，讓他以這個狀態去影響現在的他。

　　鏡觀模式如何協助其看見？主要是模塑了一個「鏡中的我」，藉由聚思老師貢獻，全力提升團體的療效，對他是有意義的團體，及能改變他一生、能改變他所屬家庭系統的團體。這已非單一是認知行為模式那麼簡單而已，由這個開始之後，他對家暴事件的想法選擇性會不會改變？可能在100次的機會中，有成功一次的改變就夠了，也就是說99次他還是以慣性的方式去做（以前他常做的行為模式），可是至少這1%，這一次這個例外情形，他做不一樣了，他自己也會改變，他的系統也會跟著改變。

　　在他未來人生裡面，這99%也有可能跟著這1%的一個改變而改變，所以在這些1%的累計裡面，他後來慢慢改變了50%，改變60%，改變70%。他的人生就改變70%，它的系統不是改變70%，它的系統可能改變700%，改變效果是以幾何的方式來進行，因為當一個系統當中的一個環節改變了，不是以1＋1的計算方式，也即是系統這個改變，不是改變了相同的一個比例，也不是各次系統的加總而已，是他改變了他自己的部分時，其他家庭次系統也隨著變異，這種改變效能非常鉅量。

　　而認知行為模式強調改變對事件的看法時，選擇性
就有不一樣機會，也就是想法影響了情緒，情緒影響了
行為，以因果論線性關係為邏輯思維。不過有趣的議題
是當他改變想法，或是保持在一個正向情緒時，假設他
想法更有彈性、更有機會、更多的角度看見時，其實他
的情緒是不是跟想法之間有因果關係，是彼此之間互為
因果及互為影響，這已非一個線性模式的認知行為學派
所講的，它是一個多元層次交互模式。

　　稍有誇張的說，成員即使他被震撼，視為他是被
劇烈衝擊後導致了改變時，是否更有不一樣的感覺。另
一點是，人在當下的學習可應用未來嗎？其實每一個人
習慣運用解決問題的方法，絕對是來自於過去的學習，
少數例外因特殊機緣得到一些可以破解問題的方式，當
然這些方法都是曾經用過，而且確實得到一個正向的結
果。所以人的學習，只要真的有進到他的成功經驗，一
定會把它記起來。誠如楊定一博士提及，人的學習會透
過腦波的運作，進而將其烙印在我們的記憶裡面，這個
波叫「紡錘波」。這個紡錘波在我們睡眠的時候，腦波
會呈現一個 α 波的狀態，當生成紡錘波時就會寫入腦海
裡面記憶起來。

破除行政程序的窒礙紛歧

　　另外，我們為何堅持應用鏡觀模式，重點就是行政程序窒礙問題，尤其是行政與臨床的看法紛歧。由行政科層的觀點來看，會產生了三個部分的限制，第一個限制就是週數多久的議題，從處遇團隊的觀點，成員在團體評估上已有明顯的改變，如能有較長的週數改變更具加乘效果。然要延伸週期是不可能，因為成員接受處遇算是民事裁決的處分，無論是12週或24週，都已明訂在家暴加害人處遇的法令規定，導致已發現成員參加鏡觀模式是有效的，我們希望更有效，最好是在這一次徹底改變，可是因為在這個限制裡面，我們沒有辦法。

　　第二個限制是當處遇已明顯無效，可否將團體終止，不管任何形式的處遇方式，既然已經確定是無效，所以可否停下來，答案是「當然不行」，因為成員沒有完成處遇計畫的週數時，就已違反家暴法第61條規定，會有觸犯刑事的疑慮，所以對處遇團隊是很無力的。相對的，以行政部門而言，既已被判決接受處遇的加害人，他們必須完成，導致「完成」處遇變成是一個很重點的地方，以此延伸出，避免沒有團體可以參加，影響到完成，就一定要有團體可以讓他們可參加。

　　所以只要被裁決的加害人，不要讓他等太久，也不要到後來變成是一個藉口，說是違反保護令是因為沒有開團體，導致沒辦法完成，將責任推諉成政府的事，跟其無關連，這種擔心造成了行政科層的壓力。各縣市政

府希望更快地把裁決處遇的加害人儘快塞到團體，可是
如果說隨時都能讓他們入團，這叫開放性團體。一般自
願性案主所形成的團體，大多是因有共同的目的組成，
成員對團體目標有期待，所以對團體配合度佳。相對
的，當非自願性案主加入團體時，因本身是受到強迫加
入團體，常有強烈反應，甚至將不滿的情緒於團體內宣
洩，不斷的衝擊著團體。

那團體的運作須依靠什麼？答案就是要信任及能
接納團體，並有凝聚力，這裡需要封閉式的團體，才能
有此的團體氛圍。不過如前所述，行政部門在任務指向
的關係，會要求運用開放式團體，所以我們用了一個叫
「半開放式團體」。此團體的特點就是前3週同意衛生局
安排新成員加入，因為前3週所進行的就是團體同意書、
家暴法的介紹及原生家庭部分，尚在團體關係建立期，
可以開放讓新成員進來。不過每次團體開始時，帶領者
先介紹前3週在做什麼，目的是希望他趕快跟上。

以此半開放式團體仍然有好也有壞，好的部分就是
可以配合行政機關的要求，壞的部分就是這3週，只要有
新成員加入時，就必須面對他對整個司法體制，及服務
輸送過程的憤怒，變成團體都一直在處理成員的情緒，
這是不必要的成本浪費，我們治療師投入很大的能量，
在處理與治療沒有任何關係的過程，可就是人（舊成
員）看到情緒波動自己也會影響，這是一個很必然的，
即使再怎麼情緒平穩，還是會受到波及。

那第三個限制是「預算」，從2001年開始有家暴加害人處遇做到現在，論及預算的部分，幾乎從中央到各個縣市，大家都很想做，可是在預算編列的部分，仍嫌不足而受到限制，或是政府部門對家暴領域是法大於實務，也就是說，整個社會大環境，實際上是比較著重在法令的部分，對處遇部分，相關利害關係人可能還沒那麼的相信，所以他們就是讓加害人來參加這個團體，可是實際上他們對團體效果卻沒有那麼的信任。

再更往前推，就是家暴加害人裁決接受處遇的比例真的很低，幾乎都在2%點多而已，甚至有低到1.7%，適逢預算不足的下台階，剛好而已，真的有所謂的「**先天不足，後天失調**」所以首先是法官裁定須接受認知輔導教育的很少，又堅持開放式團體，及為節省成本，導致有些縣市帶領者就只有一位，他要處理每一個成員的情緒，應付每一次新成員加入的情緒波動，結果處境就是自己一個人在孤立無援之下，他被團體成員攻擊，他也無可奈何，到後來連帶領者都有情緒，大家都不想做，即使為了帶領者的酬勞，其實這費用拿的也痛苦，前述的任何一項成立的話，對帶領者及團體都是傷害。

就裁定接受處遇的機會，其實這些成員這一輩子大概只有一次，倘若這一次只是行禮如儀，就12週或24週結束了，對成員來講的話，可能是帶著憤怒離開，導致整個處遇結果，對家庭系統來講的話，也沒有任何幫忙，甚至是更糟糕，所以行政部分我覺得是有點遺憾。今天的團體處遇只是做類似衛教的方式，行禮如儀的就讓它過去，即使運用認知行為模式，試圖透過一些改變

自動化思考（想法）來看待同一件事件，讓那些暴力行為得以改變。就這部分而言，確實符合**因果邏輯**，可又有點**套套邏輯**，也變成處遇人員的一個盲點，用比較隱喻的方式來說，就好像僅看到表層的傷口，而未觸及到深層的膿瘍，表面上傷口已經算好了，可是實際上仍在惡化中，其實傷口沒有好，那個皮膚底下仍是個暗瘡，是沒辦法解決。

有一點算特異的團體現象：「帶領者變成團體中的加害人」，團體中的加害人，在整個過程裡面變成是受害者，帶領者跟團體成員彼此之間的自我防衛都啟動了。團體中的每個人都是以慣性化方式，介入了一個複雜的家庭場域，這個介入點都具有懲罰的性質，所以就成員來講的話，他們就是在阻隔外在的資源，那這個部分就不用談到願景，對他來說是一個不安的狀態。

我們常常在想，倘若有一個團隊願意不計成本，投入大量的人、物力，專注的影響成員的改變，其實這個方法才是中央決策單位應該考量的。為什麼中央單位一定要考量？因為我們做出的團體模式具有非常強的療效，也能改變那麼多的家庭跟被治療者（加害人）。

第三章 | 鏡觀模式的核心運作－聚思小組

我們來談談鏡觀模式的核心運作－「聚思小組」

當自己能沒入別人的生活軌跡裡，我試著將我的內在交了出來，也許對自己是一個冒險，但對我所要表述的人，不也是一種冒險。當兩人都在冒險的空間裡，卻跑出了一個讓我們兩個都很驚訝的景象。天啦，我看到了我自己了！

這是我、還是他，好像是單獨的我，又好像是單一的他，結果看見的是**重疊的我和他**！原來是我讓他看見了他自己，他也讓我看見了我自己！

生命交會不就是如此，因與自己有連結，才會勾起興趣、及共鳴。

共構當下的生命經驗

以個人的一個生命經驗，進入到另外一個人的生命世界時，那個當下稱為此時此刻的「臨在」，此空間會自然營造出氛圍，涵容著自己與服務對象在同時空中，共同創造一個實體的生命經驗。也就是說，兩個人在交叉談論的過程裡面，彼此重新塑造了展新的人生經驗。如果當雙方真的進到

會談的情境裡時，就會共同營造當下那個空間的生命經驗。
此種感受無論是在個別會談或是在團體部分都是會發生，而
且重點都是屬於治療領域。

我們這一群人對這個團體的使命，及自己存在的意義，換
句話說，觀注於團體成效及家庭系統的改變。上述意念對我們
而言，彰顯了「我們這一群夥伴」的人生價值，最在意的是因
協助他們而感受到欣慰。所以我常會分享，為什麼會特別做家
暴領域，因為此區域是一般的人不想做的，尤其是具情緒化的
非自願性案主。從跟當事人衝突後被通報，進到警局做筆錄，
再到法院被法官裁定處遇，整個過程充滿委屈及不舒服，憤怒
的情緒是滿點，因為真的是不好做。

鏡觀模式可參考的相近理論：內在家庭系統（IFS）
「內在家庭系統理論」（IFS, Interal Family System）

每個人自己內心都有很多內在的小孩，也就是說，內心
是由內在小孩組成的家庭。內在小孩又分為：一個管理者的
身分，那管理者的身分裡面有分兩個層次，一個叫保衛者，
一個叫救火員。保衛者其實來自你的原生家庭，他也許帶給
你的是比較一些負面經驗。比如，過度管教或是要求期待過
高，在你長大後，常會有一個聲音一直叮嚀著你，要有成
就、要會堅強，當你又做不好的時候，就會產生一些內在小
孩。比如說，你曾經被父母認為說你是比較沒能力的，你就
會產生一個「女強人」、「好勝」的管理者，就是要你做的
很好，你不要被父母親認為沒有能力，所以你要很強，你要
做給他們看，這時管理者可能就變成是一個女強人，是一個
很工作狂的狀態。

　　這個管理者的保衛者就是會讓你不斷地一直很認真的工作。另外一個救火員的角色，就是當你已經無法做到很理想的狀態時，就會出現救援，趕快脫離逃避減壓。所有手段都是讓你的爆表壓力狀態迅速緩解，手段有的是以自殺或物質成癮的方式。另有因極度痛苦產生的「被放逐的小孩」，他是被關在這個房子的地下室，他被放逐了，而這個小孩是他在小時候，經歷了重大創傷後，躲在潛意識裡面，就如同被關到地下室的想像，這個陰影會變成在長大成人後，忽然跑出來，嚴重的傷及人際關係。這也是現在自己的人際關係會受到原生家庭很重要的影響，包括父母的一些對話及影響你的重大事件，這些都會濡化成內在小孩的資料，也影響到自己的內心世界，影響到現在的人際關係，及社會學習和社會化，成為你的終極行為模式。

原生家庭的牽絆與滲入

　　我們在團體過程，看見成員真正能改變的是什麼？要怎樣讓他們真的不一樣？我們就這樣子看到了。其實這些家暴加害人，真的看見他們人生是非常孤獨的（孤獨的內在小孩），也是他的一個背景，他本身存在很強的焦慮。可能在成長過程裡經歷了目睹家暴，甚至他是一個直接遭受暴力的小孩。還有他的家庭的連結關係是非常不好，所以讓他產生了存在的焦慮。父母生他下來為什麼對其精神虐待，兩個的關係也處得很不好，讓他一直想介入，可是又無從介入之下一直想死，這些都是存在焦慮。而有關自身承擔責任議題，大多數的加害人皆認為自己是一家之主，承擔這個責任的同時，致力要讓家裡的人過得更好，只是他的做法跟行為，確

實是讓其家人都深深的受害，可是他的期待和尊嚴都以關愛家人為主，所以這個責任也讓他產生存在焦慮。

　　鏡觀模式對團體有很清楚的主架構，在主架構裡要做什麼、什麼時候才能慢慢的拉出那條線？而且拉出那條線之後，如何將此線透過聚思小組的勾勒，編織成團體成員一生都想去完成的藍圖。

　　在鏡觀模式對處遇成效的看法，不是在完成之後才看見，而是在完成過程當中，就已讓我們感受到是有效的，比如說剛開始進團體時，成員是帶著憤怒，經過幾週後，卻能以團體為中心的成員，為了這個團體，他願意做什麼。所以當下跟我們的連結，那個就是成效。

一個爭取平等及開放的團體模式－鏡觀模式

　　當帶領者認為自己是團體的領導者，那這個團體效能就有些偏了。此團體方式大多是呈現出衛教的單方傳授進行（整個場子都是一個人主導－輻射型團體）。這類型的團體會明顯有階級意識存在，也就是帶領者是上位者，成員變得較弱勢，因為他們是被法院所判定－不ok的人，他也心不甘、情不願地加入團體，不管是不發言或者是消極的抵觸，在團體裡感受到的氛圍都認為他是下位者，加上認為帶領者是衛生局、法官派來的，所以你講了算。如果有這種氛圍時，你是權力比較高的人，他是權力比較低的時候，這時團體之間的連結就非常弱，自然團體效果就變得很差。

主體性互動的信任關係

遇到這種情況時，團體帶領者要適度的「**自我揭露**」。有些治療師認為，團體的事是各成員的事與我無關，為什麼要我講我的家庭私事；他們是接受處分的人，我是一個帶領者，幹麼要我自我坦露，以此壁壘分明的權力狀態，團體的效果是大打折扣。反倒是，當團體裡只有唯一沒有唯二，唯一就是如何讓成員信任及接納你，最直接有效的辦法就是自我揭露，把你的一個位置透明化，讓團體成員越了解你，就是他可以看透你，你可以看透他，所以透明度增加真的很重要。

另有更深層的意涵，彼此互為主體性。講白一點，你在一個團體的帶領過程裡，以團體的生命週期而言，初期時候有一些團體規則、團體目標及團體的運作等，目標是讓成員熟悉團體文化，此時帶領者是在一個中心的位置。慢慢的，在團體進到工作期的時候，你其實應該就退到比較外圍的位子，就好像跟團體坐在一個圓圈裡面，你也是團體的一份子，此刻的你不是團體帶領者，所以發言的機會是等同。像有時候我帶到比較好的狀態，團體氣氛交錯很熱絡，成員彼此專注投入及互為討論，即使我是帶領者角色，要講話的時候也要舉手：「我說對不起，我可以講一句話」，你就知道說共同融入的氛圍，每個人都是團體代名詞，每個人在這個團體氛圍，都已經融合在一起（in there together）（駱芳美、郭國禎；2023：433）。

團體裡面必然會產生社會階級跟社會權力的部分，常以社會位置代表一個權威的角色，在鏡觀模式我們傾全力都要將其稀釋掉，盡量在團體互動的時候，進行解構（deconstruction）再重構動作，以此把階級、權力下放，這樣子才會產生團體共鳴，緊接著整個團體才可以在一起（doing with）工作。

鏡觀模式運作的隱喻－
金魚缸理論（為了生存而看見）

　　將團體比喻成金魚缸，你看這個金魚缸裡面有許多
的小魚，這些小魚就是像成員一樣。這個魚缸裡面的小魚
兒，他來這裡做什麼？要對我做什麼啊？這個社會、我的
家庭問題，現在要我坐在這個地方做什麼？我就很多的疑
惑，那他帶著這個疑惑，其實對他來講的話，他要理解他
在這邊的位置，可能就花了很多時間。所以聚思小組功能
就是：怎麼樣的讓他們看見自己**人生困境**、**早年經驗**、**家
庭生活**及**人際關係**等等總合而成的窘境是什麼？

　　聚思小組也能增進成員更深的內在理解，及自我揭
露。這個策略是以帶領者做個示範，示範自己的原生家
庭，這也是揭露的一部分，延續聚思老師進入內團體的時
候，他們也會講自己的例子。比如像東○，他就常常會講
他跟他父親的關係，當然他跟他父親的關係是負面的，但
他也會講，這個會帶起成員願意敞開自己。

　　因為當你看見真正屬於要解決的問題，而不是你腦子
思考的那個問題，才是真正解決問題的開始。也就是說，
導致向外求助的的問題，常常是已經由問題衍生出來的困
境，是一種結果，所以解決困境或是結果，對真的要根絕
問題是治標不治本的策略。凡倒是要找尋後面真正的問題
是什麼，那就要透過內在理解。以團體來解決問題，當然
是比一人解決問題時，有更多的看見，尤其是在有治療性
的團體，成員可與帶領者所看見的不同面向與角度去談論
自己的問題來源，連同團體中的其他成員及聚思小組，這

個多層次的看見，是鏡觀團體的刻意安排，也是注重其效果的顯現，願意投入更多的資源，協助成員能真正的走出心中的陰影。

多人合作的團體處遇工作

　　一般團體的帶領者安排大多是一個人或兩個人（主要帶領者與協同帶領者），這是合格的團體運作組態，當然有其功用性，只要能維持團體的運作，是可以圓滿完成團體目標。不過，這是在正常情況下的安全考量。記得，家暴加害人團體的成員組合，全部是非志願性案主，也帶著滿滿的負向情緒，他們不是真的心甘情願前來接受治療，而是被司法強迫進來團體，這樣的情境會是祥和的場景嗎？答案絕對不是，反差的場景是極度憤怒及滿腔不滿的抗拒團體。這樣的條件下，如前所述的團體帶領方式，已非能實踐團體目標。因此，我們團隊在多年經驗過程，瞭解到多人合作的方式，可消融成員的抗拒，並能以更多面向深入成員的人生困境，與之一起分享及討論解決之道，也能將成員的問題脈絡、情感糾葛與憤怒衝擊，梳理成他們看得見的「源初根源」。

　　另有關帶領者「此時此刻」的觀察，因為時間的壓力及團體動力中的抗拒、權力爭奪等議題，若是太專注於團體流程，有些細微發生的事項，就無法察覺出來，而如投入團體議題太深時，又顯得團體無主軸，故為了取得團體運作的平衡點，帶領者能在團體中所看見成員問題的脈絡就有侷限性。所以我們透過聚思小組就可以看到一些既深

且廣的成員內在的議題。比如成員於魚缸內的時候，他從裡面看出去的，和他游到魚缸外面，看到裡面的自己時，所看到的角度一定有所不同，自然覺察的感受也會不同。

再舉一例子，如果你有登山經驗，你站在這個山頭，看山谷中的景象，與你站在另外山頭看同一個山谷的景象，會因為你站的山頭位置不一樣，你看到那個山谷的景象也絕對不一樣。其實不管你站在哪個山頭，所看到的景象不一樣，你就可以更了解這個山谷的狀態，因為不同的角度投射進去之後，你看到的深度及廣度就不一樣，所以產生一些景象自然不一樣。

更廣泛一些，你站在500公尺高度的山頭，與你站在300公尺、800公尺高度的山頭，看到這山谷的景象又不一樣，所以在這兒有所謂的角度光線陰暗所產生不同景象，這些呈現景象，都是同一山谷所幻化出來的，只因高度就產生不同的景象，**這就是張力**。

張力類似於感受的衝擊度，或是慣性的那種黏結度，所有的張力皆跟你的生命有關聯性，像這個的意境會帶領我們與成員越走越近。這裡也令我感悟到：「我們每個人即使在這一次相遇，有各自的使命和自己應該去做事情，雖不一定做得到，可是至少你往那邊走，人生就有意義了。」在此的理解不是空話，而是相信我們現在所看的很多的狀態，會跟著一些人生歷練，之後開始就不太一樣。等到有一天你發現你人在這一次的機遇，那個思維起來了，你就會發現整個狀態都開始不一樣，因為你會急於去看見在這一次裡面，你要去做一些事情的時候，那個動力開始就不一樣。

看見潛藏的內在脈絡

透過團體帶領的過程及聚思小組於內團體的鏡映效果，我們相信已燃起團體成員深層的內在覺察，是屬內在的反射性回應。在此做個比較一下，單以團體帶領者直接去引領成員回應，與透過鏡觀模式運作，兩者所反射出來的成員回應差異很大。因為我們不僅以帶領者為第一層的看見，又加上聚思小組的第二層去勾勒成員內心深處潛藏的脈絡，真正理解到底發生了什麼事？

原生家庭與現在「我」如何連結的？及如何影響「我」的人際關係？「我」預測外界眼光憑藉的是什麼？鏡觀模式就是將上述的問題或疑惑外化顯現，讓團體成員及我們都看見。

想像一下，當一個人正在照鏡子時，站在鏡前的「我」，與鏡中的「我」之間的差異性在那兒？如果是鏡中的我，因鏡前的我轉變，而跟著轉變，這裡可說是鏡前的我是主動的，或也可說是主觀性的，而鏡中的我，是無自我決定權，僅是被動的隨著鏡前的我而呈現事實，所以是提供一個「主觀中的客觀」，給了鏡前的我意見及想法。

那何謂「主觀中的客觀」，是指鏡中的我所呈現出來的景象，必然是反映鏡前的我，不過又多了「社會化的我」的影響。這裡社會化的我，存在於鏡前的我與鏡中的我之間，可說是兩端之間的距離內，有個想像空間。此空間裡儲存著豐富的訊息，是鏡前的我，從小到大所接收具主觀意識所篩選的訊息，提供自己如願符合社會大眾的眼光。

　　舉個例子說明，今天有一場很大的聚會，我要好好表現自己，所以必須穿得很體面，這時就要透過鏡子來決定是否適合這個場合。當看到鏡子裡面我，和站在鏡前的我時，鏡中的我所呈現出來的，鏡前的我理解程度為何？想想，前面照著鏡子的人，因為他會思考、選擇及抉擇。如果把時間抽掉的話，在當中有很多內心對話的小劇場（鏡子裡面的自我和反射性的回應），勾勒小劇場是從鏡中的自我去演化出來。換句話說，就是反射性回應出來的。

　　鏡觀模式就是運用團體的「六個維度」，及聚思小組功能性介入對話過程，做出來一面虛擬的鏡子，且在虛擬的鏡子中又塑造出一個「鏡中的自我」，讓他看見，再進入到真正的自我。

　　經由多方「對話」的型態，具象出他為什麼是這樣子的一個狀態（**人生是怎麼樣的狀態**）及為什麼變成這樣的狀態，「外化」出讓他看見（駱芳美、郭國禎，2023：311），「啊，我原來現在這樣子，就是因為我的原生家庭，我的父親，他的暴力喔、他的管教態度、他的人生價值、他的一個狀態，他跟我媽衝突糾纏（enmeshment）牽絆著我，現在不自覺地落在我的小孩跟我的太太的身上。」那個感受就是反射性回應，這些都會在鏡子裡面鉅細靡遺的呈現出來。

　　促發他去做內在覺察的工作，其目的是在打破慣性（早年的習得與潛移默化），並警覺現在所發生的現象，是有脈絡可循的。所以一直在做的事，就是透過周圍的層次走位、互動。因為團體成員是屬於非自願性案主，在難得的機緣之下，絕不能白白走這一遭，一定要做有意義的事。

　　為此，我們希望用自己的青春和人生，誠心跟成員做互動，更希望因為我們的關係，讓他得到很大的幫助。

社工界所面對的很多個案，
真的需要遇到貴人他這一生才會變得不一樣

　　再論及內在小孩的部分，想像一下，家暴加害人的「內在小孩」，是否心裡有住了一個「被放逐小孩」，在他很小的時候，被他自己關到地下室去，或是說有痛徹心扉將其拋至最壓抑的角落。所以今天在很多情境裡，我們的工作目的，就是將被放逐的小孩，從禁錮的地方，也就是從潛意識拉出來，以明瞭現在對自己太太的一個失控行為是為什麼？因為是從他潛意識裡面，把他的一個失控情緒拉出來，只因那個「內在小孩」必須做到跟爸爸一樣的行為，他才能去掌控到現在這個家庭的權力位置。一個潛意識運作型態，是要去讓他同理小時候他在過程裡面，過得很擔心害怕的，現在他應該要怎麼樣去改變？所以如何回溯被理解的情緒，經由聚思老師的分享而被看見，有了突破口時，我們再去同理小時候的他，因此我們的工作就在重新去幫他療癒。

理解別人如何看自己

　　讓團體成員開始對自己的一切理解，跟理解之後看到的別人，這些人就跟以前他看到人就不一樣了，就這個很重要，因為他願意有動機去做就會有「**不一樣看見**」。在理解機制下，有時候遇到一個觸發的過程，一閃而過的機緣出現，人也會忽然頓悟了，察覺到以前是受什麼樣的影響，造成現在的這樣子？團體治療大師亞隆（Irvin D. Yalom），他認為團體中促進「心智化」的領悟模式，經內心層次的理解，可以看到自己的

不同可能性，進而跳脫自己原來以為的自我，轉而理解別人怎麼看自己，這個也是鏡觀模式核心的精神。

　　我曾經無數次的想像，一個成長經驗充斥著不安的坎坷人生，即使現在仍一直複製著不堪回首的延伸糾葛。而我們希望他能得到怎麼樣的一個轉化，能用什麼樣的一個好方法。在多年的團體經驗裡，從守舊的團體模式，一直以為擁有多次的團體經驗，已被琢磨出老油條了，不怕任何的挑戰，結果在帶領著家暴加害人團體時，自己沒有反思性的覺察，好似任務般的完成每一次的團體，就是這樣子，然後呢？

　　好像沒有然後，當時的自己也沒有感到沒有怎樣，後來才想著，此次機會求之不得，經過多少層的篩濾，才遇到這一群人，即使沒有任何單位強制要看到好的成果，但對自己的內心而言，忽然感受到千斤重的壓力，不能輕易放過自己，一定要想到最有影響的方法，協助這一群人完成這一世的生命改變，因為當他們能與以往不同了，他所處的家庭系統也會變得與以往不同，如此的連鎖反應，直接間接會改變許多人的人生。

　　不過，要如何真的想到也能做到，單只靠自己的力量，是會受到能力的限制。幸好，有一群好伙伴，從試驗性的帶領，從中也逐步的加入一些專業性的理論及帶領策略，且在遇到任何盲點時，大家彼此願意放下己見。更重要的，無論來自多遠的伙伴，路途再遠，仍能堅持每週六的時間，大伙們聚在一起，為理想而努力，

從團體前的準備，團體進行時的分工，即使再累，每次
團體結束後，都會有團體會後會，每一環節都很重要，
不過這一環節更重要。會後會的進行，是由我和振宇帶
領，成員有「深化小組」、「聚思小組」、團體帶領者
（含協同帶領者）。

我們大伙一起討論剛剛的團體發生了什麼？先從深
化小組開始分享（帶著好奇的提問，是我們鏡觀模式一
貫的作風！），以縱觀的方式，將團體從團體前的準備
（成員進入團體前與帶領者及聚思小組的互動狀態）；
成員入座情況及位置；團體進行中的歷程進行（含動力
關係）；聚思小組進入團體時分享的團體狀況；聚思小
組退出內團體時的團體動力；團體帶領者整體帶領過程
的觀察……等等）。緊接著，請聚思老師分享於內團體
時，從自己的看見到團體中討論時，自己的分享與討論
依循的脈絡為何？並可提出相關疑惑與卡住之處。最後
由帶領者分享及回應，整個團體歷程的運作策略與處理
技巧。

上述的整個流程，無非是讓第六維度的深切，達到
脈絡最佳的效果，讓立體化的線索更加細緻與放大，我
們期待我們能在僅有的時機裡，看到的更多，讓下次的
團體，更加有力度的完成我們大伙想做到的事。

第四章　鏡觀模式的完美組合

　　我們常在想著：「這個組合模式的工作型態，要以何種方式，更深化的起到架橋作用，進而跟著成員走到最好的旅途！」所以我們盡力而為了。

　　首先，請「**深化小組**」就今日「**團體的整個（縱向性）**」觀察說明，內容包括：

團體動力關係	成員的移情投射、有無集體潛意識（生態性建構）、內在客體（投射）、垂直式溝通（代間傳遞）、水平式溝通（此時此地）、鏡映效果、濃縮現象、團體多樣性連結、團體位置、順服行為、團體情緒（吸引、選濾、聚合、擴散、傳遞、同化）。「情感基調」－與團體形成的心智模式、團體決策歷程、團體中的利他行為、成員的價值感。
團體抗拒／反抗拒	遲到、文不對題、扮演主導者、促發帶領僵化、沉默、合理化、幽默、不願揭露、質疑、投射、配對或次團體、代罪羔羊、移情抗拒、插話、獨占、支配、退縮、治療師助手、抗拒性格、早熟的凝聚力、聚焦私人問題。

帶領者 帶領技巧及態度－ 帶領者技巧部分	同理心（感同身受）、傾聽、尊重多元、團體權力、尊重他者、敏感度、開放度、外異性、轉換思考、流暢度、面質、正向肯定、團體文化、聆聽獨白、靜默、促發動機、促進覺察、示範效果、互補交替（協同領導）、聚焦論述、化解獨占、自控權、情緒處理。
基本溝通技巧	澄清、邀請、支持、深化與探索技術－探詢、再導向、挑戰、評估、個人分享、個人評論、回饋、反映與肢體碰觸。
催化團體 過程技術	掃描、調節、連結、阻斷、設限、保護、取得共識、設定基調、聚焦、說明、此時此刻、團體摘要、團體歷程評論、忽略、場面架構、開啟團體、結束團體、引出話題、團體具體化。
行動化介入技術	角色扮演、空椅、教導、架構性活動、詮釋、運用團體資源、雕塑、具象化或視覺化、隱喻、問題解決、幻遊、要求口頭承諾。
帶領者 帶領技巧及態度－ 帶領者態度	利他、彈性、不安的反思、內在覺察、教學相長、工作同盟、鏡映效果等等。

　　緊接著由「**聚思小組**」針對其「**功能性（橫向性）**」的
觀察說明，內容包括：

示範效果	正向肯定、適時自我揭露、兩者皆是（自我安頓）、尊重多元、關注、自控權、找出優勢；平權對待、開放度。
增進凝聚力	信任、接納、利他、傾聽、認同、關注。
共同臨在感	團體融合、融合的視野、濃縮現象、共鳴。
催化團體進程	面質、同理心、容許、彈性、自然狀態、流暢度、化解獨占、化解僵局、抵消、情緒處理、工作同盟、互補交替、增進連結、公開對話、歷程評論、自我－涉入陳述、賦能、意義歸因、團體動力。
擴大治療界限	外異性、帶出差異、擴大自我、層次交應、立體維度、團體位置、共變。
拉升存有的理解	聆聽獨白、獨特結論、靜默、保持空白、澄心聚焦。
反觀自身的效應	促進覺察、反思距離、反觀自身、自我離心作用、創造空間、轉換思考、重新詮釋、鏡像反映、人際攝受、動態的移態（矯正性情感經驗）。
聚焦論述	此時此地、脈絡、具象化、敏感度、投射作用。

　　俟深化小組及聚思小組分享完所見及理解的狀況，並提出相關疑惑後，帶領者與協同帶領者針對這次團體運作流程及作法說明，並回應前述提問，再來由督導補充說明。整個過程時間緊湊，彼此互為想法交流，再次顯現平等及尊重多元的精神，容許各種異音在團體中流動，因此也營造出不同凡響的效果，有更多容易吸納為自己經驗的養分，自然而然的變成每個參與會後會的伙伴，願意一次次犧牲自己假日的時間，投入自我學習的行列。

　　也因如此的操作，將六層維度交錯看見，不只看到的動力較其他團體更細膩，且互相激盪的理解，有更多潛藏的隱而未顯的過往脈絡，不斷的撓動及牽連，對團體內的任何人，及在團體外的治療師，甚至延伸到會後會涉及的任何伙伴，皆受到深刻的波動與刺激。

聚思小組的運作

　　再深入討論一下聚思小組的運作方式，聚思老師在內團體時，願意用他自己的生命經驗，去連結到成員的生命脈絡，此處的連結非是建議與批判，而是顯現心有戚戚焉的同感，即使內含面質的作用，也產生了對成員內在衝擊。就因常打到點，此時在外團體的成員都會想接話來回應老師，不過聚思老師於內團體討論分享時，無論外圈成員聽到的是不舒服或是一針見血，也可能是促發他想回應的議題時，聚思老師都**不能跟他對話**。

　　這裡有設下一個很重要的內在心理反向機轉－「**獨白空間**」，此作用是要讓它變成是一個內心戲，在過去的日子裡，當被外人點中要害時，通常就是直接回應人家。所以常常啟動防衛機轉自動地否認、淡化，甚至形成了為辯而辯的無理由狀態，最後常常鬧到後來，與他對話的人就自動逃離戰場。不過聚思老師不與他對話，他自己會悶在心裡面，就好像燒開水的茶壺，當水滾的時候，蒸氣會從那個蒸氣孔噴出來，結果蒸氣孔用軟木塞塞住了，蒸氣的熱能在茶壺裡面一直攪動，始終出不來，最嚴重的時候可能就爆炸。所以他沒辦法宣洩那個壓力，此刻必須獨自承受壓力，這時候正處於緊迫壓力的他會去思考為什麼？

　　而我們要做的工作，猶如煮沸開水及蓋上塞子的動作，再來的發酵就交給他自己，如何感受蒸氣在水壺內到處亂撞（內在小劇場的展演）。附帶的也產生一個想法是：「他為何如此看我？」（聚思老師的說法）、「我是被他這樣看，為什麼？」。

多維度的透視與理解

　　上述說明聚思小組強大的功能性，加上多維度的透視與理解，以致於所經驗的，已非是遇到問題解決問題（表層的顯露），而是積極尋求一個非常客觀的答案，亦即是希望聽到更多的想法及見解，再讓看見真正問題（深度的看見）的他，能從內心劇場的自我對話，找到可和遇到人生窘境的自我互為對應，其符合隱喻所示，整個鏡觀模式就是透過聚思小組建構（construction）成員心中的「鏡子」，這個對應就是與心中的鏡子對話。

　　對照一下講究權威性的團體，著重點是在事前的方案規畫，講的是堆積的知識，而真正的引起問題的主題，常是什麼就被忽略掉。不可侵犯的是權力宰制，逼迫成員於團體中是要學習「**為他存留**」的壓迫結構中，這也導致在帶領團體過程變成是一個衛教團體。所以形式上符合規劃者所做的方式，至高無上的主宰團體的走向。這些參與團體的人，成為「為他存有」團體成員，被動的參加這個團體設計者的團體而存在，真正成員的主體性，在團體規劃過程裡面，卻沒有去省思「**特殊性**」的狀態。

　　這個特殊性講述的是什麼？事涉個人重要隱而未現的「代間傳遞」、「社會化」、「依附關係」、「內在家庭系統」等等的烙印經驗與需求。其中來源最重要是有關原生家庭的成長經驗，也含括了社會化的部分，比如傳統性別文化架構，或許對他產生一些比較負面的衝擊（男主外、女主內），顯見社會文化架構對人性的一個影響。

　　為何會談論此議題，這裡也是對認知行為模式有不同的見解。因為此模式強調的是「預防再犯」，故著重在改變成員的想法，將其導向符合社會期待的想法，他的認知才符合容許的範圍，也確保不會再犯錯，且解決了現在的家暴問題。這預設式的專業理論套路，刻意遺漏他的特殊性，僅是用了情緒ABC策略，即貪心的圖謀改變，也許有丁點的有效。

　　但整體而言，以重複訓練方式，就要給予日積月累產出的慣性給予改變，又是短暫時間內完成，如此不可能的任務，會讓人感受到十足的壓力，加上又屬權威式或衛教團體，可謂是難上加難。

　　鏡觀模式不僅將處遇重點放在他的身上（脈絡），還要先了解他的特殊性。方法就是帶領團體的時候，保持著自己對團體是中立的，好似沒有被污染。為何如此，想想一下，如果這些已被標示為家暴加害人的成員，他們在團體情緒是憤怒的，因為原初的認知是為了家庭貢獻了一切，保護家裡的任何人，但為何卻被整個司法體制，及接手的社政服務輸送認定為類罪犯，這個認知落差，整個流程皆是司法強制的迫害，他已被標籤化，他的憤怒代表著是不被理解的聲音。

　　但這個認知卻又是遭受再改造的策略，說是他的認知是錯的，必須改變認知，再重新的面對家暴事件、及兩造關係。這個過程對他來說，是被壓抑的燜燒現象，在受壓迫的環境下，選擇暫時妥協，表現出團體策略所要的答案，實際上動機是無被催動。以此來看，有效性就不是討論的議題，剩下的就是壓抑期能多久，如果再犯家暴事件，整個家暴加害人處遇就是無效的答案，就變成了處遇團隊要吞下的苦果。

理解成員的特殊性

　　因此，鏡觀模式不是要改變他的認知，而是經由理解他的特殊性，並經聚思小組的催化，促發他的看見，看見了自己原生家庭如何影響著自己、看見了自己與重要照顧者的依附關係、看見了他現在所處窘境與日漸形塑的人際關係之間的關聯性、看見來自內心長期以來的渴望、感受、情緒、想法等，是因自己的緣起（原生家

庭）所造就出來的業果（現代家庭），這個看見，可以啟發他的動機，這是改變一切的原動力。當我們經鏡射的效果，可以演譯較之往著不同的生命經驗，促發他因此看見，而產生了願意改變的強力動機。

慢慢去接近真正的自我：從「鏡中的我」一直到「鏡前的我」是一個目標。用一個例子來說明，想想一下鏡前的我，可能要換了好幾套衣服，才能換到真正滿意的那個鏡中的我，每次更換衣款就愈接近正在修正的鏡中的我滿意度。也許您以往這些動作沒有經過思考，經常也視為理所當然。

再舉一例，您常看著一個小小的鏡子，很自然的畫眉毛、畫口紅，動作好像沒有分開的，都是一個例行性的慣性的動作，這就是讓您非常接近自我，因為您不斷地一直在修正鏡中自我的樣子，直到你找到一個很接近自我的完美形象。在這個地方還有提到一個就是「潛意識的他者」，也就是說，您今天看到鏡中的我與鏡前的我，兩者好似在對話，不過卻有一位隱藏第三方的意識層次在掌控著，這第三方其實就如前面所言的「個人化特殊性」。

這個他者是來自於早年的經驗所衍化出的潛在他者，體驗一下自己的選擇，當您遇到心目中的伴侶時，常會出現一種莫名的喜歡，無論是外形，甚至感受到的氛圍，就好像冥冥之中，就是您在尋找的人，那種感覺都有似曾相識的經驗，這相識的感覺，其實來自於重要照顧者挹注到您的深層意識中。

　　當有一日您碰到或忽然觸動某些場景，埋藏在你潛意識裡面的熟悉回憶，就會被提取出來，所以現在做的任何事情，很多都受到潛意識的操控。包括我們說喜歡上某人或感受到跟某人特別親近，有時聞到某種食物味道，莫名產生了幸福的感覺，這些感受都是潛意識誘發出來。

　　今天理解鏡中的我跟鏡前的我，兩個都是自己，且整個過程就是有兩個自己的對話，還有另外一個社會化的自己，就是潛意識的他者，這個第三方的人，不是外人也是自己，只不過是塑造您成為符合社會期待的自己。這三方的對話變的很複雜，彼此交錯激盪，力求達到三方的平衡，最後答案會逐漸接近滿意的程度。另外說是複雜的運作，還涉及這三方的角度與空間，前述略有說明，這三方所處的位置，由三個點所衍生出的空間距離和角度視野，所見所聞各有千秋，所產生的理解程度也不同，因此會產生明顯的差異性。

　　倘若如果有其中一方的見解，是凌駕其他二方，大家彼此無法認同時，就會有矛盾的發生，造成了真正的自己無法統合。這時候的自己就會有了嫌隙發生，所呈現的是以情緒發聲，因此有時當下的恐懼、焦慮不安、憤怒等等，常常就此發生，不明就理的旁人，有時無法看懂您到底發生了什麼事，或是腦子在想什麼，甚至事情也沒有什麼嚴重性，何必如此的過激反應。講白一點，自己有時也不知道自己為何有如此不妥適的反應。

　　認知行為模式將上述的過程，視為是因本身具有
「扭曲化信念」（又稱自動化思考），故可透過駁斥的
方式，將想法訓練及改變，以求抹去不被見容的情緒與
行為反應。此以線性思考的方式，符合第一序的邏輯概
念，也就是系統式的因果關係。

　　可見的是簡單、明瞭，但細究處遇策略，又顯得
有些化約式的不足。這裡的疑惑是人有那麼簡單，可以
用如此簡單操作技巧，就可將多年的習性，還有原生家
庭、社會化機構的教化等，日積月累形塑而成的性格，
透過扞挌警惕就讓人脫胎換骨，這是疑惑之一。

　　另，人的情緒僅在面對當下的事件，才會產生單一
種情緒嗎？想像一下，為何那件事件，為何會誘發情緒？
如不同時間點，那件事有那麼重要嗎？同樣的事件，因與
不同人的關係時，會有同樣的情緒反應嗎？自己的情緒是
否會因不同的狀態，而有不同的情緒反應等等，這是疑惑
之二。

第五章 聚思小組的功能說明

有聽說鏡觀模式的聚思小組，好像是在做一些一般團體「沒有在做的事」

聚思小組於團體外觀察時（團體周圍），可真實看到團體運作，這種真實的狀態，好比水中的水紋都清晰可見。

彼此互為參照點

聚思小組對團體的影響，不單只是在內團體分享討論所見所聞，而是從團體運作的開始，就已經啟動了漣漪效應，且是不間斷的波動，一層一層、波波相連，對整個團體產生滲透的作用。而聚思老師也在輻射式外放的波動過程（**波紋外推的動能**），受到內射的影響，也會促發個人內在小劇場的運作。也就是**彼此互為參照點**。同一空間中的任何人，皆會受到團體動力的影響，每個人各有觸發回憶再現的經驗或未竟之事，不過因時間和空間的不同，對原事件的理解，在具有接納及信任的團體氛圍下，相對的已有不同的解釋，加上聚思老師的看見與分享，更容易激發成員願意再次經歷不堪回首的往事。

聚思小組功能意境

❖ 凝掣—辯明—衍出—盪化—再凝—現身—行入

　　第一階段是「**凝掣**」，凝掣的意涵：想像凜冽的寒風中，旗桿上有一面旗子，不時的隨風在擺動，它在隨風飄的過程裡，旗子是一直擺動不定。那擺動不定的時候，很像一個加害人在現實環境裡面，心思混亂、心無定所，整個心境變的比較具認知扭曲偏見。聚思小組的功能第一個步驟所做的即是將這面旗子冰凍、定住，這定住的部分有兩個，一個就是把外面引發的風力把它完全阻斷（將促發因子將其隔絕）。第二步驟是將棋子冰凍，使其硬化定住（將其內心層次顯現出來）。所以所謂的凝掣就是將問題具象化的顯現出來。

　　第二階段為「**辯明**」，當聚思小組能呈現旗子於風中的隨風搖曳，如同心思混亂的狀態，把它具象化的做出來。當成員看見他現今的人生受到以前諸多因素影響。所謂諸多因素，包括原生家庭及在成長過程中社會化的過程所經歷累積，塑造成現在他的狀態。聚思小組將其具象化，其所經歷的無論是負面或正向的，全部把它外化顯現。

　　第三階段較屬過程部分，如何從「辯明」再跨至「**衍出**」，將其人生中影響明確辨識出來，再度顯現其曾經歷過的困境。第四階段為「**盪化**」，是透過聚思小組跟鏡觀團體協同工作，重塑成員自我主觀認知的搖晃，期待改變它原來的一個路徑，讓其開始有不一樣的一個方向。

第五階段為「**再凝**」，是指將原本心思混亂，經過前四階段的過程後，聚思小組的功能是讓其整個沉澱下來，讓成員更清明的想一想未來怎麼做？之後將其改變比較正向的部分把它凝住，變成未來改變的希望。成員整個生命經驗跟所有的相關的未來，聚思小組將其激化，開始看到逐步的改變，此為第六階段的「現身」。最後是「行入」，這是最真實性的體會，當這個改變是在團體內可以被看見之後，我們就希望成員帶到真實的世界，回到家跟家人的相處心態是一樣。總共七個階段，這些階段是「鏡觀模式」的聚思小組工作一個路徑，當此路徑能成行時，我們相信一定會得到很好的效果。

再論述一下「鏡前的我」與「鏡中的我」。今天你在照鏡子的時候，鏡前的自己跟鏡中的自己，其實他們都是一個對照，這個對照過程裡面，就讓鏡前的我理解現在自己的狀態是怎樣子？比如說今天要參加一個宴會，那我今天穿這套衣服合不合理，我自己不知道，我自己穿的是用意識的層次在做決定，如果場合對你是很重要的，特別會用鏡子來微調穿著、色澤是否搭調，符不符合我今天的場合。

其實鏡中的我跟鏡前的我，是屬於各自兩個主觀性的部分，兩者之間存在著距離，且兩端的距離空間還隱藏著一個潛意識的他者。此他者較具客觀性的，潛意識他者運作型態，也是「鏡前的我」主觀意識的思維，只是多加了「鏡中的我」做潛意識的思考。然而潛意識的思考，彼此的對照後，產生了另一個擬化的客觀他者，為其提供自己主觀認知中，能被外在他人所接受的想法。

　　上述整個觀照的過程，是很主觀合理的，但也擁有了客觀的事實，此舉是每個人在決定事物的常態。仍回到穿著的思維上，在鏡前的我，一定是在相對滿意的狀態決定穿這套衣服，所以當決定穿這套衣服去參加這個宴會時，這套衣服最接近自己的主體意識。

　　「在相互映照的自我與鏡中自我的他者（other），以及潛意識的他者（Other）交流著，企圖接近主體」（引自蔣欣欣，2009，頁18），此處「鏡中自我他者」是可視為另外一個主觀性的我，以及潛意識的他者，在兩者之間扮演著抽象的客觀性。在此來來回回過程，串起3個部分融合起來，此狀態是最接近共識。所以我們每天都在做這件事情，包括在穿衣服、化妝，整個過程都是透過這個部分在運作。

因位置不同景觀也不一樣

　　「我們如何想，常常決定了我們如何感受」（引自鄔繼礎、蔡群瑞、吳秀碧、鍾志宏，2010，頁22），這句話對我深有同感，不管是鏡觀模式和認知行為學派或是其他的任何學派，都很認同這句話。想像一下，當一個人站在山谷上面的高山山頂，當站在高山東邊的角度、西邊的角度、到北邊的角度、到南邊的角度，或是東北角、西南角的時候，各個角度的山頂上面看同一個山谷，你的視野就會不一樣，連帶你的想法都不一樣。所以我們如何想會決定我們如果感受，就是我們要讓成員改變他的位置、改變他的角度，好似促發成員重新看待原來的這個山谷（人、事件、關係），也許就產生不一樣的感受。

　　將自動化理解視為個人主觀詮釋，不過也有隱藏的客觀性。換句話說，當主觀對主觀時，就會產生相對客觀性。當在主觀間的交換就會產生「相對主體」，那個主體是相對比較客觀的。與先前的主觀性所看到的景象不一樣，而當景象改變時，產生客觀性的看見。所以一個人能從另外一個人，或者是從另外一件事件的情勢下，有時會有客觀理解，亦即是滲入自己的想法裡面，才會從主觀慢慢的去做修正，得到客觀的事實。

　　這種修正主觀性的過程，是一個新奇的心理意象。我們常常會講到說：「當一個人他太僵化了，他就永遠都在主觀的階段，他就不會受到客觀的影響。」例如性別意識的權控議題，常被範定為極端主觀的一個概念。然而如果在性別認同裡面，開始慢慢的改變性別平等的概念，那個性別平等就是客觀的價值。

第六章　聚思小組功能

❖ 示範效果

　　聚思小組功能的第一類功能是為「**示範效果**」。其是藉由反思運作，促發成員產生**角色模範**的作用。因為在反思的過程中一定會有標地物讓成員做參照點，這個標地物就是我們的「**聚思小組**」。還記得在第一章論及聚思老師的角色與立場，提及要向內自我探索，並願意與「被協助者」生命連結。將自己投入成為團體運作的輔具，徹底的發揮生命光輝，催化整個團體效果。

　　以此理念為使命的聚思小組，須將自我的生命軌跡，適度的在團體中不吝於分享，且看待成員的眼光，充滿著理解與專注，這些非刻意的態度，以默然將專業身分釋放，所衍生出的氛圍，就是彼此的相信和陪伴。

❖ 尊重多元

　　聚思小組在成為內團體運作時，小團體內有被安排一位帶領者，在團體互動中，可見彼此互為尊重，如此形式會直接帶出一個效果，也說明在物理空間裡面存在著任何主體跟客體的兩種關係，呈現出非僅是帶領者與被帶領者兩元關係，整個聚思老師的團體互動變成是多元，加上尊重彼此，產生了多元的意見（Young et al., 1997: 34; Johansson, Nyström & Dahlheim-Englund, 2017: 742），彼此交盪和共鳴。

　　因為大家都願意說及自己的狀態，所以在反思時就會呈現多元的觀點，且在彼此的對話中會達成一個積極的共識或是意義。更深入一些的論述，聚思小組的示範，呈現出彼此「**全然投入**」、「**創造對話**」，且不讓「**複調情境**」中的任一聲音壓制其他表達，徹底的彼此接納與尊重他者的他異性，如此傾聽而成為「尊重之他者」的完美狀態（Seikkula, J. & Arnkil, 2016: 79）。由此可充分顯現在團體內的聲音，是允許其各自「話語權」的存在，且可從中汲取自己所聽，內化為自有知識，並成為接納異己經驗的展現（許育光、吳秀碧，2010：265；駱芳美、郭國禎，2023：414），無形間已擴展了己身視野。

　　此值得一提的是多人觀點裡面，一致性意見獲得聚思老師的共識，對差異性的意見則是彼此尊重，這對此時外圈團體成員是另一種生活體驗。以此期待的示範效果為「鏡中的我」（聚思老師的反思），反射出來示教於「鏡前的我」（成員）。聚思老師在此顯現的是彼此互為尊重，因為實際上都尊重，才會去做改變，若沒有尊重就可能不會做改變。

　　如前所述，當自己在照鏡子的時候，如果你想穿合宜的衣服，你不在意鏡子的反映時，你就不會去換衣服，也不會做一些打扮修飾。所以上述概念，主要是說明鏡中的我，就是鏡前的我「參照點」，彼此產生模仿效果，打從心裡面就是會以它為準，這動力關係就是因尊重而發動。

以此尊重他者的態度及接納與同理的立場，營造出彈性及多元的想法，無形間貼近了外圍的成員（施香如，2015：128；李崇義，2022：194；陳俐君，2023：49），亦即是促發成員更願意「照鏡子」的動機（Allan, Klarenbeek-McKenna & Day, 2019: 390）。這裡可更進一步的思維，當聚思老師由心而起的尊重態度，濡化了成員時，聚思老師就已不是從外部引導成員的改變／認知，而是藉由聚思老師與成員間內部與外部的交錯對話（Gehart, 2018: 389；Kohn, 2019: 258-259；陳重羽，2022：432），自然而然的達到改變的效果。

再想像一下，團體成員參與團體，他們已披著各種防衛的外衣（非自願性案主），我們不應再以主導性的角色，試圖引導他們符合我們的預期設定，反倒是尊重他們所選擇的步調與之前進，促發多元的看見（林筱婷、杜恩年，2017：69；林祺堂，2022：13）。

這裡所指的防衛外衣，對成員來說，就是「我立場」（I position）（這就是我的想法或信念）（Glibert, 2016: 193-194），它是如實的掌控著成員的抉擇，也因此衍生出成員一連串生命故事，甚而形成了我們面對世界的態度及思維（許皓宜，2018：142），最後導致現在的人生窘境。

聚思老師於內團體的以身示教，及對成員理解後的豐富的描述（rich description）：替代故事的對話，的確能有助於成員突破往昔慣用的單薄結論（陳阿月譯，2008：35；林祺堂，2022：9）。此處的以身示教即是尊重，如此將為對方打開自己的耳朵，跟對方產生共感。

聚思小組功能範例

◆ 我也許在這邊拿到一點挫折，在那邊可以補起來，那他們是一個Team所以我就可以比較安心的在裡面講話，我覺得好像就是那種被權力對待好像就不會那麼的嚴重。

◆ 所以剛剛○曼老師有特別提到就是說，有更多人關注在我們的身上，其實這關注對他來講的話他是有被尊重的，還是說他是有被理解的，或是說那麼多人都在關注我了，其實我應該是更加有被肯定的。

聚思老師分享語錄

◆ 不過第一次好像大家還在觀望……大家一定也好奇，其他人來得原因是什麼？所以大家不同的人、不同的性別……。（參與團體的承諾）

◆ 其實我們心中都有一個自己要捍衛的尊嚴。（重要照顧者與我：分化／融合）

◆ 很感動的是他可以直接在這個團體裡表達他的需要，他需要去……，緩和一下心情。（我的改變：轉身後的我-自我安頓）

❖ 正向肯定

　　以往在這些成員的生命世界裡面，他所面對的都是單一主觀性的認知，從未想過可以用不同的方式去理解所面對的生命世界，此僵化的狀態是他唯一的生活模式。聚思小組的反思歷程，在內團體的分享過程，其效果如同「放大鏡」，且因是聚思老師的分享，間接避免了批評及標籤效應。因為聚思老師與成員關係較帶領者有距離的緩衝空間，且也可較客觀的以正向、謹慎、敏感及充滿創意及想像方式，用肯定或好奇詢問的方式，激發成員衍生未曾有的思維（陳淑芬、陳秉華，2018：29；Friedman, 2005: 22）。

　　在此聚思小組試圖模塑不同的看見讓其認知鬆動，亦即是可以用不同的角度，讓成員去看見，肯定自己以不同角度來看待問題的時候（陳淑芬、陳秉華，2018：30），以正向看待他所經歷的事件或是人。而這部分無涉壞人跟好人之區分，因為壞人跟好人都是由自己的認知產出的，因為他就是「人」。可是當我們不以說這個人是好人／壞人去界定的時候，我們是用不同角度去看待這個人的人生。

　　如從脈絡看待的一個事情，就不純粹是負面，有些是他的某個部分，他也是需要被肯定的人，況且這些負面的部分，原是成員認知合理解決問題或人際關係應對的策略。當聚思老師以此涵容的心態看待成員時，無疑的對他們即產生了解救者的位置（Teyber & Teyber, 2017: 107）。

恰如引用EFT（情緒取向）治療的治療師角色：在治療關係中，治療者要不斷的感知被治療者的內心世界，其箇中精華是轉變了被治療者願意改變自己重要的契機，及推進其人際互動模式得到正面改變（Johnson, 2022: 72）。這裡指的箇中精華即為治療者與被治療者的「EFT探戈」（探戈是為隱喻，將雙人舞蹈的流動節奏與彼此搭配，附加情緒因素背景音樂，舞蹈過程可能脫節，導致失調與不和諧，也有可能帶來生理和心理上的和諧與同步，其重要之重為舞者間的協調和默契。）其間彼此舞姿踏點裡，隨時都會滲入正向肯定的意含，催化兩者間的行雲流水般的完美組合。

另我們團隊不只在看鏡觀模式－聚思小組的概念，也十分關注在實際生活層次裡面，尤其在人際關係上。成員常常會在人際關係遭受挫折，有時來自於自己的主觀性認知，去面對人、事、物去做一個主觀性的詮釋，而且是單一角度來看待這種人際關係。

而當用不同的角度去看的時候，其實這個人就不會像你原來想像他是一個壞人的狀態。反倒是他在某個情境裡面，或是某個特質裡面或是某個狀態，形成主觀性詮釋，導致產生了衝突，然這個衝突會讓他造成不舒服，細究他不舒服緣由是來自於非理性思考或思考扭曲的結果（Messias, Peseschkian & Cagande, 2022: 549）。

「**改變主觀性詮釋**」，經由聚思小組於團體中不斷反映成員的內在生命經驗時，好比在鏡中呈現另一個可被看見的自己，及影響著自己潛藏的脈絡。當成員於團體運作中，有機會看到不一樣的自己，於是他開始嘗試改變及放下

（Lá, 2022: 239）。聚思小組仍不斷示範用不同的角度看待問題，而且不管是共識或異議，都會得到其他聚思老師的正向肯定，也就是被尊重的。如此的示範效果，是成員較少在外界的人際關係中所能體驗，亦即是團體中重新學習應用正向肯定，慢慢體會較安全的人際關係後，可給予他人正向支持（王國仲等人，2019：19）。

所以聚思老師在回應時，常以肯定成員的正向行為、正向想法與正向特質等為回映的主軸。當以此正向肯定成員，不自覺的就會產生能量（賦能）（林筱婷、杜恩年，2017：64；楊定一，2019：150；Armstrong et al., 2019: 25），或是間接「觀化」而自化自解（屬於「自鑑」之作用，實由雙方自然、無形之互動而發生。）（陳重羽：2022：446），且這些能量促發他更願意表達意見及參與團體。有鑑於**正向肯定**對成員很重要，在聚思小組的核心訓練，是列為首要指標。

以正向肯定的概念看待團體成員，就會相信成員擁有內在的力量，這種態度引發了成員開始接納自己並負起責任（鄔繼礎、蔡群瑞、吳秀碧、鍾志宏，2010：20），也是為成員改變歷程提供很重要的能量及動機，其猶如「由單薄走向豐厚，讓稻草變為黃金」（張仁和、黃金蘭、林以正，2010：49），藉此正向力量解構負向的生命故事，讓其得到新的生命力量（蘇益志，2017：212；駱芳美、郭國禎，2023：312）。

所以聚思小組以「正向肯定」視為很重要的功課，也是訓練的重點。綜合言之，以無條件的正向肯定關懷，相信成員將會經歷自我覺察、接受與實現等過程，並把自己從某個意識轉化進入另一階段（Lair, 2007: 251）。

　　進一步來說，鏡觀模式中將聚思小組的位置，形塑成「**心理位移**」中「你」「他」的位格這個位置。在「你」「他」的位格時要講的是什麼？因為在「我」的位格就是一個成員自己的位置，也就是「鏡前的我」。相對的，在「你」「他」的位格就是「鏡中的我」，等同於聚思小組的位置，此位格的「你」「他」常常會用一些比較關懷支持的方式，摒棄的批評指責，促發團體過程變得很有效率。即使是「非自願性案主」，他在進入團體之初的「抗拒」，也會轉化成正向情緒的提升效果，而最重要的情緒調節，解藥就是關懷支持。

　　其實有時候我們看待處於困境的人，希望他做改變，不一定急著要用建議批評的方式，也許陪伴就是一個很好的療效。比如面對驟逝至親的人，尤其是自殺、重大的地震、風災等，造成家人意外死亡的，其實那時候你不多用說（哎，我建議你要吃精神科用藥、找個工作好讓自己忙），這些都不需要，只要陪伴就是很好的療效，因為不知不覺中已提供了溫暖的感受，也即是你只要在旁邊靜靜的陪伴著，讓其孤立感減輕（Trull & Prinstein, 2017: 420），他就會有不一樣的改變。

　　聚思小組如何將自己於內團體時，經自己於外團體時的看見，轉換成心理位移中「你」「他」的位置。這是一個攸關鏡觀模式能精準運用的核心議題，重要是避免如同成員在世俗世界所經歷的「我執」狀態，而是保有正向肯定及跳脫框架的思維，時時讓自己處於「你」「他」的狀態工作。

　　如此在與家暴加害人工作時，尊重是很重要的價值意識，亦即是不把成員視為是一個「犯罪者」、「父權主義者」、法院及社會所範定的壞人，反倒是在處遇過程裡面，我們尊重他就是一個「**人**」。

　　所以我常在團體的第1週跟團體成員講一段話：「**我跟你們認識是2300萬分之一**，**是千萬分之一的機率**，**我跟您的連結**，**如果今天沒有因為這個機緣**，**當然是在這個不理想狀態**，**可是因為這個機緣我跟您碰在一起**，**我願意陪您一起走**，**我希望把你現在的困境**，**轉換成未來更好的人生方向**。**所以我在這個地方**，**我完全尊重**。」

　　我之所以在團體第1週的時候用此段對話，不是特別講什麼，也不是虛偽造作，而是全然真誠地去把我個人的態度跟角色直接發聲，讓成員知道，我是誠心的接受他們，我不會在意他們如何認同，不過我是全然地相信，我跟他就是有緣。

　　更直接一點的說：「**我今天跟他在路上騎車**，**兩個擦肩而過**，**或者是說在斑馬線上走過去**，**或是我在一個空間裡面遇到他**，**他就是路人甲**，**我是路人乙**，**我跟他沒有任何的生命交集**，**他對我而言全然是個陌生人**，**我根本無法對他做任何事**，**因此這就是百年難得一見的機緣**，**而且這個機緣是千萬分之一才讓彼此坐在這個地方**，**也是百年難求得共聚一堂的機會**，**所以僅有的機會**，**是我積極運用鏡觀模式的原因**。」

　　從根本上的尊重進入團體的成員，積極培養他對這個團體全然投入。只要有投入就有對話，因為如果相信彼此，就會創造一些對話，然後讓彼此之間增加交流空間，且維持不讓「**複調情境**」中的任一聲音凌駕其他聲音上。什麼叫複調情境？我們白話叫各說各話，不要讓各說各話中的任一聲音凌駕於其他聲音上面（Seikkula & Arnkil, 2016: 79），也就是「我尊重你」。所以你講任何的語意，我全然的接受。因為尊重我們就相信任何聲音都是有意義的，不會在複調情境裡面各說各話，爭的臉紅脖子粗。

我們常會說到一對情侶在熱戀當中，每個人看到這兩個人都講悄悄話，那個聲音小到都聽不清楚，兩個人就笑得很高興，可是當兩個變成仇人的時候，講的超大聲，彼此吵的超兇，結果兩個人都聽不到對方的聲音，這就是複調情境，那個狀態是很不好的。

我們也常看到父親在管教小孩時，也會陷在複調情境裡面，在此提出要彼此接納及尊重，尤其是尊重他者的他異性。他異性是什麼？他異性就是說，尊重他的一個意見，因為他的意見是跟你不一樣的，所以尊重最主要是真誠聽見，慢慢會改變對方的態度（Seikkula & Arnkil, 2016: 59）。

聚思小組的功能

◆ 去反應成員可能有哪些她內在比較正向的期待，就是她可能用一些奇怪的方式，或是奇怪的心情去講這件事情，可是她背後那種其實是好的想法，我覺得我在後來反應的時候好像可能會特別去做這個部分。

◆ 他每次講話成員就怎麼樣，那我會回到說……我會找到這個成員他的正向的部分，舉例說我感覺他想要讓別人理解，或是他想要急切的讓別人理解他。

◆ 我倒數這三次的團體裡面，有特定2～3個成員，他們服裝的改變，我也是覺得蠻特別的，就是可能剛開始的時候，可能穿著打扮比較普通，但到後面的時候，隨著團體的次數，他們會有些改變。尤其受到一些很正向的稱

讚或者肯定的時候，他們會更加穩固的狀態，就是那個服裝可能第一次被人家稱讚後，他們之後可能就會以這個模樣在團體裡面呈現。

聚思老師分享語錄

✦ 我也看到今天舊的成員就他們目前狀況，有作他心情的回饋與分享。（參與團體的承諾）

✦ 我很佩服大家在第一次團體，就問問題。（參與團體的承諾）

✦ 我也看到○○這次很專注很融入，甚至想了解一下什麼是家暴法。（家暴法律的認識）

✦ 他回到家以後他也是很棒，2個妹妹、爸爸媽媽跟孩子還是都住一起，可是呢他都在2樓看卡通，跟孩子一起看，我覺得這是一個很好的轉變。……我聽到○○跟孩子一起看卡通，我想這也許是○○的興趣，也許○○在跟孩子共同培養一個興趣，把時間花在孩子身上，這是一個蠻美好的事情，這是非常的棒，也覺得說原來在親子這一塊，我有感受到○○有用時間在關心小孩。（我的改變：迎向未來-付諸實踐）

✦ 在這一次的團體過程中，我看到成員分享他們在關係的互動、調適、自己的一些了解跟正向，都有了很多的分享跟吸收。（我的改變：迎向未來-生命共振）

✦ 我看見○○耳目一新，沒有戴帽子與口罩，我的眼睛都亮起來。（我的改變：迎向未來-正向認知）

◆ 我覺得他很堅強，像我前幾天我扭到腰我覺得很痛就都沒辦法動，我覺得他全身有一些傷痛，包括身體和心理的，他還可以這樣完成他想要做的事。

◆ 要說出這樣的內容，如果是我可能會說不出來。

◆ 他有很多笑容，……也很專注，很值得肯定。

◆ 我覺得他是一個很有智慧的人，那他這樣的智慧可以跟他妻子、他兒子成為一個正向的影響力，我覺得這是需要有再多的智慧去拋出來。（家暴事件-他）

◆ ○○雖然比較少說話，但她其實也在團體中表達很多自己的狀態。

◆ 好幾位成員都讓我覺得很棒，我回想一下，第一位是○○，○○剛開始講：為什麼我不能接電話，後來我發現原來他接電話是想給太太一個回應，一個安心。或許他很俏皮的說：我要約太太喝咖啡，呈現細膩的……。

◆ ○林氣喘吁吁地來，○敏第一個回應請假，○宇講出守密且提早到並做預備的責任心。

◆ ○○之前有先打電話進來說會晚一點到，真的是很負責任的態度，尤其從台北來，我想到說團體成員這麼的投入，我真的心理也期待團體帶給他們什麼樣的解答。

◆ 要在團體裡面坦承或是承認，我是不是真的哪部分我沒顧到，需要蠻大的勇氣。（未來的我）

◆ 我覺得大家都很努力，要想一想怎麼讓未來過得更好。（未來的我）

❖ 找出優勢

　　在聚思小組裡面，老師在對話裡面全然地展現出來，那就是示範效果，緊接著再找出成員的優勢（strength）（Hodgson & Haralson, 2017: 1）。我們相信，每個人都有優點，且這些優點在他的人生經驗時常發生。所以聚思老師於團體討論過程，沒有刻意造做成員有哪些優點？而是聚思老師在內團體時，將其優點具象化出來。如此優勢就被看見，讓團體及自己看見，所以每個人都可以擁有幫助自己脫離問題的知識與能力。聚思小組的工作重點即是協助成員找出優勢（Yildirim, Dengiz & Çaglayan, 2020:1500），並支持既存的或曾經擁有的能力，而非是外界強加於他們身上，與之完全大相逕庭的新指令，或暗示有何缺陷般的提出建議。聚思老師誠心的和成員共同創造新的因應方式，助長成員的改變歷程（Friedman, 2005: 293），如同鏡子在說話，亦即是鏡子用映射的方式具象化出來。

　　再度強調一點：當人們有得到支持時，他就會有改變的動機（Young et al., 1997:33）。相反的，當人們感受到被揭傷疤時，他會憤起反抗，此時就會捂住耳朵，拒絕任何聲音的進入。所以聚思老師應該是善用成員已有的能力、長處與資源（Friedman, 2005: 440），而非像權威的處遇人員，一昧的將認為好的想法強加在成員身上，更要不得的是將標籤貼在成員身上（潛意識的運作），認為這是在作鑑別診斷，方便工作上的確認，能用專業技術對症下藥。

　　聚思小組的介入，不僅可帶來成員的希望感，並能提供較多的選擇，這裡主要的運作策略，是將成員以往被矇蔽的個人不常顯露的優勢，透過聚思老師以尊重態度的鏡映效

果，具體化的呈現在其眼前（Armstrong et al., 2019: 825），如此的看見，不僅提供正向感，也是遇到困境的他們，很重要的激勵資糧（Allan, Klarenbeek-McKenna & Day, 2019:383）。若成員在團體初期時，親身經歷了聚思老師的回饋，相信這是他這一生很少遇到的體驗，因與往昔不同的感受，憤怒的情緒將被逐漸消融，轉而代之的是將團體經驗內化成正向「社會自我」（Teyber & Teyber, 2017: 181；吳秀碧，2019：348），其帶給自己與團體不可斗量的效益。

上述緣由，茲因鏡觀模式運作的核心精神：生命的存有，即是不可思議（田禮瑋、張鎔麒，2017：148），所以始終相信任何人皆有正向情緒與內在動機的原始能力（余柏龍、陳一斌，2015：7），也如同「正向心理治療」所述：「人有修復負向情緒能力，只需有促發其個人內在能力，即有提升自我的潛能」，（吳秋燕，2017：32；Messias, Peseschkian & Cagande, 2022: 32）。更一層次的探討，天底下沒有特定價值是非，可放諸四海皆準，各人有形塑自我之成長環境、歷練與人生（陳重羽，2022：437）。因此觀點必須深化在聚思老師的心底裡，才能更有能量的提供成員瞭解自己的優勢為何？（譬如：成癮患者在長期被成癮物質所控制，自我形象及生存動機逐漸被消磨怠盡，遮掩了他們身上驚人的力量（Glibert, 2016: 217）。不過，在未接觸成癮物質時，他可是一位具備多方才能的「人」，與我們大家一樣，也是有充分潛能者，就如一句銘言：「天生我材必有用」）

學者蔣欣欣與廖珍娟（2021，頁18）有為我們提供了一個工作方式：「賞識探詢（appreciative inquiry, AI），透過提問與引導，使負向思維變成正向思維，以關係引領取代領導統

御，以相互肯定的對話為核心。」為要運作此工作方式，聚思老師要有澄心的意念，即是成員的自身能量，絕不是我們能賦予的，而是與之協同工作，將其喚醒與共同創造出來，也非藉由自己的專業知識餵養出來的，而是要真心的傾聽與貼近成員的人生經驗（林祺堂，2022：9）。當然，有一點值得說明，成員與團體的某些跡象，確實有觸及到聚思老師，也許是自身的優勢與成員生命經驗連結，不僅吸引了您的關注，也激起了您的貼近。

聚思小組的功能

- ✦ 你是從聽到她所提的部分，你去找他的正向因子，就是較優勢的提升她……。

- ✦ 我也不知道那算不算優勢，就是相信說所有的行為背後都有原因，而那個原因常常是要一個……譬如說他想要被愛，或者他想被認同這些正向的東西……我自己回想我自己坐在裡面反應，好像我常常試圖想要去反應這個。

聚思老師分享語錄

- ✦ 我來這邊也參加過好多次「第一次」的團體，以這個團體來講每一次都是如此，都有新有舊；我還蠻期待地說，就是舊的成員或是即將要畢業的成員，也許他可以分享一下他在這個團體裡面的收穫。（我的改變：迎向未來-正向認知）

◆ 我發現在座的男性都是好爸爸，這個我是要肯定的，因為從他們的討論跟回應很多都是對孩子的關愛跟價值，希望他們變好，希望他們有好的一個發展，只是因為跟另外一半在溝通關係上沒有辦法達成一個共識，所以會有一些衝突，所以整體上對孩子對家庭都是好的。（重要照顧者與我：家庭動力-衝突）

◆ 我看到○○頭髮放下來了，變得更輕鬆，笑的很漂亮，我也感受到了○○非常的正向，令人非常敬佩，遇到那麼大的車禍，包括○○也是，四肢、內臟，我在想如果是我不知道有沒有可以渡過，他們都很棒的經歷了這些。（我的改變：迎向未來-正向認知）

◆ 我覺得他藉由這次的一個分享，可以反思事件的過程，甚至他現在非常積極的去規劃未來他要怎麼做。（家暴事件-他）

◆ 雖然他講得很保守說對弟弟沒有付出很多，弟弟有他自己的一個獨立生命，但是我想弟弟會這樣子有一個轉折跟自己生命生長模式，他在旁邊應該付出了很多，所以讓弟弟有那種安心跟放心的感覺，然後也讓爸爸媽媽能夠很放心地到外地去工作。其實你做了很多，不要小看你自己的位置。（原生家庭星座圖）

◆ 他是一個很願意給關心的人，但比較少聽到他講話。（重要照顧者與我：家庭動力-順服）

◆ 他其實是一個很跟社會接觸的人，是很豐富的，就好像水面上的浮萍下面卻很深很深，很有內涵。

◆ 第一次就可以講這麼多，他一定是一個很會社交的人。

◆ 明明已經很不舒服了，但他還是會來（團體）。

❖ 適時自我揭露

　　針對鏡觀模式中的鏡映效果，再擴展深一層的話，「**鏡中的我**」也在與「**鏡前的我**」在對話，聚思老師除了提供自己的主觀經驗，也不斷在內團體的位置與外團體的成員對話，可此時對話是有受到限制的。換句話來講，對話形式是以「**讀版**」的方式進行，其過程好似聚思老師於內團體時適時自我揭露，有些是自己的生命經驗，有些涉及自己和成員的經驗連結，有些則從成員身上覺知深層的脈絡意涵。

　　聚思老師的論述被外圈成員看見跟聽見，他們示範了放下一切身段，坦露自己於成員眼前，促發了成員親近的忠誠回應（response）與應承（responsibility）（蔣欣欣，2009：22；邱珍琬，2022：212）。這屬聚思老師的應然面的冒險，此舉也明顯與一般的治療策略有所區別，誠如在專業霸權的倡議下，所謂專業倫理（專業知識、權力、保密和界線），強調的是盡量將自己保持空白，不因自己的涉入，而污染了成員的想法（Nadan, 2020; 518）。

　　然而在實然面的層次上，想像的一池水的顯像，非表面上的那麼單純，好似治療者與被治療者同是在這水池中，原本只單一由成員自身生命世界的水池，在他來到治療室後，仍是他原本的水池結構嗎？倘若僅是如此，就有具爭議之處。為何如此說明，當被治療者帶著傷痛來到治療空間時，無論治療者如何謹慎應對，卻無時無刻有諸多的訊息，是由治療者以任何形式的表達方式（肢體與非肢體語言、治療室氛圍、治療位階……等無窮無盡的波動因子），與被治療者連結。

　　所以在工作一段時間後，真正的池中水質量，已非單一是被治療者的，也非是僅屬治療者一方，反倒是彼此共構出來全然不同的池水成分。由此，鏡觀模式鼓勵全體工作者（聚思小組、帶領者、深化小組及督導們），勇於在工作過程中，適時自我揭露，只為我們的工作對象是「人」，是需要「幫助的人」，唯有當透明度被看見時，才可拉近彼此距離，亦是達到共鳴的程度，方可達到治療的效果。

　　整個聚思小組於內團體討論過程，好像是答案揭曉般，非常吸引外圈成員的注意（成員肢體狀態不太一樣）。此也增加了成員的投入度，在這時候的團體氛圍，好像彼此共同建構一個世界，並共同創造了意義，增加了透明度，彼此之間都互為揭露（洪雅鳳，2004：22；Nadan, 2020; 519）。這個揭露涉及個人價值及所遇到的問題，還含括權力架構，都在共同世界的空間被揭露。

　　我們團隊的理念重視是在無危急成員的狀況下，願意接納、尊重成員，且對自我坦露保持正向開放的態度（葉寶玲，2022：3-4），不以保密的專業位置，限制自己與服務對象產生霸權的死胡同，而是以「人」對「人」的關係，讓成員感受到平等（吳秀碧，2019：232；Andreas, 2023: 97）。再言之，當團體氛圍的權利達到平衡狀態，團體帶領者及聚思老師等，所被範定的身分角色，變成是人與人之間的對話，原來的階層形式的權力宰制不見了，取而代之的是團體工作效能加深及更廣泛的影響。

　　再論適時自我揭露涉及價值觀議題：「倘若可從語意瞭解個人價值觀」，所以當聚思老師自我坦露的深度夠，成

員自然感受到聚思老師是開放的，也就是當個人的透明度越好，獲得成員認同的程度也越高，其中最重要的因素是降低了成員的「防衛」（林筱婷、杜恩年，2017：74）。

　　前段已有論述將治療虛擬空間比喻成「水池」的說明，再聚焦於社會工作專業倫理範疇，許多的學者專家及實務界資深前輩，對自我坦露的部分有些擔憂，認為專業人員與服務對象間，有一道明顯的鴻溝，又稱之為界線，倘若跨越了界線時，是會有違倫理的，所以儘量保持中立客觀的距離（隱匿或有限制揭露自己的資訊）。

　　但這又讓整個過程，專業角色變得透明度很差，更讓人感到不平等及不被尊重之感，此就像「欺騙的目的在於掌握權力和暗中保護自己，而誠實則是分享權力和願意顯露脆弱。」（引自Doherty, 2004, p113），專業擺盪在欺騙與誠實之間，當偏向欺騙一邊時，掌控了專業權力，但也產生了抗拒，當偏向了誠實一邊時，又怕違反倫理。

　　鏡觀模式善用聚思小組將此兩點（欺騙－誠實）的對立關係，完全的消弭不見，因為在整個團體處遇過程，聚思小組如同是團體其中的一位成員角色，不僅有角色跟立場傾訴自己的人生經驗與看法，且又能充當「緩衝墊」的功能，對治療關係而言，無界線及倫理問題，而是著重在對成員功能性強弱的示範效果。

　　另以團體治療大師亞隆的團體療效而言，「普同性」是成員從團體中獲得實質療效的一大因子。何以如此範定它的療效，經觀察團體進行中，成員特異注意有相似問題的人，

不僅是同為團體成員的人，而是團體中的任何人（含聚思小
組、團體帶領者），因為當聽到同為「天涯淪落人」時（聚
思老師的自我揭露：「我之所以這麼說，是我有個……樣的
經驗（林祺堂，2022：13）），成員會感受到較不孤單，如此緩解
了心中的鬱悶。

　　當彼此有了關係連結後，成員的透明度也大幅提升，尋
求慰藉的心靈，較以往更容易接受新的訊息（林子榆、張庭瑜、羅
家玲，2021：440；Johansson, Nyström & Dahlheim-Englund, 2017: 742），
尤其是在團體中相似經驗的人，及他後來如何改變的因應方
式（White, 2018: 77；Johnson, 2022: 94）。

聚思小組的功能

✦ 在原生家庭的那個課堂，有時候聚思老師會去分享自己
的原生家庭，那個部分的對應，有些時候真的會引起
外圍團體成員有共鳴，甚至有幾次看到成員不自覺的發
言，表示對聚思老師的同理與難過。

✦ 我在當 L 跟 CL 的時候，發現成員最有興趣的是他會突
然……有時候聚思小組裡面講到……有的時候像○霖他
會講到一些自我揭露，你跟你父親之間的關係，我就發
現那個成員眼睛就一亮，就是「我也有這個經驗，他懂
我耶～」我覺得那個還蠻明顯的。

✦ 有講到生命連結的東西，加上說他爸爸的關係，老師跟
先生的關係，一講之後後面（成員）眼睛就亮起來了。

聚思老師分享語錄

◆ ○○他跟他媽媽有些糾結，在他講的那一段過程真的是
讓我有點難過是「他不知道該怎麼把這段關係放下？」
如果換成是我的話，我想我也可能是很難去面對這樣一
個關係。（重要照顧者與我：分化／融合）

◆ 如果是我遇到這種情況，可能會先放著，一時之間也不
知道要如何處理，那個情緒的糾結，心情的起起伏伏，
如果那個事情還沒有辦法解決，如果是我的話會怎麼
辦，可能在心情怎麼弄好會比較實在。

◆ 像我最近我面臨空巢期，我大的小孩要去念大學，我先
生要去國外一陣子，我就只剩下那個小孩在，我就覺得
我多做很多對他好的事情，我就覺得我只有這個小孩，
所以我要對他好一點。比方說我會一天可能會問他好幾
次你吃過東西了沒？你今天要不要我載？你今天晚上幾
點睡？我的小孩有一天突然跟我說，我覺得你最近好怪
喔！他沒有感覺到，他沒有感謝我，他沒有感謝媽媽對
他好，他只是覺得我最近很奇怪，我就問他怎麼覺得我
很奇怪，他說你最近特別囉嗦。我就想說我對他的好讓
他覺得囉嗦，可是我真的覺得委屈，就是我很愛你，你
怎麼會感覺到我很囉唆，所以我就想說，有時候我的表
達，有時候會讓對方覺得誤會也好，或者我可以忍耐一
下，不要對他那麼的介意，這是我的感受。（重要照顧者
與我：分化／融合）

◆ 我覺得○○很委屈的是，他一直不知道為什麼太太一直
不接電話這件事，我想如果換成是我一直打電話給你，

可能第三通、第四通你不接的時候，我就心情鬱悶了，或是整個情緒暴走之類的，我在想說，為什麼對方不接我的電話一定是我之前有做了什麼事情，然後你不告訴我，我們為這件事生氣，但是你說我也不知道，然後這件事情就一直在那邊繞著圈子走。（家暴事件-他）

◆ 對他自己的一個成長過程，一直在變動一直在轉學的過程中，可以找到讓自己他現在的發展可以這麼好，我小時候也不斷地因為家庭的關係不斷地轉學，那也被排斥，我會覺得說當下的感覺應該是孤單的。（原生家庭星座圖）

◆ 今天的感覺我覺得速度很快，快到有一點我比較難去釐清我自己到底聽到什麼或是想到什麼，不過我想到我在回想說我這麼多年的婚姻生活裡面，我跟我老公也吵了無數次的架，然後吵架的時候會有很多的無奈吧，那個無奈有點像是說，我試著講講看啦，那個無奈有點像這樣，我講了三百遍、五百遍、一千遍了，你還是那個樣子，然後你都沒有變，我猜我先生應該是這樣看我。（家暴事件-你）

◆ 我就想到我媽說話的方式，就好像在質問我，好像我犯了什麼錯，可是後來想一想他只是表達他的關心，只是他講話的方式讓我不舒服，但是後來想一想知道他就是關心，那就算了，那就照實回答。例如說他會說你去哪裡去那麼晚，他其實只是想要說我很擔心你，如果早點回家他會比較放心。（重要照顧者與我：分化／融合）

◆ 後來我慢慢長大以後才知道原來我媽媽是後媽帶大的，那他心裡面有很多的苦出不來，又在那麼貧瘠的世代。（代間傳遞的影響：多代情緒歷程-焦慮的傳遞）

◆ 我小時候我爸爸很嚴格，我都不敢問他為什麼他要這樣那樣說，可是我長大當媽媽的時候後會一直想孩子怎麼想我。（重要照顧者與我：投射性認同）

◆ 回過頭來是說孩子心裡有很多為什麼，他說不出口，但是爸爸媽媽也沒有講清楚。我小時候就會用很多反叛的方式。（重要照顧者與我：家庭動力-衝突）

◆ 我希望我先生把鞋子放到鞋櫃裡面，然後我每次都會很生氣，我就做給他看，我就這樣放了二十年了，他還是不會放到鞋櫃裡面，我後來就發現好像自己在那邊生氣也沒有用。

◆ 我自己回想我的生命經驗，我也常常不知道我老婆在生氣什麼，真的都要想很久，事情過了很久之後，她才會告訴我，所以那時候做了什麼讓她生氣，或我做了什麼讓她生氣。

◆ 當父母好像沒辦法把小孩教好，及教養上的挫折，我兒子跟我說：彈琴彈不好，媽媽妳為什麼都不逼我，我覺得孩子說媽媽也很難做，沒辦法與糾結。（現在家庭星座圖）

◆ 我沒什麼母性（笑），因孩子年紀大了不讓我管且我的年紀應該是回歸到我／生活的關注。（現在家庭星座圖）

❖ 平權對待

我們團隊一直強調在示範效果裡面,聚思小組和團體帶領者,皆重視與成員平權對待,且避免將自己價值觀及人生經驗加諸於成員身上(宋卓琦,2013:24),當然此氛圍也被成員所感受到。當你以謙卑及好奇的態度(Hodgson & Haralson, D., 2017: 2),尊重別人生命的複雜性時,你就能跨進他的生命世界,因為你對他的謙卑態度是非常自然,且用心的關注他的生活經驗(Johansson, Nyström & Dahlheim-Englund, 2017: 738)。

回想前一段時間,曾在一次偶然的機緣,看到已逝日本前首相安倍的新聞,在電視畫面中,安倍站在一個農地道路旁,他對一個農夫深深地鞠躬,結果那農夫也回應他深深的鞠躬,整個畫面應該不是刻意製造出來,而是在整個過程自然的被記者拍到他的謙卑。

謙卑,就是要很自然且尊重別人生命的複雜性,及尊重那個角色,其後面脈絡最重要就是平權。我們團體在治療關係裡面盡量做到平等,也讓成員知道於團體中可以自由決定及選擇(陳淑芬、陳秉華,2018:30),以此延伸出平衡的非專業的語言(用語變的較簡單,個人化表達讚許)(Friedman, 2005: 16),常常會做一些鼓勵的動作,比如在他們發言完之後,我們都會鼓掌或是謝謝他,自然就降低不平等的情況。

團隊為何要重視平等?因為最主要是團體動力正向效果的追求。團體是由一群人共同創造一個情境,故任何動作情事皆將所有人牽涉其中,所以要讓對話內容可以因應團體的需求,要求全部的人能一起參與,在此期間最重要的是強

化大家都平等以對，才能塑造出對話內容完全被團體所能接納，畢竟這是成員的需求，而非是一場「專家」的研討會（Friedman, 2005: 81）。另與被邊緣化的團體成員工作，也運用平權對待的功法，助其在團體對話時表達所認知的不公不平意見，這時運用聚思小組可以有助於抗衡邊緣化，進而開啟新的治療對話。

另一個弔詭的議題，大多數的家暴加害人都自認自己是「被壓迫的人」。從家暴事件發生後，無論經過何種形式的通報，有些還被警察帶到派出所做筆錄，接著移送至法院，其後是衛生局人員、家防中心人員進入他們所建構的堡壘，最終經法院裁定處遇。整個司法流程，大多數加害人認為是外界無端給了「壞人」的形象。

在自認的壓迫下，他們對自己開玩笑：「他們接受這個標籤，我就是被邊緣化的人啊！」，所以在這過程明顯感受到憤憤不平。表面上他們不得不低頭（他們感覺自己是一個弱者，他們是一個被犧牲的人），但內心卻是強烈抵制。如此權力微小或自認被削權的人，他們被迫透過主宰者的論述來證明自己，並接受壓迫他們的合理化理由，這種情況在專業權控式的團體隨處可見（強調專業論述－以理論背景及治療位階為主軸）。

有鑑於此，鏡觀模式的團體運作，強調的是處遇團隊與成員間的權力力求平衡，及保持一種合作，沒有階級表徵和透明度的展現，採取謙卑的態度，尊重別人生命複雜性（Friedman, 2005: 236-296），促發成員更容易覺察問題脈絡之所在，並願意共同攜手解決問題（林哲瑩，2021：37）。

　　上述的困境，我們團隊運用了聚思小組，且誠摯的尊重及平權對待成員。我們不把成員當成是一個犯罪者，或是一個被標籤化的人，我們希望一起在短暫的3～6個月（裁定12／24週處遇）時間陪他一起走。即使在剛開始接觸時期，成員會認知到不平等的位階（蔣欣欣、王美惠，2019：8-9）（法院裁定－非自願性案主），將自己位置下放到無知的狀態，被動的接受帶領者的知識餵養（Teyber & Teyber,2017: 52），間接強化了帶領者掌控專業知識，而形成了溝通盲區。

　　因此鏡觀模式在團體初期時，念茲在茲的是移除成員跟團體帶領者間階級障礙，所以帶領者及聚思小組不斷的練習，降低權控的操作策略（如同前述治療師本著專業進入治療關係），要讓這個跡象盡量地消失。以期待在短暫的時間內互相連結，促發成員感受到團體氛圍是很親近、平等的獨特經驗（Friedman, 2005: 53; Faddis & Cobb, 2016: 45）。以利開啟兩方對話，並進化出新的意義（與成員建立一個真實的關係（Teyber & Teyber, 2017: 126）），達到更多行動選擇。

　　如此運用聚思小組於鏡觀模式的策略，就是看重其效用性。當團體進行時，有一群人從外部或者是局外人角度，以不同的眼光理解問題，其運作方式也具有透明度和協同合作的精神，特別是強調無專業角色的立場（Young et al., 1997:27）。這個技術經常對於幫助團體成員提升關於他們議題「擴展的」（external）或「外來的」（outsider）觀點，是很有幫助的，可以讓他們看到他們處境中沒看過的亮點。

　　這類的技術包括大量的「透明化」及「協作性」，也強調治療師的非專家角色（非階級結構）（A collaborative rather than hierarchical structure.），進而達到權力均等化（equalize the power）（Faddis & Cobb, 2016:46; Hodgson & Haralson, 2017:1）。進一步延伸的說，以授權、尊重、減輕身為成員的壓力及給予更多同理、軟性的觀點（Young et al., 1997:30），這些聚思小組的作法，促使團體成員發現權力平衡狀態時，他們發現無人以專家、階層的位置定位自己，團體氛圍變得很溫暖舒適（Gehart, 2018: 386）。

這裡有個疑惑，即是團體帶領者雖嘗試消減自己的權威，但成員不一定會對這些意圖，有了相同的理解（Young et al., 1997:33）。唯在團體成形的規制，以及這些「人」變為團體成員的背景，這個團體要行使上述削減自己權力的意圖，變得十分不簡單。也因此的限制，鏡觀模式運用了聚思小組，將其視為是協同帶領者角色，由其在團體中能移動（物理移動＋心理位移），形塑了整個團體氛圍朝向平權的目標前進。因為聚思小組內就是一個典型的平權示範，且在團體中扮演著較正向與柔性的角色，加上他們更客觀及有距離性的位置，提供了成員有機會見到公平權力的曙光，換句話說，就是更貼近成員的內在（Nadan, 2020: 517）。

在運用聚思小組於團體中的角色功能，如依平權的切入點，也可以論及界線與階級議題（Nadan, 2020: 520）。因聚思小組在團體中的位置如同前述提及：協同帶領者角色（第三帶領者），所以在團體動力上的界線較為模糊，無論是在團體生命週期任何的時間點，聚思小組皆較為靈活與具滲透性，連同在階級層次上，有時也可視為沒有「檔次」的標定（Armstrong et al., 2019: 820），以上的這些不受限制的條件，確實帶給團體很多自由度空間。

　　相較於團體的帶領者角色／位置，帶領者不時要在團體中處理複雜的互動關係、團體動力外，自身也是一個移情的客體，更是團體義務性權威（group-bound authority）執行者，亦即是上述帶領者權威角色的移情無可避免，且非僅是限定在團體的初期，而是任何時期都是全然不可忽視的存在（吳秀碧，2019：102）。有了此議題的理解，更能說明聚思就是在破解帶領者的「不二」地位，由其在「協同帶領者」與「團體成員的一份子」角色，自由的暢遊與貢獻，將團體氛圍帶向更高功能的意境。

　　假設性的將團體組成，視同完整的家庭結構。家庭成員彼此間的分化／融合狀態，也可看出團體功能性的端倪。當團體處於高度自我分化關係時，平等就會存在，也就是說彼此互為承認對方的權力、自由度等與自己等同（Glibert, 2016: 147）。成員間的界線區隔確定，關係不易受到情緒影響，也無「自我借貸」之情事，與團體極為重要的是：平等不成問題（平等只是存在於所有行動和交流中的一種認定）（Glibert, 2016: 204-205）。

　　另有可能是團體處遇的位階問題，因為成員是視為受助者，而帶領者為提供專業協助的老師，更容易呈現出高功能（帶領者）／低功能（成員）互惠處境。若如此狀態時，過度低功能的成員，則常矮化自己所能，或以退化行為顯示弱勢，期待帶領者給予建議與指導（Glibert, 2016: 216）。

　　在此，藉由聚思小組介入，促發團體自由談論的潤滑／緩衝效果，有利於破除專業權威的迷思，亦即是當團體氛圍不以高／低自我分化為主軸，代之而起的是打破權力、階級

與專業的不對等關係，衍生出共同創造且自由自在發生的臨在學習（Anderson & Gehart, 2010: 62；蔣欣欣、王美惠，2019：9-14），成員所獲得的經驗，已非是單一帶領者的專業引導（蘇益志，2017：219），而是共同促發的全新見地。

再論述「『單薄的描述』（thin description）：由別人產生，沒有什麼改變的空間—遮蔽了其他許多的可能的意義（通常是在特定情況下握有權力界定的人所創造出來的）。單薄的結論隱藏了更大的權力關係。譬如弱勢婦女所遭受的不公平就被單薄的結論所遮蔽了，也隱藏了令她臣服的權力策略與控制，所以人會自我實現來證實自己的『問題主流故事』」。（Alice, 2008, p32-34）。

上述由專業權威所製造的問題主流故事，不僅矇蔽了團體中的任何主體發展，且也讓團體效能大打折扣。直接使得不平等的毒素滲入到團體的每一角落，致使帶領者及成員們再也看不到邊，更不用講跳出來（楊定一，2020：253）。

此種聚焦在問題解決與過度重視專業指導，隱含著上對下（林祺堂，2022：5），強硬的將帶領者把自己的價值與認知加諸在成員身上，以幾乎灌輸性的挹注於別人的生命中，此舉明顯忽略了成員的特殊性，如此自視甚高的專業霸權宰制，使成員存在於「為他存有」的壓迫結構（蔣欣欣，2021：23）。想像一下，我們如何嵌入社會權力機制，換句話說，權力是透過各種形式的社會建構，及特定的事態中取得它。

例如個人的社會位置和權力的啟用、複製（自上而下的權力）（Guilfoyle, 2018: 427-428）。但認識於此的不公平場域，

帶領者又受限於帶領技巧，終究在時空緊迫下無法跳脫（團體流程與團體動力的兼顧，常使得帶領者身心俱疲），而逐漸隨波逐流。

即使有意識到，但又如何從悲鳴中全身而退。所以如何讓帶領者暫時放棄自己的專業知識，傾聽成員當下，積極回應對他來說是一個「完整的人」（Liu, Liu & Wang, 2022: 3005）。為破除此一困境，鏡觀模式的聚思小組和強調專家的治療師迥異之處，是以尊重成員的心態參與團體，雖仍具有專業性，但那僅是促發對眼前發生的一切理解的方式，而非像站在絕對權威的專家位置，鄙視一切的堅持「原因論」及「須經過科學驗證的方式」，以衡量眼前的現象（Guilfoyle, 2018: 429）。

另聚思小組可轉換身分，進行替代性的帶領者（協同帶領者），聚思老師不以專業指導成員，而是將團體中成員所顯現的一切身語意，經過理解和看見，積極回應成員，促發其有意願看見「鏡中的我」，實質上得到改變的動力。

綜合上述論述，藉由陳重羽所言：「若未先存諸己，亦未得信任與情感認同，此時直以仁義繩墨之言表暴於前，將使德外蕩、知外露，人將不以為美而惡之。人惡己之美，己又強欲人從我，二者激盪，無異以火救火。《莊子•人間世》」（引自陳重羽，2022，頁432）。以此論證，鏡觀模式可以解構及質疑壓迫的權力關係，同時也維持聚思小組及成員等，在不同位置時的好奇心（Willott, Hatton & Oyebode, 2012: 190），一起解構問題脈絡，及邁向改變的契機。

聚思小組功能

◆ 我們在談的好像大部分都會有一個訊息是這樣的，就是用比較生活或是淺白的方式，而不是用一些專業的術語，因為我有發現就是太專業太社工的語言他們比較無感⋯⋯就很生活很淺白的東西，那他們就更容易做連結了，因為有的時候太過於專業的術語，⋯⋯我們曾經聽到聚思小組談過處遇的時候，我們就發現他們就好像比較打不到他們心裡面。

◆ 我覺得好像就是那種被權力對待好像就不會那麼的嚴重，所以那個關係建立就會快，因為我有在帶沒有聚思小組的團體的時候，那個感覺可能就是關係建立會比較慢一點⋯⋯聚思小組在一個團體所扮演的角色，跟L跟CL所在那個團體裡面，所塑造出來的權力的部分，成員他們看得很清楚。

◆ 聚思老師都知道，其實知道也是一個權力，他會認為說這個知識權力的部分，聚思老師好像比Le跟co還要再更ok的狀態，其實這就是一種權力結構。

◆ 這裡面有很多的話與其實都有控制的意涵，然後這個控制意涵就是權力。

聚思老師分享語錄

◆ 拿到這個保護令了時候，我們會想說好像別人看我們只看到那個保護令，都會覺得我們是壞人那種感覺，大家

來這邊真的很不想再被看見、被述說，或者被認識，好像是來接受懲罰的那種感覺，我今天有這種感覺，那我也希望其實後面我們有很多機會讓大家可以說出自己的故事，然後也重新看自己、看這個事件，不是用一個我就是壞人的方式去看，希望大家可以這樣。（家暴事件-我：自我涉入-適時自我揭露）

◆ 在聽每一個故事的時候，都是一個生命的學習。（未來的我）

◆ 假設你的地位是比我高的，我們之間就有權力地位的不同，你一定不會聽我的作法，所以我只好先斬後奏來證明我的能力。（家庭結構的認識）

◆ 他們都有對生活自己的哲學。

◆ 他們在家裡面，每個人其實都是平等的。（家庭結構的認識）

◆ 當每個孩子去堆疊它們的生命，要怎麼樣要達到平等。

◆ 我覺得大家可以不要掛著家暴加害人這個名號，而是要去說一說自己的忍耐是怎麼了，怎麼會忍到做出這樣的事。（家暴事件-他）

◆ 論公平與否其實就是希望能「被尊重」。（家庭結構的認識）

❖ 兩者皆是

　　「兩者皆是」的意涵，是指對任何事的抉擇，沒有對錯之分，不受二元論限制，也不會受到批評，相信做任何事情都有它的理由。所以我們要去了解「他的故事」，而不是用是非對錯去評判事情的對錯，否則會落入「價值判斷」的結果（Friedman, 2005: 62）。而以兩者皆是的論點，建立溝通的橋樑，架構起不同的敘述方式，讓成員可以由此發展出他們比較希望看到的故事。所以我們希望一起走，看到他的故事（Friedman, 2005: 245），再有機會一起來營造新的故事。

　　也因持有「兩者皆是」的人生觀，將眼前的困境或無法解決之事，衍生出更多樣的觀點和立場（Friedman, 2005: 296），亦即是將人生進程變得更加彈性（Garven, 2011: 288），且透過聚思老師好奇的促發自我探討，誘發成員的學習與認同，打破以往僵化的思考。

　　由此看見成員因自由度的增加，更能將內在深層的感受、感受的感受、渴求感／期待，甚至是達到自我實現的境界等。在此成員的動機是一種自我利益，經由聚思老師的自我敏感度，助其展現深層的意念，再發展成新的意識型態（Young et al., 1997:27-28）。當此深層的意念變成真實的看見時，成員選擇的廣度已較往昔更豐富且滋養了繼往人生。

　　提及「兩者皆是」的另一層含意，也有「自我關照」的味道，其內含包括了自我同理、自我支持、自我接納、自我鼓勵與自我安頓（李素芬，2023：36）

　　另用楊定一博士（2020，頁269）所言：「沒有一樣東西可以帶來矛盾，或對我產生什麼對立，全部都剛剛好。」依此境遇，鏡觀模式擷取到的是，沒有一種可以完全安心的理想選擇，猶如鐘擺晃動的兩端，各有部分符合自我價值的方式，我

們的選擇只是在這弧度軌跡之間擺擺盪盪，所以在偏向哪邊多一點時，就出現天平那端的答案與要求（謝宛婷，2019：84）。

唯此，成員及聚思老師於團體內的交會，即是運用「客觀」（objectivity）的角度來看世界的，其解釋的方式是以兩者皆是（both-and or neither-nor）的擬視狀態，看待事件的本質（Anderson, 1987: 415）。倘若聚思老師有此「安頓自我」（groinding）的澄心意念，即使在看見成員身處負面困境，以沉靜之心境，讓自己更貼近成員外在與內在世界，將使成員充分覺察感受，且能正視這些感受存在的事實（康學蘭，2023：10）。

另兩者皆是的概念，也可以與學者賴佩霞（2021：265）所述「**轉念**」連結。這裡所謂的轉念方法，是指當我們瞬間看到「念頭」與「無意識」之間的裂縫時，藉由不斷的練習，嘗試著把念頭放掉，而真正體驗著「如是」的意境。此方法能安住聚思老師於內團體時的自我，亦即是「先存諸己而後存儲人」，使自己不預設雜多成見滋擾（陳重羽，2022：441），而確實將此外放到成員領受上。

當人內無專注之信念，外不執守特定之價值規範，便能順物而變，安適於所遇之物。當然，這之間也會是互為因果關係，也就是說隨著腳越安適於鞋子，就越不意識到腳的存在；當腰越安適於腰帶，腰就越不被覺知到；當心念越能靈活調整而感安適，就越不致處在是、非對立的認知中；而能順物而變，安適於所遇之物，便不需一意遵守社會的價值主導（引自林明照，2021，頁110）。

更進一步而言，莊子認知的根本安適，又非安適於特定事物，以無所不安適的安適，即是未嘗不適，達到忘適之適（林明照，2021：110）。

聚思小組的功能

◆ 他沒有什麼好或不好，就是你怎麼去用，然後我們有沒有sence到，這樣而已。

◆ 我覺得知道自己是為什麼停滯，所以選擇可以停滯或不要停滯，就變成自己的決定，這樣的感覺就會比較舒服。

聚思老師分享語錄

◆ 我覺得經歷不見得要給一個正面的意義或怎麼樣，或以前在國中那種被轉學轉來轉去，是痛苦就痛苦吧，不見得要挑個正面的結論，有時候痛苦是沒辦法比較的。（原生家庭星座圖）

◆ 沒有做不到的事情，只要自己願意去做，我想他有自己一個解套的方式，只是他願不願意在這個過程當中去面對去處理。（未來的我）

◆ 自然會學到就會學到，沒學到也沒關係。（參與團體的承諾）

◆ 很多事情不是非一則二，可不可以有三，然後那個三，可不可以不是「放棄」。（重要照顧者與我：個人性格的養成-人際關係因應策略）

◆ 團體不一定要很快樂才會有效果。

◆ 「面對」或「逃避」就是一個轉身的力量而已。（未來的我）

◆ 來的時候放輕鬆，不要太有目的性。（參與團體的承諾）

❖ 自控權

　　論及家暴加害人對權力的掌控，常會讓人覺得就是因掌控他人而得到權力，所以當其喪失權力時，自然就會變得很無力及虛弱，導致沒有信心，所以我們試圖讓他在困境中掌握控制權（Friedman, 2005: 25）。這時有人會認為是開玩笑，加害人本質就是施暴的權控者，本身就是極端的父權主義，尤其是性別不平等，竟然還要談及權力議題，這是否已是倒行逆施的作為，不可為之。

　　然細究許多加害人的「控制權」，是經由原生家庭代間傳遞扭曲而加諸其身，這些來自原生家庭重要他人給予的負面教養結果，導致其害怕失去掌控權，就無法自在生活的困境，使得其不斷的尋找掌控權。此現象的解釋，以家庭角色觀點說明一個人的偏差行為何來，常以「代間傳遞」的方式說明，孩童經重要照顧者的教養後，自其中得到一套應付外在世界的人際關係，如果此因應模式是偏差的，未來此人長大後將會對其子女施予暴力，也對配偶有了暴力解決問題的傾向（吳齊殷、陳易甫，2001：86），即是充分顯現其失去自我控制的人生。

　　另一理論模式「內在家庭系統」（**IFS, internal family system**），其架構主要是講述如何找出自己的「內在小孩」，因為這些內在小孩無時無刻影響自己面對外在世界時的所有抉擇。這裡所指的「內在小孩」，非單單是角色而已，還包括了聲音、情緒和想法等，這些來自內心的不同角色，我們都視為是「部分」（parts）的內在小孩，他們都是住在內心層次的人們（次人格），擁有各自的情緒、想法、信念及行為（留佩萱，2022：31）。

　　IFS相信，每個內在小孩都是為了幫助「主體」（我），脫離不適的困境，並且要讓自己過的更好，不過有些內在小孩是被凍結在過去時光，他還認為主體仍是無助的，因他卡在過去的處境中，所以仍是用老套法，結果干擾了現在的自己（留佩萱，2022：33）。

　　另在主體的核心部分，有一個「自我」，是個人存在的本質，也可能是一種狀態，當一個進入到「自我」狀態時，會具有八種特質，在IFS稱為「**8Cs**」：**平靜**（Calmness）、**有同理慈悲心**（Compassion）、**好奇心**（Curiosity）、**勇氣**（Courage）、**連結**（Ｃｏｎｎｅｃｔｅｄｎｅｓｓ）、**自信**（Ｃｏｎｆｉｄｅｎｃｅ）、**創造力**（Creativity）、以及**覺得清晰**（Clarity）（引自留佩萱，2022，頁51）。當在自我狀態時，就可用上述八種特質，用著好奇心與同理心去與內在部分互動。以此邁向真正的自我狀態，會對自己生命、問題解決都有更大的自主權（Friedman, 2005: 39）。

　　更進一步論述IFS中有幾個重要的角色定位，第一個是「**保衛者**」（protectors），其存在的目的是為了保護你不用感受痛苦，即使是現在已成年的你，也會受到被凍結在過去的保衛者保護，只不過是以早先的行為來保護您，希望能讓你免於受到侵擾，其保護行為是以麻痺情緒、解離及成為工作狂的方式，讓你忘卻過去的不愉快（留佩萱，2022：56）。即使這些保護行為會傷及你，但他們仍堅持以此方式保護你，因為**凍結在過去的保衛者，是在保護「兒時的你」，不是現在的你**。

　　保衛者又分成兩個部分：「**管理員**」（Manager）（常被社會讚賞）和「**救火員**」（Firefighter）（常被社會指責）。管理員是具備一個嚴謹態度，凡事皆在可預期及掌控的範圍

內，讓自己受到重視與讚賞，不可展現脆弱的一面，預防任何可引起自己感受被外界窺見的機會，總歸一句就是「完美」（留佩萱，2022：75-76）。為保持完美的姿態，不時的「自我批評」，所以最終讓自己過的很辛苦，比如有些「女強人」或是「學霸」就可能不允許自己失敗。

不過，當內心傷痛被觸發了，另一部分的救火員就會即時出現滅火，用盡一切手段讓你離開，將你與痛苦隔絕，通常手段就是暴飲暴食、濫用成癮物質，甚至是自殘、自殺。

第二個是「**被放逐者**」（exiles），他們願意替主體承擔痛苦，甚至被趕出內心意識（留佩萱，2022：55）。現在的你已經是成年人了，但被放逐者的內在小孩仍處在年幼受傷當時的狀態，其依舊處於羞愧、痛苦等感受。這位內在小孩被整個內在系統隔離了，也就是要把這個痛苦情緒趕走，於是就將其放逐到內在系統的邊疆處（關在幽暗的地下室）（留佩萱，2022：100）。這個帶著極度悲傷的內在小孩覺得自己沒有價值，帶著羞愧、感受不到愛，無論管理員費盡心力，卻無法填滿及消弭內在的痛苦。

另內在家庭系統中的內在小孩，彼此之間是有互動的，甚至會互相「**混合**」（Blending），當混合的比例較多或是可控制力／影響力較多的內在小孩，就會做上駕駛座操控著主控台，也即是以此內在小孩的眼光和角度看待事情（留佩萱，2022：65）。相反的，混合的內在小孩如何「**分離**」（Unblend），將兩個或多個內在小孩拉出一段距離，也就是形成觀察的角度，看待這個內在小孩。這裡也強調「自我覺察」，引導個案進入「自我」狀態，讓個案有機會坐上駕駛座，這樣就有可能對內在部分展現同理與好奇心（留佩萱，2022：98）。

　　「卸下重擔」（Burdens）是真正要做的事，也唯一依靠「自我」才能療癒內在受傷的部分。如何卸下是一個議題，因為無論是保衛者或是被放逐者的內在小孩，皆是被凍結在過去的小孩，所以IFS治療介入是以協助「你」回到當內在家庭中的「大人」，去愛你的內在部分。回到當家裡的「大人」是指你可以進到「自我」（Self）狀態，用「自我」去療癒你的內在部分（引自留佩萱，2022，頁111）。引用學者留佩萱（2022：111）比喻的例子：「回到公車的比喻，當一群保衛者孩子手忙腳亂地要駕駛公車時，你可以溫柔地讓他們知道，你是駕駛，你來負責，他們可以到後座休息。當然，他們可能會不斷給你建議該怎麼開（畢竟一直以來都是他們在駕駛公車），而你可以好好聆聽他們的建議，然後請他們相信你。」

　　「一旦受創孩子被療癒後，救火員就不需要再做這些行為了。」（引自留佩萱，2022，頁148）。現今流行的心理治療策略大多是傾向滅了「救火員」這個令人討厭的內在小孩，結果造成了救火員激烈的反抗，甚至產生更嚴重的後果。比如針對厭食或是自殺的救火員，心理治療策略是降低或是克制不好的行為，但因針對症狀給予壓制行為，而忽略了**傾聽**與**理解**，行為背後所隱藏的秘密與痛苦。

　　再次討論心理治療師的治療策略，有些治療師內在的小孩是被保衛者所主導，如又跟專業結合在一起時，就可能以專家角色，自以為是的姿態指導案主如何做才對，也常索求掌聲及讚賞，這是以「拯救者」的心態自居，間接導致濫用權勢，剝削及傷害了案主的權益（留佩萱，2022：178）。以聚思老師而言，當其反映成員的內在故事時，也要時時記住，自己的言語會影響到外圍成員，故也須負起道德責任（Gehart, 2018: 390）。

　　反倒是，如聚思小組處於「自我」狀態時，就能清楚透析案主內心的需要與能力，聚思老師非以專家角色指導，而是與案主共同呼吸同一口氣（Young et al., 1997: 29），願意聆聽案主的願望與擔憂，造就了彼此產生共鳴（Teyber & Teyber, 2017: 123），才能真正療癒案主。想想看，在年幼的案主，當時沒有太多資源，而承擔壓力的內在小孩竟能發展出那麼多方法幫助存活，這是多麼不容易的事。所以保衛者、救火員，甚至是被放逐者等，這些被認為有問題的內在小孩，他們不應該被不當對待，而是案主最忠誠的朋友，應該好好的擁抱、傾聽與理解（留佩萱，2022：215～216）。

> 「我腦海中浮現出個案和他的內在部分坐著圍成一圈，互相凝視、微笑，每個內在部分都有各自重要的位置，每個人都被好好傾聽與理解，這是多麼美麗的畫面。」（引自留佩萱，2022，頁219）。

　　每一個人具有療癒自己的能力，這是上天授予給我們最珍貴的禮物，現在的自我，有某一部分是受到過去傷痛經驗讓自己內在系統失衡，導致某個保衛者擔起重任，甚至將某些受創的內在小孩趕走了。因此，我們要帶著好奇及尊重的態度（Garven, 2011: 288），走進案主的內心世界，找到那些影響案主陷入困境的內在小孩，幫助處理他們凍結在身上的傷痛和情緒，再讓其重新整合，讓系統變得更和諧。

> 「在內心深處，我找到珍貴的孩子們——我願意走進我害怕的洞穴中，去面對內心深處的痛苦和恐懼。」（引自留佩萱，2022，頁279）。

　　為了與成員「**定錨**」內在自我的小孩，鏡觀模式強調聚思小組從屏幕後方走出來，將剛剛在團體外所見成員分享的生命事件，在內團體時進行「**心感**」的看見，這對成員是有

強大影響力（Young et al., 1997:35）。而在分享所見時，如同前述是以「尊重多元」及「平權對待」的視界，對應成員在前一刻時所表述的內容，充分顯現共享晤談的控制權（Teyber & Teyber, 2017: 57），這種狀態的治療場域療效是最有力度（Teyber, & Teyber, 2017: 180）。這是鏡觀模式讓我們著迷的地方，亦即是幫成員找回面對生活困境時的自我控制感，以及自己可做決定的能力（李佩怡，2012：120）。

在營造非制約的氣氛中，促發成員能更快速的從抗拒轉而覺察，從幻象的憤怒變成深層洞觀（Lair, 2007: 256），讓自己的人生保有主動權（Whitaker & Bumberry, 2016: 18）。唯此，當成員感受到自我掌握感提升了，他將會更有力量的採取正向行動的能力（Glibert, 2016: 178），而此能力就是鏡觀模式運作所要達成的目標之一。

聚思小組功能範例

◆ 讓那個攻擊跟咬的那個部分，是從外面帶來的這個東西，他們會覺得更有安全感，即使我在這邊咬，或我在這裡怨懟你，我覺得我是安心的。

聚思老師分享語錄

◆ 就像○○說的「撿回一條命，就珍惜每一天與每一個當下。」……每天早上醒來都像是撿回了一命。（我的改變：迎向未來-辨明自我（主控力-堅強）

◆ 蠻值得鼓勵的一個地方是，因為他有酒，但他沒有一次進來是有酒味的，我覺得這是非常好的一個示範。（我的改變：迎向未來-辨明自我（主控力-堅強）

◆ 在這團體妳想講一分、講三分、講五分，都是大家的選擇。

◆ 很多在家裡面的事情我們都會覺得是可以掌握的，但事實上卻很難掌握。（我的改變：迎向未來-辨明自我（主控力-堅強）

◆ 期待自己，也期待對方能好好過。（我的改變：迎向未來-辨明自我（主控力-堅強））

◆ 我們要自己過得好才有辦法繼續走下去。（我的改變：轉身後的我-自我安頓）

◆ 在團體中我們學會如何不傷害到別人也不傷害到自己。（我的改變：迎向未來-正向認知）

◆ 有時候會害怕自己，如果不堅強可能會一下子就垮了，所以才要表現堅強。（我的改變：迎向未來-辨明自我）

◆ 堅強才能比較放心地做自己……堅強才能在團體中更表現出真正的自己。（我的改變-轉身後的我-自我覺察）

◆ 一個人也要讓自己好好的，就是對自己負責。（轉身後的我：迎向未來-付諸實踐）

❖ 開放度

緊扣前述的尊重、自我坦露，平權對待，這些都是團體的運作形式，強化團體內任何人都可以透過自由的互動，順應團體進行的適當時機點，允許彼此間的對話自然發生，尊重彼此論述不同的觀點，讓差異化的視野互為看見，以至達到動態平衡（蔣欣欣，2011：1；Halvor de Flon, 2017: 110）。此時團體氛圍是涵容且溫暖的，就有可能發現「他異性」的自己或是對方，亦即不固著於目前所見，而是更廣寬的無限開展（蔣欣欣，2012：33），容許異議的存在，從中看見不同的相異（Seikkula & Arnkil, 2016: 140），進而理解多元的想法，以此衍生更多的解決方法。

另營造一個開放的空間，就要做到「安全信任」及充滿「尊重的對話」環境，激發成員能有反思的能力，並勇於表達多元的聲音，讓更多的意見與想法在團體中共同討論，也因有此平台，擴增更多的聲音被成員聽見，共構出可讓自己或其他成員有了解決問題的方法或策略（施香如，2015：28；Friedman, 2005: 25；Anderson & Gehart,2010: 38；Garven, 2011: 288）。所以可想像一下，鏡觀模式提供了可讓成員放心講述的平台，促發他們更願意開放自己，也讓他們看見了自己知道的比想像中多很多（游淑婉，2008：10）。

開放度的更深層次的意涵，還包括對案主要透明公開及平等（Friedman,2005: 18；Garven 2011: 288），這裡最直接的方式，就是團體帶領者主動的自我坦露，至於透明程度要視團體過程的需要（林子榆、張庭瑜、羅家玲，2021：110）。當團體初期，彼此關係尚未建立時，透明度應有所限制，亦即是還無建立信任安全關係時，有某些成員或是團體帶領者過度自我坦露，此行徑有時會適得其反，造成發言成員或是團體的尷尬，影響團體關係的建立及後續處遇的效果。

　　所以要以團體信任度的量尺，衡量適當的時機示範自我坦露的議題。當帶領者感受到時機已然成熟，藉由「同理、探詢與支持」提供成員一種參照與楷模，不僅是尊重、關懷及適度揭露，還能提供成員仿效的人際歷程（許育光、吳秀碧，2010：275）。

　　因對成員表示自己的透明公開時，相對應的，也會自然引發成員自我坦露的效果，增進團體彼此的互動頻率，更能增進彼此了解和接納，改變團體氛圍中的知覺及感受到普同感（吳秀碧，2019：301），於是產生對團體成員表達他異性的現象就發生了。此他異性如無法經由團體動力消化，有時會導致彼此的「誤解」，但如以治療的效果而言，這種誤解的發生，就是因「他異性」中的差異性所造成。

　　進一步深論，當此種「他異性」被視為是團體成員都承認的個人表述，也就是在團體中被經驗及聽見（目睹）的體會，這就是團體的公開論述（Nadan, 2020: 511）。如此因「誤解」的「他異性」，歸究於團體複調的聲音被團體動力所吸納與理解，幻化成團體成員的共同理解，這就是團體運作帶來的重要貢獻（Friedman,2005: 26; Allan, Klarenbeek-McKenna & Day, 2019: 384）。

　　再澄清差異互為接納的部分，團體氛圍是透明公開，成員自會提升對彼此之間的接納度，也放心表達內心深處的想法和感覺（Johansson, Nyström & Dahlheim–Englund, 2017: 743; Kerr, 2020: 60），信任關係也會變得更好，進而願意將溝通的盲點再求證。當有求證動機時，被誤解的部分為我們帶來更深一層的理解。在此說明誤解和衝突有程度上的差異，但本質有些類似，有些人對他人有誤解，但因他很怕衝突，對誤解就產生了迴避的作法。

　　另有些人對衝突是可接受的，而且不帶防衛地全心全意地傾聽（Teyber & Teyber, 2017: 121），所以他願意與衝突的一方討論到底是怎麼一回事，也發現誤解的地方是什麼，且就讓關係及彼此瞭解更進一層，所以這些人認知衝突是一件好事，而不是一件壞事。

　　鏡觀模式以聚思小組介入團體運作，特別強調開放的表達、非批判及以同理的方式，促發成員由內在產生新的想法（Halvor de Flon, 2017:110），且聚思老師於內團體分享時，切記不提供建議，而是專注於創造一種因困境所產生對話（dialogue），以引起成員能共同思考、質疑及反思（reflects on the dilemmas presented），並藉此建立雙方的連結關係（引起成員關注）（Garven, 2011: 288）。

　　特別說明的是，聚思小組如何在外團體時，以觀察者的位置；內團體時，以擬似被觀察的位置分享（成員在鏡子（外圈－擬似單面鏡）後面－成員與聚思小組角色交換，觀察聚思老師的團體互動），兩個位置皆無與團體成員有連結，何以能產生對話及促發反思？此即是鏡觀模式運作的精髓：「**身**」、「**語**」、「**意**」的漣漪效應。

　　所謂的「身」即是聚思老師們在每週團體準備時間、團體進行中、團體結束後，都保持著開放心態，尊重、平等的對待成員（Nadan, 2020: 518），這些不刻意為之，卻也潛移默化於無形波動，著實感染到參與鏡觀模式成員的內在感受，進一步刺激成員願意思考如何與聚思老師連結（Johansson, Nyström & Dahlheim–Englund, 2017: 743）。

「語」的部分，前述也有提及，聚思老師不以專業角色立場建議及評斷成員的作為，而是減少干預對話，協助成員增加對選擇自由度的發揮（Young et al., 1997:29-34），故分享語言文本多較傾向開放的生活世界視角（open lifeworld perspective）（Johansson, Nyström & Dahlheim–Englund, 2017: 745）。

誠如楊定一博士所講的，單單看一個面向，所得到的答案，都可能是失之武斷，而導致錯誤的抉擇（楊定一，2019：31）。所以相信成員知道什麼是對其最好的前提下，聚思小組的介入可開放更多元的面向（Lair, 2007: 267），及提供一個對話空間與歷程（Anderson & Gehart, 2010: 38）。

「意」的部分，聚思小組雖與成員間有了空間的距離，但其實在團體動力關係中，卻有彼此牽連在一起，兩者間有種動態的、不確定的互動，又塑造出一個開放性的對話空間，不僅可幫助成員自我肯定，也產生了行動的實踐力（蔣欣欣、廖珍娟，2021：19）。這種透過「意」的傳遞，猶如「只可意會，不可言傳」（It can only be understood but cannot be expressed in words）之意境。

以聚思小組由內而外的鏡像反映（藉由聚思老師自發性的開放度，無形中散發出的意像，不僅反射出成員的狀態，也帶入了聚思老師的部分理解），影響成員改變，產生很大的影響力（White, 2018: 77）。此改變的機制，套用學者李玉嬋（2023，頁i）所言：「因開放的態度而能認識真實自我樣貌，辦識理想自我的虛假性或潛能性。」亦即是當成員瞭解到自己往昔受限於重要照顧者或重要他人，為其形塑的理想自我

（虛假性（是重要照顧者／他人的自我投射）或潛能性（文
化勝任的期待－符合當時社會期待）），不僅壓抑了自我真
實的發展，且因此矇蔽了良性的自我發展，最後在諸多的複
雜背景下，淪為現今困窘的自我。

聚思小組的功能

✦ 我覺得他們會覺得有人懂他們的那個狀況，而不是在批
評他這些行為的那些，我覺得他們是可以很聚精會神的
去聽我們說這些……我覺得我們團體的開放度是有的，
就是說聚思小組的發言的用字遣詞更符合他們的語言，
相信成員有會有被懂的感受。

✦ 我覺得這是一種開放度的思考，聚思本身開放度高，對，
就是種思考，感覺像我們內圈就是一個同儕團體自己在互
動跟分享。

聚思老師分享語錄

✦ ○○他有去整理了……比如說他可以在生活中可以支持
他的一個力量，比如在宗教的部份、在信仰的部份，
在心理上可以獲得支持；但我是也期待○○在離開團
體後，有更多的一個不同的力量可以發展。（察覺自身
的代間傳遞後，成員看到了可跟自身切割的父或母的影
響，而採另一種方式來回應小時候的我，如何再應對困
擾的事）（代間傳遞的影響：家庭動力的複製-社會學習）

◆ 有些人會想說說服自己說我來這邊，說現在很流行正向思考，像是我來這邊交朋友，我要來學到什麼東西，……你就用你的眼睛、你的心情去觀察，去觀察這個團體是怎麼運作，……就是來的時候先照顧自己的心情就好了。

◆ 來的時候放輕鬆，不要太有目的性。（參與團體的承諾）

◆ 我是被害者，為什麼我還要坐在這裡。（家暴事件-我：自我涉入-自我迴響）

第七章　增進凝聚力

❖ 信任

　　鏡觀模式團體運作的前4週，團隊致力與成員建立友善的關係，我們深深期盼在最短時間裡，能將成員從非自願性案主，變成自願性案主，更能融入團體。所以我們特別強調「**我並不孤單的感受**」，其緣由是我們和他的相遇，真的是千萬分之一的機緣，才能在這個時空的這個節點裡面同時坐在這個地方，有我們的陪伴「你不會孤單」，我們積極營造涵容的團體，醞釀成員產生安全感及歸屬感（王國仲等人，2019：18-20）。倘若成員於團體中有了安全感跟歸屬感時，自然而然就會降低團體抗拒，及願意探索自己為何會有暴力行徑，這點非常重要。

　　那如何產生好的團體氛圍與營造安全感呢？首先，暖身活動會凝聚成員的向心力，促發有效的團體動力，增進彼此的安全與信任，讓成員自發性的坦露深層情境（曲慧娟，2008：2）。學者陳美碧（2018：1）指出團體運作初期首重信任關係，讓成員從團體中感受到安全依附關係，使其能在團體中願意分享自己，亦即是在信任的伙伴關係中，成員會彼此分享自己的想法（Garven, 2011: 297; Faddis & Cobb, 2016: 49）。

除了信任之外，還有前述的正向肯定、平權對待及自我揭露等部分，尤其當成員看見聚思老師他們願意分享自己的家庭狀況，跟小孩的關係，甚至原生家庭的點點滴滴，且分享時如此的自然，不擔心讓成員聽見（Armstrong et al., 2019: 825）。所以成員會說到：「既然如此我們這些人已經坐在這個地方，當然我們也可以講。」

當成員發現聚思老師是真誠的與他們相處時，他們更願意冒險進一步坦露，且願意嘗試新的行為（李佩怡，2012：107；Teyber & Teyber, 2017: 215），此證明了聚思小組進到內團體分享的作法，確實會增進成員的安全感，進而提升凝聚力與信任感。

當信任感明顯提升時，成員開始自在（李佩怡，2012：106；吳秀碧，2019：36），間接也降低在團體中的無助感覺，這可能的原因應該是團體創造接納性的聚會氛圍（安全團體氣氛），這也是彼此之間很重要的療效（林子榆、張庭瑜、羅家玲，2021：110）。因為當成員發現他們跟團體帶領者及成員間的關係改變，那個關係改變真的很微妙，有時候不用語言，而是透過肢體眼神，都有傳達到信任的感受（Nadan, 2020: 520）。甚至到原預訂的團體時間結束了，成員仍願意多留下來，當表現出捨不得走，就已然對團體有了歸屬感。

因彼此的信任，造就了心理安全的環境，此時彼此在這氛圍裡，成員感到被瞭解、被尊重且安全（湯華盛譯，2021：19），認知基模變得較有彈性，且思維也衍生出較複雜的邏輯運作，互為接受對立的不同資訊（吳秀碧，2019：311），且能感受到帶領者及聚思老師是帶著慈悲與同理的了解去回應成員他們的擔憂（Teyber & Teyber, 2017: 47）。

　　就此經驗在成員過往人生旅途中，幾乎不存在一丁點的出現，反倒是「多與物相刃靡，日以心鬥以爭勝，怵鬱而不得志」（引自陳重羽，2022，頁459），他們的人生中充滿著不安的氣息及疑慮思維，故當有信任的氛圍時，這種體驗的感受，確實讓他們倍感溫馨，也能因此啟動他們的改變契機。

　　針對信任部份，鏡觀模式特別注重於經營重點，所以期望聚思老師能將「信任」的涵意，內化成自然生成的態度，亦即是先存諸己，否則未得成員信任與情感認同，而卻要將「仁義繩墨之言表暴於前，將使德外蕩、知外露，人將不以為美而惡之。人惡己之美，己又強欲人從我，二者激盪，無異以火救火。《莊子‧人間世》」（引自陳重羽，2022，頁432）。如此即是運用了鏡觀模式，花費了大量的人物力，卻無法得到預期的效能，這種結果是用心參與及訓練的大家所不樂見的。

聚思小組功能

✦ 回應剛剛〇〇老師說的，其實那是平等，可能不只他會遇到，我們也會遇到的那一種感覺，也可以催化他在團體裡面，願意分享不好的事情是安全的這樣。

✦ 到後期我們可能比較信任，我就是覺得幾個聚思的起個頭後，團體成員的開放度比較高，那個裡面的氛圍就會不一樣，就是可能老師講一句話，我就比較敢接。

聚思老師分享語錄

◆ 我不會教大家怎麼做，但是我看到大家比較信任團體，把一些覺得比較不OK的地方講出來，那要開始去了解說，過去發生了什麼事？因為這需要勇氣，今天換做是我，我也不見得做得到，尤其他說「我有兩支保護令。」這講起來不是很光彩的事情。

◆ ……我覺得大家還蠻願意分享，……某些人也沒因為這樣就不分享自己，心情不好的事，……可以看見成員願意信任者的這個團體。

◆ 因為團體營造了支持、鼓勵與肯定的氣氛，讓憂鬱出來的時候會被保護，並轉換成努力的能量。

◆ 透過大家所營造的氛圍，看到大家對帶領團體的老師們的信任。

◆ 因著信任而喚醒了很多藏在心裡面的秘密而願意表達。
（我的改變：迎向未來-納受想法）

◆ 在團體中感受到溫馨感，特別來自成員對彼此的關心和鼓勵。

❖ 利他

「團體的體驗與引導，促成相互學習的成長機制。」（引自蔣欣欣，2015，頁74），聚思小組就是以此示範利他的精神，而非滿足一己私慾，全然誠心以利他原則，接受及認識他者所處的世界（蔣欣欣，2012：33）。當聚思小組以開放及謙卑的態度來分享觀點：「除了你想的這樣之外，我們是這樣想的。」及「除了你嘗試做的事情之外，也許你也可以聽看看我們的想法。」（Gehart, 2018: 386）。成員在團體裡面會不會學起來呢？依據多年的運作，我們觀察到，他們會自發性的想幫助其他成員。

團體內有個成員是老闆，他試圖透過一些方式想幫助同樣是成員的人，那位成員已經好幾年沒工作，「他說你到我那邊去，我那邊雖然說不是薪水高喔，可是至少可以幫幫你」，那自發性的利他就出來了。可見成員開始接受他人及認識他人所處的世界，對比往昔常常自我中心，導致自己陷入困境，聽不懂別人的語言，於是與外界隔絕了，後來因為利他的想法產生後，漸漸會有同理別人的心境產生（李崇義，2022：199），也對自己開始有生命的改變。

而以利他的精神對待外界的人事物時，彼此間會願意接受差異性，也會增加互為協助的動機（Garven, 2011: 296），且無論是聚思小組和成員們，都會有獲得很多不同向度的回饋（王國仲等人，2019：19）。此回饋即是一種交流的歷程，於雙方彼此的互動過程，不以判斷、批評的方式，給予對方更好的空間，且能給予支持，此種氣氛營造出情感情緒的表達和認知統整，於是改變就發生了（吳秀碧，2019：304）。

另聚思老師由利他的反向思維－利己，這是一種雙向的過程（駱芳美、郭國禎，2023：417），對於自省是一種啟發，亦即是當覺察自己時，就更有能量助人（陳美碧，2023：2），深度連結了成員的情感，了解成員生命故事裡的悲與苦、哀與怒，促發成員的心理變化（蘇益志，2017：212）。當然，在潛移默化的過程中，也暈染了自己內在最軟的一塊，彼此間的凝聚力油然而生。

有一觀點也是鏡觀模式學習者必須謹記於心，即是「**鑑明則塵垢不止**」，其意思為聚思老師要常心接納被社會認定過錯的人（家暴加害人），以常心虛靜的方式，避免「結縛成心」，而達到「塵垢不止」的境界（陳重羽，445-446）（當成員感受到聚思老師對他是多麼重視及關心時，成員必然會產生自我價值感）。為何在此帶入此一觀點，這也是內省的功課，當有此心境時，才能外推利他的實際行動。更進一步的說，在團體帶領過程，不全然是順風順水，有時難免會遇到抗拒之情事。尤其是「衝突」場景的敏感議題，這不僅是對新手帶領者有一定程度的威脅，連資深帶領者也有無力反應的情況產生。

但對鏡觀模式而言，當團體有出現衝突時，就好比在鏡子上揚起了塵埃，然經聚思小組的介入，塵埃未曾沾黏在鏡面上，反而是經鏡子的映照下，塵埃變的更立體及多面向的呈現，它不是散在平面上的一粒粉塵，卻已被鏡子呈現出光彩及豐富的宇宙。當以此思維時，擔心的衝突蛻化成為團體關係注入新的活力，增進成員間的信任關係，即便是衝突的討論，也能促發成員的興趣與動機，更有助於增進團體凝聚力（吳秀碧，2019：353）。上述能將意境運作的順暢得宜，具體原由是聚思老師本質上的利他思維：「不以己之利益，而行天下善行」。自然而然，就對衝突無懼無畏，如此正向面對衝突，引導成員更深層次的自我揭露，協助其自我發現與理解（吳秀碧，2019：353），這就是最好的利他之舉。

聚思小組的功能

✦ 我那天就看到〇萍（聚思老師）跟一個女生成員在樓下在互動對話的時候，結束以後我也看到有觀察員都會講說，小心騎車啊或者是注意安全下禮拜見，這一句話，他們都會讓他們更願意進來，啊我覺得那是連動的。

✦ ……所以那個善待的效果……喔對善待，他來這邊他沒有被批評，沒有被批判被指責，可是他又得到一些提醒。

聚思老師分享語錄

✦ 我今天覺得是一冷一熱，是學長很熱絡好像在敘舊；然後我也看到〇〇與〇〇很願意投入，也在幫忙炒氣氛，或是讓這個環境輕鬆一點這樣子。

✦ 我覺得關係在這個當中，有談到親子關係到後來的兄弟之間關係，那麼多的關係，讓我感覺那種激烈的討論下有一種隱隱的難受，讓我覺得很相愛很愛對方，但是不知道為什麼那個愛到最後變成傷害對方，就是兩邊都受傷害，所以我覺得其實是不好受。但是在那個過程中，我看到大家彼此都想要靠近的，大家都鼓勵對方多說一點，過程是想要靠近〇〇一點。（家暴事件-他）

✦ 他認為改變是在於時間跟經驗，好比說我現在經歷一個重大的挫折，好比說出車禍，我過了幾年幾年後我就會想開了，不過我想要給他一點回饋，不要太小看自己的投入。（未來的我）

◆ 因為有人的投入經驗才有意義，若沒有人的投入，經驗
是沒有太大價值的，所以我想告訴他不要把自己看得太
輕。（未來的我）

◆ 狀況講得越清楚，大家越可以幫妳想辦法。

◆ 我看到剛剛大家都很努力地傾聽○○說的故事，在幫他
想辦法解決。

◆ 大家提出越多，提出經驗，可以互相學習，度過保護令
期間，關係作結束或修復，大家做一個考量與思考。

◆ ○志給○安很多人生經驗的勸諭，其實○林也去理解裡
面有很多的關心。

❖ 傾聽

「當我們經歷失落和悲傷時，若能夠放心地對某些人訴
說，並被完整地聆聽，就能讓當事人被滋潤與療癒。」（引自
李佩怡，2012，頁107）。面對正處於危急狀態或是自殺的個案，不
一定跟他建議什麼？對這些事情，你只要專注傾聽就好了，
因為當你專注傾聽的時候，你是一個陪伴的人，安靜的待在
他的身邊，他就開始會慢慢地講出心中的困境，所以傾聽的
部分是會被聽見的。

進一步的，傾聽有兩個層次：第一個層次，因為聚思老
師在內團體的時候，他可以講出他的想法，甚至可以預測到
成員以前的狀態，這些覺察成員話語的循跡敏感度，全是來
自於專注傾聽才能得到的理解。

　　第二層次是他們傾聽同樣是聚思老師反思話語時，成員在接受反向傾聽才能去理解，並與內在的自己做對話（Jonasson, Nyström & Rydström, 2017: 398）。所以專注傾聽，會讓彼此互為看見與理解，其意涵如同「我們能夠一起開始傾聽這個聲音－我想它告訴我們一些重要的事情。」（Teyber & Teyber, 2017, p324）。

　　也因聚思老師專注傾聽的態度，成員會在氛圍營造下，放心的表述更多內心話，包括他們沉重的生活難題（Seikkula & Arnkil, 2016: 74）。另經由傾聽的過程，也讓成員看見了社會建構的狀態，其中涉及了權力和控制的議題，這些聆聽的訊息，將會帶給成員重新省思（Friedman, 2005: 75-76），自己之前的狀態和往後該如何選擇。

　　有趣的是，鏡觀模式安排聚思小組於團體外圍傾聽／觀察，並可進入團體內圍去分享他們所聽到的訊息（Halvor de Flon., 2017:109）。當個別的聚思老師於外圍傾聽時，他們必須注意「言外之音」的訊息、對成員表述（身語意）敏感度的理解、抓住成員所描述的經驗、聽出成員的感受、掙扎和全部行為的狀態（Garven, 2011: 288），這些泛稱為脈絡的理解。

　　而其轉換身分，入內圍團體時，聚思老師又要表現出：「我有全然的聽到及領會」（Teyber & Teyber, 2017: 200）。這時的傾聽者變成是剛剛說話的成員，這種主客易位的情況，對聚思老師是很大的考驗，如果可以真實反映出傾聽的理解時，成員知道自己有被好好地傾聽，就會有愈想說的衝動，而在說話間，可以重新整理，逐步有了新的自我觀照產生，及發展成自己的新發現與產生新的認同（蔣欣欣、廖珍娟，2021，4；林祺堂，2022：9）。

　　不過，再次提點的，聚思老師務必放棄自己的專業知識，全力傾聽成員當下，以一個完整的人的看待，積極回應他們（Liu, Liu & Wang, 2022: 3005）。此時此刻的你，不僅是在聽自己的由衷之言，也在聆聽著反射的回音，同時彼此的交會過程，就是共構的團體氛圍。

聚思小組功能範例

◆ 我覺得聚思小組在討論的時候，每一個人要往前在要討論的時候，大家都很緊張啦，所以可能都看不到其他成員的部分，就是有一些成員的部分，他就像剛剛分享的，他就是會往前，然後會聽說「你在講什麼？你有沒有有講到我？」

◆ 我覺得他們就是希望說你……他分享的……在團體面他分享的任何事情，有一個關注我，然後我有什麼事情，有人可以跟著我一起往前這樣子。

聚思老師分享語錄

◆ 他多講了一些，我們觀察到了他身體的不舒服啊，我們終於知道說原來他乘載了很多責任啊，身體的那種疼痛不是我們可以想像的，就是我剛剛聽到說他要靠打針才能夠來抑制，我覺得這是非常痛苦的一件事情。（家庭結構的認識）

◆ 可能說出這句話以後，他會覺得比較安心。（重要照顧者 與我：分化／融合）

◆ 情緒裡面有藏著遺憾，有身為先生的遺憾、父母的遺 憾。（代間傳遞的影響：多代情緒歷程-焦慮的傳遞）

❖ 認同

　　在現實生活中，一個人常常都以兩種型態面對外界，一個是「**社會性的我**」，一個是「**個人的我**」。為何會有如此分類，只要是因一個人可能同屬於現實社會中扮演很多的角色，以便在不同的角色中轉換自己，也因此個人所顯現出來的特質也不斷地變化。社會認同理論認為，個人因為要有團體歸屬感，才能藉由團體滿足自己的需求。也就是當成員逐漸向團體靠近時，成員會經過參照點評估自己與其他成員的相同或相異之處，漸而形成自我的意象或自我概念（社會認同理論的核心概念）。因此團體文化濡化成大家一致性的共識，成員願意朝團體目標前進（張守中，2008：145-146）。

　　很多的加害人，他在家裡面是以「個人的我」與家人互動，但在團體裡面卻出現了社會性的我，但就我們團體處遇的目標不是要單一解決社會性的我，反倒是想解決**個人的我**。因此團體運用了聚思老師去看見，進一步協助帶領者來看見。為什麼如此費功夫，我們針對帶領者的工作檢視來分析：因為帶領者要管控流程這件事，還須處理情緒的議題，並要隨時掌握關鍵節點，以能促發團體動力，達到預期的團體效能。

　　所以在團體帶領較無法在個人的層次上去察覺成員「個人的我」部分，更大部分時間都是在應對成員「社會性的我」部分。所以會發現在這裡面同時都有兩個身分的交換，那要怎麼去做理解跟做所謂的回饋，鏡觀模式透由聚思小組來協助處理。如依較早之前，聚思小組的看見，猶如站在不同的山頭看同樣的山谷，或是站在同一座山上的不同高度，看待同樣的山谷時，所看見的山谷會有不同的風情與感受，而這些都屬於成員的生命全景。有些是成員已知道的，有些是成員不知道的。

　　運用美國社會心理學家Joseph Luft和Harry Ingham在1955年提出的周哈里窗（Johari Window）對此說法：自我認知和他人對自己的認知之間，在有意識或無意識的前提下形成了差異。由此分割成四個部分，一是自己和他人都知道的；二是他人所了解的自己，但自己卻無法了解；三是自己了解自己的，但他人卻不了解；四是他人和自己皆不了解自己（這部分常以潛意識命名）（維基百科，2023）。這四個部分無論是何區塊，皆是成員的一部分，而聚思小組在外圍觀察時，已看到其中的某部分的了解。

　　就聚思小組所看見及了解的，甚至是參與其中的共構場域，在此可將其命名為「雕塑時的體驗」（the sculpture that just took place）（Faddis & Cobb, 2016: 49），透過聚思老師於內團體時的分享，逐步建構出成員內在層次的心理世界，將其顯露於可看見之處，此舉也是鏡觀模式從頭至尾始終在做的同一件事：努力塑造出「鏡中的我」。

當成員因被看見而促發改變時，很重要的改變機轉，即是「鏡前的我」與「鏡中的我」觀點趨於一致性，這就是認同的展現。而「鏡中的我」也能同理成員以往的因應方式，都是為自己所遇困境找到合理化的策略，此策略是成員為了能夠活著的掙扎之舉措（王國仲等人，2019：18）。至此，聚思小組需要內化成員的痛苦，才能真正產生同理心（Whitaker & Bumberry, 2016: 18）。

不過特別提醒的，記得「塵垢不止」的意涵，聚思老師要確實記得不與成員沾黏，而是照映成員豐富及多面向的自我的使命。唯此，讓成員在看到聚思老師展現同理、瞭解成員能力時，成員不僅產生信任的態度（湯華盛譯，2021：19），也對團體有了凝聚力。

相信鏡觀模式的訓練，授予聚思小組有了看見成員彼此間的相似人生經驗，也能將其勾勒出普同感（陳偉任，2022：11），如此不僅給了成員不再感到與世隔絕的感受，且產生了共享的人際關係，及促進團體的凝聚力及歸屬感（李佩怡，2012：108；吳秀碧，2019：93），此即為認同的表現。

這裡另有一個議題，足以印證為何透過認同，可以提升成員願意改變。倘若我們相信自己和成員們，在任何行動的抉擇時，一定有一套信念系統，可參照前述諸多的說明，此系統來自於重要照顧者、重要他人及社會建構等，有形、無形皆分秒影響著我們。而我們就在這

> **習慣**就是**身分認同**的具體化，愈是重複某一行為，就愈強化與那個行為相關的身分認同。事實上，英文的「身分」(identity) 一字，便源自意指「存在」的拉丁文「essentias」，以及意指「重複」的拉丁文 (identidem)。「身分」的字面意義便是「重複的存在」(Clear, 2021, p54)。

個信念系統，形塑出一個完全屬於自己的身分認同。此
「**身分認同**」也替自己衍生出一個「**習慣**」，亦即是每個
習慣背後都是由身分認同所支撐。

　　所以要改變成員的錯誤習慣，就是要有產生新的身
分認同，找出成員的另一個願意改變的身分認同。據此，
聚思小組所呈現的鏡中的我，即是透過自己理解成員的
內在身分認同，不唐突的亦步亦趨，順著成員的脈絡，
緊隨他的頻率，由聚思老師「身、語、意」的映照下，
塑造出一個形象（成員的改變，因認同聚思老師，經由
內射（introjection），再創造（re-creat）出成員內心的
客體意象（image），如此可以引發成員個人自我的轉化
（transformation），使得成員個人模仿或認同這個客體
（引自吳秀碧，2019，頁341））。

　　這個形象是站在鏡前的我（成員），不僅能接受
的，也自認是最佳狀態（完美的穿著或意象），此時鏡
中的我，即是成員新的身分認同。當成員特別滿意新的
身分認同時，愈有動力去維持與之相關的習慣，此時才
是行為與身分認同的轉變，一旦「鏡前的我」接受了與
「鏡中的我」共同創造出的身分認同（Allan, Klarenbeek-
McKenna & Day, 2019: 392），對此身分忠誠會影響成員改
變的能力，並願意繼續維持下去（Clear, 2021: 49-52）。

　　所以聚思小組經由改變「**身分認同**」後，增進團
體成員喜愛在一起的感覺，並且共同變成正向的團體
（Jonasson, Nyström & Rydström, 2017: 401），亦即是凝聚
集體意識的連結，進而創造出集體歸屬感（Tavani, et al.,
2017:91）。

思想或行為與你的身分認同牽扯愈深，就愈難改變。相信你的
文化所相信的（群體認同），或是去做維護你自我形象的事
（個人認同），會讓人覺得舒服自在，就算那些事情是錯的——
只要與身分認同相悖，你就不會去實踐。（Clear, 2021, p53）

聚思小組功能

✦ 所以有沒有sence到是一個點而已，就是以前剛當聚思老
　師的時候，我們很容易就是，某個人話多，進去就從他
　的內容去，因為你總要有東西可以講啊，所以話多的人
　就會有素材可以講，那到後面因為聽了幾個老師的話，
　就依樣畫葫蘆的學說，誺誰誰講但是那幾個人很沉默，
　我想多聽他那麼講，會變成一個，這個架構會被我自己
　抄過來用。

✦ 那覺得這個部分有點呼應到團體成員他們的企圖，就是
　他們會希望，就是我在聚思團體成員的部分，他們會希
　望來這邊能夠佐證到他們的什麼的那種企圖，……所以
　你講的那是認同？認同他的一個想法或是認同他的作為
　類似這樣。

聚思老師分享語錄

✦ 其實我蠻佩服大家在唸規則的時候，還可以一邊問問
　題，就是表達一些自己的疑惑，就是願意講話，就蠻勇
　敢的，那學長也蠻厲害的，會協助做一些補充，讓這部
　份的氛圍不會變得太僵。

◆ 從那樣的一個變動裡面去找到自己的生命歷練我覺得很不容易，他應該是經歷了很多很多的思考，然後去找到自己的定位之後才有辦法走到現在。（家暴事件-他）

◆ 後來他其實對家人做了很大的一個承諾，我聽到他提到媽媽說「他什麼都可以做，就唯獨賭博跟吸毒這兩件事情」，我覺得他把這個做得很好，也顯示說家人對他是非常非常的角色，在這邊我想給他一個鼓勵說你做得很棒、真的很棒。（重要照顧者與我：家庭動力-順服）

◆ 他會跟現任的女友會討論前任女友的事情，從這個溝通當中他可以得到一些釐清，跟下一段關係要怎麼繼續，我聽到很棒的一個是關係上的釐清。（家暴事件-我：例外效果-帶出差異）

❖ 關注

　　「關注」一直是觸發凝聚力的重心，這邊以二個層次來說明，第一個層次是**對成員的關注**。誠如學者蔣欣欣所言：「生命的啟示不是預設或預期的，而是在彼此關懷裡無意中產生的。」（引自蔣欣欣，2009，頁23）。透過聚思老師的鏡映效果，如實如真的關注團體成員的各種情感與思考（謝佩玲、林淑君、王麗斐，2009：24；Allan, Klarenbeek-McKenna & Day, 2019: 390）。

　　團體成員常因無法關注自己，已致於在人生旅途上遭遇困擾，但當感受到他人對其關注後，會開始懂得關注自己（Teyber & Teyber, 2017: 89），聚思小組即在這種對成員的生命投入，引發成員好奇自己的生命故事。

　　第二層次是聚思老師在內團體時，**對自己的關注**，亦即是聚思老師也有勇氣面對自己心中的「心理真相」（洪雅鳳，2004：22），讓成員藉由旁觀他人的生命經驗後，將其視為是自己的參照點（Johnansson et al., 2017: 738）。

　　這兩層的關注都讓成員感受到聚思老師非常關注成員所述發生的任何事，並透過理解雕塑（sculpture）出自己所體驗的結論（Faddis, & Cobb, 2016: 49），促發成員願意分享經驗，彼此相互學習，並在團體中有更多的投入，將自己內在的看法提出，自然而然凝聚力就更加緊密了（陳美碧，2020：3；Allan, Klarenbeek-McKenna & Day, 2019:385）。此時成員感受到關心的力量，感受到聚思老師的關懷，也就被關心行動所穿透（侯南隆、李玉嬋，2012：194-195）。

　　聚思小組團體運作時，會特別關注每位聚思老師彼此的
表達，連同身、語、意所隱含背後的意思（謝佩玲、林淑君、王麗
斐，2009：24），甚至關注非僅是在此團體空間而已，也關注著
彼此的生命世界，及與家人關係等，這對聚思小組外的團體
成員產生很關鍵性影響（Armstrong et al., 2019: 825）。

　　當等同治療師角色的聚思老師，都願意在團體內和有外
人觀察時，能將個人心中的心理真相坦露，對成員產生了很
好的引導效果（洪雅鳳，2004：22；Hodgson & Haralson, 2017: 2）。更
進一步而言，當彼此都互相接受是有價值，不以批評的態度
看待對方，且是發自內心的真誠關懷與投入，互相在情感上
的投入（Lair, 2007: 251; Garven, 2011: 288）。上述聚思老師於內團
體的互動效果，確實給了外圍的成員有了很好的示範效果。

　　關注也包含「**彼此之間地位／身分平等**」的深層意涵，
以此定位團體運作的平等性議題，大部分的自願性團體都很
難達到此境界，更遑論是屬於家暴加害人的非自願性團體。
這裡詳細說明一下，無論是個別治療或是團體治療的場域，
因被專科倫理所範定的界線及專業定位，挹注了治療專業權
威的合法性，亦即是專家所講的「專業術語」。

　　此將「治療者」與「被治療者」以專業地位將其劃分成
兩半，突顯出「我」跟「被治療者」位階都不同（我是一個
專業人員，他是一個被治療的人，我跟他之間唯一的一個關
係就是專業，所以我跟他就不平等了，在這不平等的專業基
因之下，他才會得到改變，要不然我跟他無親無故，我怎麼
會讓他願意坐在這個治療空間裡面，我是專家，他就得相信

這個專家）。此段論述等同宣示著專業霸權，也就是用所謂
專家霸權行使權力不對等的方式，其面對被治療者的治療效
果可能要仔細評估了。

　　用了一個隱喻來說：「面對一個被現實環境逼至絕境的
人，如同快溺死的人，在最後瀕臨死亡的時候，緊抓的救命
浮木（治療者就是那根水上浮木）。然講究專業權力的治療
者，相對應的，營救的效用就是微不足道的服務，被治療者
暫時不會被溺斃，可是久而久之，這個服務力量遞減，最後
總會沉下去，所以明顯看出效果是不好的。

　　「當案主自己的哭泣能被聽見時，她才能聽到孩子的哭
泣」（Teyber & Teyber, 2017, p90）。為何引用這段話，最主要的
是契合鏡觀模式的核心概念，也即是將成員的「小時候／困
境的他」，透過鏡像反映如實的將其小時候／困境所遭遇情
境，透過聚思小組將其顯現出來。再經由聚思老師的深層理
解，關注在成員小時候／困境的他所處苦境，給予了鏡前的
我（長大後的成員）同理小時候／困境的他。

　　其原理是因無法關照自己，常是成員無法理解「現在的
他」所有的作為，也是困擾著自己的核心關鍵，因此當成員
得到他感受到別人對他的關心後，轉而能知道關注自己。這
時的成員開始有了動能修正自己的內在或人際問題，且藉由
聚思小組的鏡像反映，有了主動性自我引導。如此的賦能，
成員有了改變自己的能力（Teyber & Teyber, 2017: 157），這是鏡
觀模式心心念念的預期效果。

　　以聚思小組呈現成員目前所因應的人際方式，都來自於其人生中的某一節點，這是由「小時候的他」為了保護自己所做的唯一選擇，這時的成員被聚思小組同理與看見，所顯現出來的是成員允許聚思老師進入他的人生經驗中。

　　自然而然的，成員原本獨自一人的悲傷，有了被深具洞悉的聚思老師一同承擔了（林子榆、張庭瑜、羅家玲，2021：110；林祺堂，2022：5）。也證明了得到理解的成員，是較「小時候的他」有了更多的能力與勇氣（Teyber & Teyber, 2017: 211；Johnson, 2022: 74），因為這層的連結，成員對團體的信任與激賞，產生了更大的向心力。

　　再次強調的，鏡觀模式的核心理念，是經由鏡映效果將成員的人生經驗具體化，並產生彼此生命連結，且這深刻的關注與歸屬感，是所有人都無法抹滅的需求（Kohn, 2019: 107）。不過重點是當成員和聚思小組的連結關係，不是互為沾黏而融合，反倒要保持成員本身的獨特性，否則就會迫使成員及聚思老師喪失了自己思考的能力（Kohn, 2019: 56）。

　　記得改變的動機，始終來自成員的內心，聚思小組永遠都是在「鏡中的我」這個角色，成員能保持在懸浮於鏡面的位置，跟聚思小組重要的那個距離，維持在零沾黏的狀態，如此才能反映出「真實的成員生命感受」與「鏡觀模式的功能」。

　　唯此，聚思小組將成員當成是有價值的人，不加以批判，且已肯定過往作法，是為了保護自己免於受到傷害。也因聚思小組的涵容態度，促發成員對聚思小組及團體產生信任，自發性的會產生有價值的行為（Lair, 2007: 251-253；林瑞容，2021：31）。

　　其中聚思老師也常透過澄清、核對及幫助成員表達內容更精準，並能確認彼此的理解為何，在此定調為「**滋潤過程**」（楊雅嵐、李玉華，2017：182-183）。用聚思老師的理解觸動了成員渴望被了解的心情，漸而對團體放下防衛，也激發了成員的希望感，由此開始願意敞開心胸及面對不堪的自己（蘇益志，2017：212；湯華盛譯，2021：18），進而創造願意疼愛自己，且往開發自我潛能的道路前進（李玉嬋，2023：i）。

聚思小組功能範例

✦ 聚思小組本身的構成可能就可以讓團體的關係建立比較快的順暢，因為如果我不相信Leader跟Co-Leader真的這麼關心我、外面那群四五個那麼關心我，我覺得那個力道本來就是比較強的。

✦ 你講的跟這個部分都有點連結，只是說你還是有看見，看見他的狀態，你也是有關注到他，只要他有被關注的情形之下，他對你們都會很在意。

✦ 成員對哪些內容……我覺得他們感受到他們有被看到，就是我們說出我們看到譬如說他今天穿什麼衣服，就是那種他做了什麼事情是真的被看到，會讓他們……我覺得他們就會眼睛一亮。

✦ 團體成員看我們聚思小組……其實他剛剛講的很好，就是他要被看見，還有就是有被關注，有被支持，所以這其實都很好，可是我們聚思小組有個功能性，就是說我們在做這個東西，為什麼會讓他們感受到他會被看見、被關注、被認同。

◆ 我覺得聚思老師的加入，促進成員他們的參與度，尤其是那個動機有進到我們這個裡面，更願意跟Leader跟Co-Leader互動，我覺得這個環節上的相扣跟連動，包括是一進來的時候，他們一進來的時候，像我跟○○老師這次的團體，就會發現我們這次的聚思老師都很nice，就是成員一進來的時候，就算你只是一個點頭的微笑，對他們來講，他們都覺得說很樂意進來。

◆ 討論的那些問題讓他比較感興趣，就是我們常常在外面當L跟CL時候，常常會看到每次聚思小組的老師進到裡面的時候，每個人都正襟危坐，能盡量往前，身體傾到最前，每個人都非常專注在聽老師講什麼。

◆ 但是看你昨天的心情，還有就是他們感受到聚思小組有支持到他們的時候，然後會……就是當有被支持到的時候，他們也會很專注，尤其是特別是某個人都有去提到他們的名字，然後誰在把你團體情況……的一個情形。

聚思老師分享語錄

◆ 我覺得是一種關心，把這裡當家裡與家人，才會有這麼多的關心及提醒。

◆ 想說給○○一點鼓勵，重要的親人過世突然不見，心頭一團亂是很正常，在這麼混亂的情況下，還要很小心去處理和太太的事情（關係），想打電話不能打，我自己想要跟他講不能講，這個一定很難受，我稍微能夠理解，辛苦了，這不是很簡單，他還願意聽大家給他保護自己的建議，蠻不簡單，大家也都蠻開放的給了很多經驗。

- 我從外在看到○○是一個蠻有個性的一個女孩子，其實不多話，但是有自己的風格，我才剛認識○○，所以我也不好多說些什麼，也要照顧好自己……。

- 他有把小孩的事情放在心上，覺得這是一個爸爸的責任，雖然他沒有表現出來，但我相信他都還是很擔心的。（家庭結構的認識）

- 他講的過程有不明顯的困惑跟哀傷。（重要照顧者與我-家庭動力-逃避）

- 我剛看○○的背影非常專注。

- 我覺得他比較沒有講到的，很可能是他的痛苦，在這段關係過程中，他到底承受了多少的痛苦。（家暴事件-他）

- 他可能也覺得他很委屈，但他又沒辦法把他的委屈說得很清楚。（家暴事件-他）

- ○○對於自己的感受很清楚，他能夠清楚的描述自己的感覺，還知道自己的焦慮，對感受是強烈且清楚的。

- 團體可以幫助你找到一個安全且懂法的自我保護的方法。

第八章 共同臨在感

　　彼此之間因氣氛營造，產生了接納氛圍，若干的生命交流檔次，已然達到共同臨在感的程度。聚思小組與團體成員好似同乘一輛火車，彼此之間有共同的目的地，所以當其有話要說時，聚思小組能講述未來要做什麼，及可及的目標是什麼（Johansson, Nyström & Dahlheim-Englund, 2017: 741）。

　　學者張卉湄（引自2019，頁89）認為「創傷治療」一定要在經驗中轉化，其方法就是「透過身心之間的傾聽、連結、整合，依附中的安全感才能真實體現……透過身體感官的直覺性語言，那被過去固化的時刻，被自我聆聽、看見與適度的陪伴之後，就能回到經驗的時間流中，重新動起來、活出來。」

　　聚思小組對成員創傷經驗處理，較採「同理受害者的他」方式運作。就受害者的他而言，代表他曾經於人生路途上有一段刻苦銘心的創傷歷程，聚思小組試圖以「受害者的他」的視域去到他受傷的時間點，體會他的害怕及無力，亦即是嘗試與他的創傷接觸，這麼做的目的是讓創傷經驗獲得轉化的機會。即使沒有達到完全痊癒，至少不再讓創傷影響到他。

❖ 團體融合

「在個體之間共同創造意義的循環中，也包含了這個一起建構故事的過程，但在這個過程中，不一定每個人都要成為主體，因為彼此都不是對話的主體，主體已經融入共享的互相理解的領域裡。」（Friedman, 2005, p196）。

有療效的團體運作會造就成員間產生共同的理解，並進一步催化團體的凝聚力，彼此共享經由團體歷程創造出來的空間。此空間不會排除自己和他人的差異見解，且是將其全部融合，在此融合的空間裡面，經由激盪交織創造出共同的故事。學者蔣欣欣（2015：75）將其視為是「無我，就能跟隨團體運作的步調。」其中最重要的元素，即是彼此互相尊重，視每個人的意見都極為重要。這也加速個人融入團體氛圍，個人的內在動力與團體動力的紋路契合在一起（鍾明勳、陳姝蓉，2016：18）。

個體與共同體的存在，共同組合成「互攝互入」的生命共同體（楊雅嵐、李玉華，2017：153），在此共同體內的個人皆對彼此互有關愛及歸屬感（Kohn, 2019: 107；Kerr, 2020: 67）。在融合的過程不一定每個人都要成為主體，當彼此都不是對外的主體時，證明已經融入共享的互相理解的領域裡面。

另導引成員尊重多元，為團體這一共同體貢獻己力及共享成果，必然會形成很堅韌的共識感，大家一心一意為團體融合努力，並造就出「三極自體」（tripolar self）的境界，成員在內心深處的需求感，因在團體中得到安撫與支持，致使產生了同理的共鳴（empathic resonance），此時「自體－他體界線」（self-other boundaries）會變的模糊（Hamilton,

N. G., 2013/1999），彼此會有很強烈的融合體驗（體驗到「共存、共在」的團體共時性（蔡至涵、劉盈君、蔣欣欣，2022：12）），甚至產生了無法言喻的「蛻變內化作用」（transmuting internalization）（金樹人，2018：130；Siegel, 2005/1996）。

這時團體融合的吸力，演化成一個全新的視角，內含帶領者與成員、聚思小組與成員、成員與成員等不同的團隊話語，顯現出一個對話立場的關鍵想法，即是團體所含括的人（帶領者、成員、聚思小組），都不必讓自己的觀點或假設沉默，並全部皆願意自發性的參與到被理解和理解對方的對話中。

此時的團體融合，促發了對話者的觀點和話語在遇到其他人的回應時，就會發生改變的效果。（Out of this engagement, the views and the discourse of the interlocutors alters as it encounters the responses of others.）（Garven, 2011: p286）。

不過「團體融合」的情況，有時也會產生負面的效果。有時共識會窄化了團體中個人的思考，甚至失去質疑共識或是逐漸喪失選擇的能力（Nemeth, 2019: 104）。個人的顯著性和差異化，也因團體的共識被忽略掉，終至形成了「團體極化」現象，團體成為一言堂，此時的團體凝聚力極強，但卻看見了高壓、症狀化的出現，也就是變成危險團體的形貌，不僅對外部會有刻板印象，甚至認知自己無懈可擊的錯覺，也時常對異見者施壓（Nemeth, 2019: 166）。比如3K黨，強調白人優勢、種族優勢，他們對有色人種就具有很強的敵意。

　　因此團體極化的現象是團體融合要避免的，否則團體在尚未產生療癒效果時，就被負面的團體融合所淹沒（Johansson, Nyström & Dahlheim-Englund, 2017: 741）。為避免團體極化所造成的負面影響，鏡觀模式特以聚思小組與團體、成員的「距離」，保持著又可進入團體及關係，也可保有第三者立場，以客觀角度看待團體此時此刻的狀態。當其進入內圍分享時，又因與團體的距離，可將團體極化現象，以歷程評論的方式，解析給團體來看見，此現象對團體的不利狀態。

聚思功能範例

✦ 他似乎也從我們團體裡面去找到符合成員的內外一致性，所以在最後他們會願意，說表達的一個回饋就是這樣子的一個方式。

✦ 他其實是fighting整個團體，結果後來變成增加那個團體的凝聚力，因為他即使他遲到的時候，不是你給他fire的，你是直接不讓他進去，後來他就……整個團體更加的凝聚，為什麼呢？因為其實他對整個團體的刺激是讓團體成員有保護力的功能的狀態。

聚思老師分享語錄

✦ 這個難得的經驗，是當我們有這樣一個問題的時候，不知道該找誰，但是卻可以在這邊找到一個力量，我覺得那個很溫暖的，而且也讓我覺得很感動。

✦ 他嚇到我們也嚇到了，大家也都為他操心。

◆ 成員逐漸在團體裡面有一些回饋，這個團體是因緣際會讓我們相聚。

◆ 不過今天大家有一種，我自己覺得有「淡淡的哀愁」，蠻明顯的，哀傷是本來不會想要呈現出來。

◆ 大家雖然各自做自己的事情，但是心卻是被感覺到是靠著團體的。

◆ 讓團體成員進入到一個憂鬱的位置，有時會是一種助力。

◆ 大家的心都在一起的那種感覺或感受，是幸福的。

❖ 融合的視野

「我無法直接控制我與他人的關係，但至少我可以盡力促成一起思考和共同行動－一起演進和改變。」（Seikkula & Arnkil, 2016: 57）。

團體中的「個人」與「融合視野」是如何結合運作？「融合視野」是指試圖理解彼此生命的內涵，但卻永遠不可能真正知道彼此的世界，只能建造彼此分享的共同領域，且非一模一樣的相互理解。換句話說，這個共同的領域中存有各自的相互理解，不因己見而凌駕他人想法，尊重彼此所保留自己理解的世界。

　　而在此世界中容許參與共同的臨在感，又可以保留自己的獨特性及融入團體裡面，每個人擁有各自的生命世界，參與團體的時候，這個團體是大家共同的視野，亦即是從團體看出去的視野是一致的，團體現象的理解，是整體共同交織所產生（鍾明勳、陳姝蓉，2016：16），但每個人又是各自獨立的個體。

　　前述論及參與者之間的好奇理解和誤解，是由彼此「融入」（joining）（找到共同點）的情境中創造出來（Whitaker & Bumberry, 2016: 18）。當我們一個人在想像美好的境界時，這個懂我的視野就是一個美好的境界，如果所參與的團體能造就美好境界情勢下，相信這團體絕對能幫到所需要的人。

　　緊接著當感受到有被幫到的人，他的生命世界改變的程度有多大？鏡觀模式運用的聚思小組的目的，是藉由聚思小組的「鏡映效果」，促發成員與原生家庭的連結，尤其是牽連至負面經驗，甚至波及現在婚姻家庭及與親密伴侶或是其他家人之間的衝突。更有企圖的是對成員未來的人生及與其他人的人際關係都期待能改變，為自己營造一個新故事及美麗新世界。

　　我們的處遇模式目標設定是以合作式對話，使我們與成員生命持續發生故事的結合（Friedman, 2005：235），且以平權對待方式，無論是團體帶領者或是聚思小組，皆非以專家的角色身分，甚至彼此互為成員或帶領者身分，共同接受團體所創造出來的生命世界。

聚思小組就是在塑造「**美麗新境界**」的，那為何以此方式進行？以聚思小組立場，應該是屬團體外的另一個團體，但其角色又有點意思，前述有略提，聚思小組可共構團體的氛圍，也有提到聚思小組如被視為一個團體成員也不為過，又可說是第3個團體帶領者也不為過。

若以「空間維度」來說，就已是超越團體概念的層次，聚思小組的視域角度，類似從空中鳥瞰地表，對地面一覽無遺，更可全方位理解各自的成員、成員間及整個團體脈絡發生了什麼，因此可以在團體運作時，比傳統式團體做了更多的工作。

另聚思小組對成員的未來展望，時時讓成員深受感動，心裡也會湧起了希望，進一步推升成員更加融入團體動力中。也因聚思小組可以協助成員積極參與對話，更可以共同建造處遇的詞彙和語言，因而有此機會直接參與對話（Friedman, 2005: 322）。

試舉一例說明：當聚思小組於外圍觀察的時候，觀察到某一成員比較不講話，甚至他都沉默，經小組老師進到內團體的時候，他就講說：「哎，我看到○○哦，他在今天一個小時的團體都沒有講任何一句話，可是我看到他的表情，還有他皺眉頭啊，還有陷入沉思的感覺，我相信他內心一定有很多的議題在發酵。然後他在這個過程裡面，他沒有講，是因為他還沒有準備好。那我想說，哦，當他有準備好的一天的時候，他一定會跟我們講，只要他願意講，我們就願意傾聽。」

　　聚思老師在內團體時，運用了涵容的語氣，促發了成員願意與聚思老師共同建造良善的處遇空間，邀請他加入，此包容的態度增加成員們產生了深度感的視野，亦即是可促發成員對意念的探詢，向內心無限深遂，向外界無限高遠，產生自我啟示的自我給予（引自蔣欣欣，2015，頁78）。

　　另就多重視角的構成，好比聚思小組與成員共同交織成多色彩的「**紡織層圖**」。紡織層圖內的各部圖樣，就如聚思老師與成員經由對話中織出花色跟圖案。讓它變得更連貫而有意義（Friedman, 2005: 438）。甚而有些圖案是共構的「適當的不尋常回饋」，透過個案的世界觀中，使個案可以重新思考和重新想像問題和可能性（Johansson, Nyström & Dahlheim–Englund, 2017:745; Gehart, 2018: 388）。

　　此**適當的不尋常回饋**，縱使在成員獨自要衝破困境時，也可能未曾出現，而在與聚思小組的共構過程，不僅浮現出點點片片的花色與圖案，且透過聚思老師的回饋，將其具象化及連結，猶如視角立體化的呈現，這種境界也是鏡觀模式運作的核心精神。

　　前述提及「融合的視野」是從彼此「融入」（joining）（找到共同點）的情境中創造出來。以實例來說明：「嬰兒與主要照顧者間的互動」在兩者間的溝通歷程，雙方都扮演重要的角色，彼此經由猜測（正解與誤解的嘗試理解），逐漸有了共識或是「合意」，並且調整到一致的狀態，雙方共同創造出新的協調。如此互動過程，即使聚思老師所呈現對成員的理解，不像是成員準確的生命世界，甚至表述了與之

不同的語意（Friedman, 2005: 199-200），但在合意的一致化效用，我們創造出共享的理解，進而促發成員於經驗中轉化（張卉湄，2019：89）。

　　了解的過程就是「將自己沒入對方的地平線的過程」（Anderson, 1997, p.39; Anderson, H. & Gehart, D., 2010，p33）。此文本很貼切的將聚思小組與成員的融合視野，有了很入戲的闡述，好似心理劇中的主角與替身的角色及交換視角的看見。替身是藉由主角的述說，以同理的方式進入主角的生命世界，逐漸將自己沒入成為主角的「角色」，此時此刻，一起感受與思考，真實地相依相存（游淑婉，2008：9）。

　　此時猶如進到「觀」的境界，不只是看見自己（替身）看見的，也能體會別人所看見的，更容許彼此的差異（吳若權，2021：51），甚至產生了同理移情的相連結（林明照，2021：109），如此主角可以透過替身的展演，看見更寬廣的想法。

聚思功能範例

◆ 其實那個時候我就會覺得，這個成員他們都會專心聽的狀況下，他們都會覺得，他們是懂我的，他的表情和肢體語言看的出來。

◆ 會讓團體後面，因為Leader跟Co-Leader就懂得說他們剛剛討論的是我剛剛想要做的東西，然後如果那個表達的語言，又剛好是那個成員他們能夠接納的，我覺得那個感覺就是最好的，就是大家都可以融入在一起。

◆ 聚思老師講的話就好像就有點到我的內心，就好像跟我站在一起那種感受。

聚思老師分享語錄

◆ 所以有時候團體會營造出一種氛圍，好像讓大家……好像有人講一些讓大家有一點點……好像太沉重了，讓大家頭暈暈（台語）、意茫茫，講出一些東西，啊我是樂見大家這樣子啦！

◆ 如果有一群人在這邊，一起分享，或許就可以把整個事情看得更透徹一點。

◆ 「那種苦到底可以怎麼辦？」是每個來到這裡上課的人的共感。

❖ 濃縮現象

濃縮現象如同團體中的集體感受或是潛意識（鍾明勳、陳姝蓉，2016：18），其是「融合視野」的延伸版，團體成員為了共同的期待，而願意放下彼此的框架（蔣欣欣，2015：76），且將團體形成對自我的生命存在啟示，實踐於自己的生活世界中（蔣欣欣、王美惠，2019：7）。換句話說，當團體動力能帶動成員時，將團體影響個人的認知，與自己的生活聯繫起來（林沄萱、吳怡旻、黃久美、傅雅麟，2017：25），且也通過此方式，雕塑彼此的雙向互動，每個成員都可以將自己的過往經驗與之連結（Faddis & Cobb, 2016: 49）。

此種共同臨在的感受，歸結於情感基調的一致性。如以互動論而言，濃縮現象猶如特質選濾的概念架構（attraction-selection-attrition framework, ASA），是以「吸引」、「選濾」、「聚合」、「擴散」等四步驟（許育齡，2006：2），將團體目標的期望，透過團體動力方式，將成員吸納為團體共同體的一份子，進而形成「我群」的代言人，能將團體文化外化至人際關係及家庭生活中，此時團體流動似如成員生命與生活的學習場（蔣欣欣、王美惠，2019：14）。同樣的，以社會影響論而言，透過「傳遞」、「同化」進程（許育齡，2006：2），將成員變成「統一族類」，是儼然可將團體文化深化至成員的生命世界中。

如團體的濃縮現象儼然成形，成員會不自覺的創造了「**自我禁制**」的人際世界，此自我禁制是修正自己偏離的路線，將扭曲的信念，即是自動化思考，透過團體動力的調理，使其符合常規和有益自我及家庭的生活型態（吳秀碧，2019：36）。此階段的團體也進入了「共享關係」，成員彼此互為支持，也較少被使用「投射性認同」的成員所威脅，或較少攻擊那位成員（吳秀碧，2019：325），成員關係較之前更為緊密連結。

不過因濃縮現象是會減緩成員的衝突，有時也幫助了混亂的發生（Garven, 2011: 297），甚至為了團體和諧會特意壓制某些個人聲音（Young et al., 1997: 31），團體極化現象愈來愈明顯，對事情的看法或是意見，不用經過思慮的過程，已被視為理所當然（Johansson, Nyström & Dahlheim-Englund, 2017: 738）。團體中的所有人的思考更缺乏意識，即時有些成員自認理性在尋找應有的資訊，然得到的卻是支持共識立場的訊息（Nemeth, 2019: 110-111），到頭來也落了一個「從眾效應」的狀態。

　　此所謂的從眾效應是團體中具有同質性高的思想與行為，即使是立意良善，但因是遵循團體既有的錯誤方式，結果也跟團體中的其他人一樣（Winter, 2019: 255）。這種盲目認同團體，常可窺悉是來自於情緒壓力使然，而使成員改變了原本的認知理念與原則，此也稱之為成員的假自我狀態（Glibert, 2016: 257）。如此團體表面上，雖呈現「有在工作」的效能，但所得到的卻是一言堂思維。

　　為避免此狀態，鏡觀模式以聚思小組介入，且要求所有的聚思老師要秉持著深度的同理與接納，在認知上要貼近成員的真實／內在世界，理解成員的狀態。對聚思老師而言，「自身必須經歷了「我」位格的內觀，「你」位格的接納同理後，在「他」位格產生了苦難的普同感。」（引自金樹人，2018，頁131）。

　　具體來說，聚思老師運用了自我覺察，何因對自我產生了觸動：「成員生命故事最吸引你的部分。成員的表述內容，讓我印象深刻讓我有所觸動的是？團體內的那些跡象抓住了你的注意力？或捕捉了你的想像？」何因啟發了自我：「你如何因為見證成員及成員間的生命故事而受到感動、生命啟發？」（林祺堂，2022：103；Nadan, 2020:517）。

　　上述因為從成員到自己，又從自己延伸至成員，其中將自我與成員連結一起的，即是彼此相依的普同感。

聚思老師分享語錄

◆ 大家彼此在這邊交流，乃至生命的共振，等到我們離開這裡之後，帶著你剛才的祝福、老師的祝福，跟他的太太、他的孩子啊，或是整個人際關係會變得很不一樣，不管他們在這邊6次或12次，就會變成他生命當中可貴的寶石一樣。（我的改變：迎向未來-生命共振）

◆ 我覺得大家都有故事，我覺得故事都讓我們覺得很不解，然後又好像很委屈，我覺得也有一種好像我們也很害怕被別人覺得我們是不對的那種感覺，所以好像想要很快還原那個事情。（家暴事件-你）

◆ 越去回想越陷入之前那個心情。（家暴事件-他）

◆ 今天有一種感覺就是大家都表示，說了這麼多，又能怎麼樣？有很多的無奈。

◆ 我剛剛也想到大家在分享時，有一句話很貼切，就是「相愛容易相處難」。

◆ 他們都試圖要鞏固自己的婚姻，也試圖想讓自己的聲音被聽到。（未來的我）

◆ 我覺得今天因為是最後第二次，所以大家在談論自己生命的故事的時候其實會有保留，因為團體也快結束，擔心講出來，如果沒有被好好地收回去，可能也會有點受傷的感覺，所以我會覺得今天大家在講這個部份的時候是比較保留的；好像都講到一半就停住了（聚思成員點頭與說出），你也有這種感覺，今天團體有這種氛圍，但是大家都很投入，很願意。

- 心裡面對「家」是很在乎的。

- 我們的初心其實都是很單純的。

- 家庭真的會傷人，但家庭也是最佳的避風港。

- 越是想要堅強的人就越更需要被關心。

- 團體呈現和諧的感覺，像是有潛藏了什麼豐富的資源和寶藏。

❖ 共鳴

「當抓住案主語言的調性（產生共鳴），就已經開啟重要語彙，得以在案主的話語中找到弦外之音。」（Anderson & Gehart, 2010, p120）。

我們於團體進行中常會出現這個現象，就不約而同大家一起笑出來。大家心照不宣，忽然地感受到一致性的感覺；從某一位成員的話語中，不自覺的引發了其他成員心有戚戚焉的感受。這種感受是「當自然真情流露分享時，彼此相繫的共鳴感就會在團體中如漣漪效應般暈開」（引自李佩怡，2012，頁106-107）。

聚思老師在團體的「此時此刻」儘可能的同理成員，並且與成員的經驗產生共鳴（resonance）（Teyber & Teyber, 2017: 217；Allan, R., Klarenbeek-McKenna, M., & Day, D., 2019: 389），亦即是聚思老師不吝於分享自己的類似經驗或感受，與成員產生共鳴感，促發成員不再感受孤單（陳美碧，2020：2）。

　　我們為什麼會有共鳴？因為共鳴是來自於我們以前的經驗，瞬間（the moment-to-moment）就不自覺跑出來（Dahlberg, Dahlberg, & Nyström., 2008）。而發生於團體「此時此刻」的共鳴，對團體有很大的加成作用，因為會變成回應到前述所說的讓成員感到不孤單，也就是成員忽然被喚起了。成員新的洞察，或者是新的素材，經過共鳴後更加地結合在一起。

　　那每位成員在自己和他人的圖像中，會經歷到自身所產生的共鳴嗎？當大家都曾有共同的經驗和回憶時，有人從中觸發了記憶的節點時，瞬間就產生一個很驚嘆的語意「啊嗚」，那就是不由自主的共鳴，亦稱之為「強烈共時性」（synchronicity）（周立修，2023：20；Nadan, 2020: 511）。此現象在團體運作中有時候看到會感覺很好玩，或是其中有幾個成員因為共鳴，他們就不自覺地莞爾一笑，那個就是針對自己跟他人，同樣都有這個自身經驗，而被喚起的那個共鳴。

　　與之相反的，如果團體呈現出成員自說自話，不關注其他成員與團體狀態，就無法引起共鳴（蔣欣欣，2011：5）。值得一提的是，團體氛圍就必須營造出有情感反應的狀態，經由**情緒感染**（contagion）、**彼此模仿**（mimicry）與**有限度的制約**（condition）（許育齡，2006：2），以此開放對話空間，且不能有主體與客體之分，彼此於過程中互為影響（Friedman, 2005：98）。

　　甚而遠之，成員與聚思老師在自己和他人的圖像中，深邃看見了與自身經驗所產生的共鳴（蔡至涵、劉盈君、蔣欣欣，2022：8；Jonasson, Nyström & Rydström, 2017: 402）（人的生命場自然可以帶來一種共振（楊定一，2020：288）），亦即是對成員與聚思老師表述產生共鳴，是因為它本來在自身的頻率中，而此經驗將會衍生出新的素材與洞察（林瑞容，2021：31；Case & Dalley, 2017: 187-188; Nadan, 2020: 521）。

再次論述，當聚思小組於內團體回饋時，不僅能喚起團體內有類似背景的成員產生共鳴，也能將自己的經歷與成員連結，再度啟發成員思考空間。相對的，聚思小組於團體外圍時，聆聽著成員敘說這自己的生命故事時，聚思老師經驗到成員生命經驗中，有些與自己經歷相似，此時共鳴的經驗由然而生。

同樣的，當成員聽到了聚思老師的回饋後，感受到老師的同理和共鳴經驗時，啟發了成員改變的機制。以此共鳴體驗可能會讓成員與其他人的觀點聯繫起來，從而拓展自己的視野。當成員講述自己的故事時，聚思老師傾聽到與自己相似的經歷時，內心生起了共鳴。這也促發了聚思老師分享回饋時，被成員所接受，此為雙向共鳴（resonance）（Chao & Chen, 2023: 2-7）。

聚思小組經由共鳴中覺察自身：「讓我連結到我的生命經驗是？說出為何如此受到這些表達的吸引，特別著重在你如何理解這些表達觸動了你的個人經驗。」（引自林祺堂，2022，頁13）。

聚思小組功能範例

◆ 我們聚思小組的身分是否可以在進到內團體的時候，去影響到我們的成員，包括投射、自我揭露這些東西，可是他說這個部分他是有一個疑惑。相對的，當他所提出來的分享的部分，是讓整個團體有共鳴的，那個部分對成員來講，他認為效益會更大。

◆ 他們呈現出來得的議題，譬如說他們針對紓壓的共鳴，那我覺得這部分在補充自己的東西，就是抓主題，比較不是我自己設定這樣。

◆ 可能話多的我聽一聽，但是如果沒共鳴我就不太會講，但是其他人也會說。

◆ ○坊你剛剛說的是一個主體性？那我自己在聚思覺得可能有影響力的部分是共鳴。當有對話引起我有共鳴的時候，我會提我自己的經驗，我會說我的經驗是這樣，那他們的經驗是怎麼樣？這是我會嘗試以這種方式去影響成員。

聚思老師分享語錄

◆ 你的故事打動了我，我的故事打動了你，我們互相交流，即使有些東西講不清楚，但我們可以帶著這個聽到的故事，慢慢回到自己的生活裡，這是我看到今天團體最珍貴的地方。

◆ 可能這就是大家認為委屈的地方，因為才在前面幾次，還在討論法條的階段，大家的委屈比較容易起來。（家暴法律的認識）

◆ 沒安全感牽了一些線，引發大家心情的共鳴。

◆ 我們以5～10分鐘分享今天很精采的團體，我怕今天講太久，我先把他講一講（哈哈哈，成員回應：無人給你趕時間），我先回應大家的問題：現在的孩子是怎麼了的問題很好？）

第九章　催化團體進程

「人在何種情況下，對外界的理解或是接納程度最高。」這不僅是對自己和服務對象的內在，有了很實在的覺察，其起自人在最「**鬆**」的時候，或也可說是最「**暖化**」的狀態時，原本「習性」、「慣性」、「僵化」的盲區，較容易被呈現，且當揭露在眾人面前時，自我防衛心的啟動會被鈍化（延遲）。原本行走的路徑變得不那麼的自然，該試著走別條路的機緣油然而生。

上述的意境是鏡觀模式嘗試要做的，也是貫穿整個脈絡的依循。那如何去做呢？當然，團體的設計、帶領者的態度與技巧、聚思小組的運用原則等，皆是為此而發展出來的。再論述一下，我們將團體的精神與氛圍，營造出一畝肥沃的土壤（黑土），其藉由帶領者、聚思小組們，於團體前、團體進行中及任何與成員接觸的時光裡，不斷的展演著同理心、容許、彈性、自然狀態等，身、語、意的理解成員生命世界，又以自我涉入、賦能的方式，由衷期盼成員能在賞識的經驗裡，獲得了不同的經驗（路徑），再次回首面對曾經不堪的自我。

鏡觀模式也不忘記的，是來自於過程中的成員舊時經驗的投射，故透過鏡映效果將團體的實境，以增進連結、公開對話的方式，將其現況以歷程評論呈現出來。我們深切同理他們曾有的傷痕，也能灌注希望陪伴他們走著「**新的路**

徑」，這些有力的話語，來自於聚思老師和成員生命交會，共譜出來的意義詮釋（歸因），而因此所衍生出的動力，確實化解了成員於團體中的投射（化解僵局、化解獨占）。

我們非是完全的所能，但我們願意陪著耐心一起走。

❖ 面質

「面質」最重要就是對個案直接的澄清動作，另一功能是讓成員聽見聚思老師的**看見**。當處遇過程覺察到成員某些不一致訊息的時候，聚思老師就會以面質的語氣，與成員澄清語意或是認知盲點。因此聚思老師首先於治療中要專注的傾聽，覺察細微中的不一致性（Andreas, 2023: 15）。此一議題很重要，當進行得宜時，能更快速消融成員對團體的抗拒。不過有時也要小心，當面質發動時機不宜，或未釐清脈絡狀況，會造成成員對澄清的反彈（吳秀碧，2019：259），因為有時候面質是挑戰成員最核心的價值／信念部分，所以面質要慎重。

聚思小組運用面質澄清或是駁斥成員的不一致性語意或是認知時（1.非語言行為。2.之前所陳述的內容。3.行動。4.客觀情境。5.顯著的遺漏或漏洞。（吳秀碧，2019：326）），因位置與原團體有多了一層隔離，其現況猶如多了緩衝墊的保護。加上聚思小組運作中，受限於當下的角色，不能與外圈的成員對話，雖仍在團體的空間裡，但氛圍不似團體帶領者跟協同帶領者的位置，擔心因面質而產生立即性的衝突，而造成整個團體氛圍降下來。

　　所以當聚思小組提出面質的時候，外圍的成員一定會跳出來立即性的回應，而成員這立即性回應，聚思小組沒有接話，聚思老師只能繼續面質，此時的回應人是同為聚思小組的聚思老師，這一層的回應內容絕對較成員有治療的意義在裡面。這裡在強調有關人性的部分：「當人被質疑時，通常都會立即性的去回應，然這立即性的回應，常常就是把自己在外面的人際關係直接呈現出來，惟此刻大多是直接防衛去把它講出來，且會用以前慣性的方式去做反應，所以其實是沒有什麼樣的治療效果。」

　　可是當聚思小組不搭理成員的反應時，成員因沒有得到想要的回應，成員就會在自己的內心裡面產生一個小劇場。為什麼他這樣子看我？我到底是哪個部分有狀況？這裡用上一個比喻，成員聽到有人在討論自己不好或是有疑惑時，會造成如同是一個燒開的一壺水，當你回應他時，就好像把那個蓋子掀開，結果蒸氣就可以跑出來，那就是他的慣性，可是我們看到他的狀態，我們還是不把蓋子掀開，讓這一壺的水就在裡面繼續地滾動滾燙，這滾燙就由他自己承受，大家自己去瞭解那個內心的變化。

　　所以這部分是我們在做的一個獨白部分，是一個很重要的效果，這個角色讓聚思小組來做，迫使成員變成一壺滾燙的水，促發他自己覺察到熱水滾燙的不舒服，使其自己產生真正掙扎的狀態，再思考如何去調適他自己，自己審視被看見不一致的部分。

　　這個地方有點意思，我們常常看到，外圍成員馬上就會在外面想回應，但聚思小組是不能對提問的成員回應，此刻成員就開始自己想說奇怪，為什麼「聚思老師這樣子看我」。另聚思小組也會針對個別成員提出不一致或逃避之處，這也是面質核心，或是提出相關徵兆的問題，這徵兆就是造成家庭發生衝突事件的因子。聚思老師隔著一層空間面質成員，又不回應他，這時候會啟發他自己內心小劇場的運作，讓他自己去省思。漸漸的去想像，自己為什麼被人家看見這個地方，終至自己理解事件的成因。

　　有關不一致的部分，包括非語言的行為，比如有些人講這件事對他沒有造成困擾，可是卻現出皺眉頭的情形，或者手指不自覺地摩擦，或是身軀變的很僵硬。另有些語意內容與之前所陳述的內容不一致，這些細微差異都被聚思老師看見。再深層一些，如以客觀的情境來看，在成員主觀意識裡確實會產生不一致的現象。對外人而言，成員的意識表示是顯著的缺漏。比如，表裡不一致的狀態，上述面向都是聚思小組在面質時用以觀察的依循。

　　面質時可和其他團體成員的反應相互認證，以自己觀察面質成員，也可促使「投射者」（團體成員）思考自己的行為（吳秀碧，2019：326）。而就聚思老師的角色而言，運用面質對成員的投射行為有所衝突時，會採用較涵容的態度與之對應，所以不似成員在外界所經歷的矛盾及怨懟，而採取了逃避或攻擊的方式，致使彼此關係更形惡劣，在此時此刻所產生的容許，幫助了成員重新經歷與往昔不同的感受與經驗，將有助於成員未來的人際關係。

　　想像一下，成員為了堅持某些過往滲入的僵固信念（重要照顧者或重要他人的**濡化**），致使他咬緊牙根把自己封鎖起來（賴佩霞，2021：25）。久而久之，他已習慣這些框架與行事作風，此時有聚思小組的介入，透過面質的探詢，解構了這個念頭，就是希望能把停滯的能量解開（賴佩霞，2021：179）。

　　鏡觀模式企圖打破問題的表層，如此才不會讓整個處遇失能（Willott, Hatton & Oyebode, 2012: 184）。因此藉由聚思小組營造了安全的團體氣氛，並以面質的方式，將團體內隱而未說的狀態，提出澄清與討論（楊雅嵐、李玉華，2017：180；林子榆、張庭瑜、羅家玲，2021：136）。以例子來說，當面對疾病的認知，治療師以面質方式，嘗試瞭解疾病對患者可能用處或是心理動力的意義為何，這對患者來說，已不單是病理層次的議題（Messias, Peseschkian & Cagande, 2022: 39），更深入的已涉及自身的脈絡層次。如此的看見與理解自身的狀況，將可進一步深化成員願意更透明的坦露自己。

　　另面質事涉雙方溝通訊息的理解議題，當彼方有疑惑之時，發話方澄清所欲表達的真確內容，並時時核實彼方是否真正理解，而良好的彼方（接受者），也要確實有效地澄清與核實，表述自己所理解的部分（楊雅嵐、李玉華，2017：168）。而面質又有一點「探問」的意味，倘若以保留開放退路的方式，成員會自動卸除防衛，願意容許更深層的討論。

　　此時詢問的句子，參照學者吳秀碧（2019，頁302）引用Zimmerman（2008）的歷程闡釋步驟：「1.這就是你的行為；2.這就是你的行為讓他人的感受；3.這就是你的行為如何影響他人對你的看法；4.這就是你的行為如何影響你對自己的看法；5.你對自己所創造的世界感到滿意嗎？」

聚思小組功能範例

✦ 可是今天是由聚思小組的老師，把他形容成刺蝟，可是
實際上對於他來講的話，他是有感受到自己比較被外
人看到那一面的感覺，他就比較不會有那種衝突，或是
即使有衝突，至少不是我今天在團體帶領者，就減低風
險，把他整個降下來。

✦ 當裡面的人講的比較面質的東西多一點的時候，就是嚴父
嘛！反而L就好做人，我就做好人這樣，我自己是這樣看
啦！我就變好人，壞人你做完了，我自己比較這樣看。

聚思老師分享語錄

✦ 剛才○○說來這邊是一種很痛苦的回想！

✦ 我坐在那邊時候，心情一直很沉重，因為我今天都一直
感受到你們今天的話題一直繞著一個東西在流動，就是
好像我們覺得我們好像是為你好，我們是對你好，可是
對方有沒有接受，那我們對你的好，是不是對方認為的
好。（家庭結構的認識）

✦ 包括○○最後講的東西，雖然他說每次下課我都是笑笑
的，但是那個笑讓我覺得好心酸。因為笑有很多種，我
覺得那個笑我看不到從心裡面的笑，我覺得他就告訴你
我會笑，可是那個笑是從心理面發出的笑嗎？

◆ 我覺得我在旁邊聽了，我也覺得很急，剛才2位老師一直會提醒○○說，你會想要跟你太太說什麼，我發現○○會一直停留在某個部分，會一直說「時間到再說」，反正明年沒了，我坐在那邊很急，我就一直在那邊算，8個月很快，重點是8個月當中，保護令是1年，我們已經過了4個月，為什麼○○會有這張保護令的判決書他也不知道，他如果不知道他只能停留在那個時候，那他接下來4個月也是空白，那他8個月要怎麼走下去，我相信他太太的心裡面會不會是不一樣的想法，或許他太太是個沉澱的時間，2個人是不是能夠同步走，對夫妻來講是一件非常重要一件的事，未來的8個月我非常篤定，可能未來老師會再和○○談，「時間到再說」這是沒有問題，重點是在你在這8個月，你到底有什麼期望？你有沒有去期待你太太會有什麼期待？你會有什麼期待？如果你完全沒有想法，那過去4個月、未來8個月其實就是沒用，那你到了8個月之後，所有的事情事沒有改變的，對婚姻我覺得幫助不大，我會覺的他冤枉的走了這12個月，也冤枉了在我這裡走這12個月。（現在家庭星座圖）

◆ 這個團體不是想要改變讓暴力產生，而是讓相對人可以快速的回到生活避免讓事件再次發生。

◆ 我在故事裡面聽到好像女性或者是孩子好像比較會去用法律，聽起來比較是這樣子，可是每一個故事聽起來都不太一樣。

◆ 大家對於法的理解這件事好像不太清楚，剛剛老師講的比如說騷擾的部分，有提到一些案例的狀況下，他們才好像突然知道說原來是這樣，如果沒有這些案例可能還不清出知道狀況說我到底是發生了什麼。（家暴法律的認識）

◆ 男生好像比較不知道家暴法可能對自己也有保護。（家暴法律的認識）

◆ 有時候界線跟底線好像要去想一下、釐清一下。（現在家庭星座圖）

◆ 他剛剛講的是有矛盾的，他希望太太多注意他一點，但是看看太太好像想要保有他的空間，就變成像拔河賽。（現在家庭星座圖）

◆ 婚姻是簽一個契約，我簽了契約之後就完全變一個人，簽約又不是一個迷幻藥，怎麼會有這種事。

◆ 不得不選擇一個迴避、逃避的方式。（重要照顧者與我：家庭動力-逃避）

◆ 不要覺得自己覺得沒什麼，但小孩都在看。（代間傳遞的影響：家庭動力的複製-社會學習）

◆ 當兩個人住在一起，就算有保護令，不可能兩個人都當陌生人。

◆ 看大家好像過得很不好，但是又用哲理的東西把它蓋起來，好像就沒事了。

◆ 沒有學過怎麼被愛，要怎麼樣去愛，是一種挑戰。

◆ 我們怎麼會有機會讓別人誣陷我們？（家暴法律的認識）

◆ 大家在關係裡面都不是想要搞砸，但好像在表達上面都會有很多誤會。（家暴事件-他）

◆ ○○一直在說自己會很同理別人，但我就在想如果一直在照顧別人，是不是就是在委屈自己，當委屈到一定程度的時候，是不是自己也會受不了。（家暴事件-他）

◆ 我覺得大家有一點矛盾，一方面會收到保護令會很生氣，但一方面又會懷疑是不是自己做了什麼，才會導致今天這種局面。（家暴事件-他）

❖ 同理心

　　相信每個人都具有相當程度容納他者的能力，換句話說，我們雖然跟他人是擁有不一樣的生命世界，然而卻能包容不一樣的生命世界。因「**人有能力去感覺**」，這個感覺有發揮同理心的能力，進一步說，人是有能力去探尋他人的感覺（Seikkula & Arnkil, 2016: 149），簡單的說，每個人都有一個同理心。無論是專家學者或一般人，其實每個人都具有對他人的同理能力，只是專家善用技巧性的應用，所以專家就更有能力去探尋他人的感覺。

　　對同理心的理解，就好像「經由他的眼中去看待他所看見的世界」，這句話饒富深意，倘若我們能夠戴著他的「視框」看待他的世界（Trull & Prinstein, 2017: 503），那我們更能了解這個人在看待外面世界的脈絡是怎麼一回事。說的

更直白些，就是「我有能力穿著他的鞋子，去感受他走過的路」（「穿著他的軟皮鞋走一英里」（walk a mile in his moccasins）（Andreas, 2023: 28））。那你有能力去穿他的鞋子？這個語意的形容詞就是專業的訓練，這就是訓練自己有能力去從他眼睛看外面的世界，及怎麼有能力去穿他的鞋子來走他走過的路。

對於接受團體處遇的家暴加害人來說，目前他對自己處境的認知是非常挫敗，甚至有些成員認為「他是罪犯」，因這標籤迫使其意志消沉、怨恨他人。如何與之對話，有較多複雜的考量於其中，如何同理他們感受和看法？如何同理他的窘境及他所面對的艱困世界？同理他的狀態，了解他的脈絡，但又不是接受他的扭曲化認知。

成員的抗拒可能源於恐懼，甚至害怕親密接觸，也因為這些恐懼，導致成員會用抗拒來保護自己。所以彼此應先互為接納尊重（洪雅鳳，2004：23），此首要的工作重點，就是讓聚思小組能親身涉入成員所經驗的生命世界，當聚思老師可從成員身上看到成員的痛時，就可醞釀出成員的自控權。

當成員能掌控導致自己產生負面認知的因素時，團體抗拒就降低了（魏嘉伶、周彥伶，2019：9）。所以聚思小組如能運用同理心時，是可解決團體抗拒所產生的負向成本。當聚思小組能理解個案的心理狀態，及其看待事件脈絡的視框時，才能真正的了解這個人：「他不是壞人，他只是在過程裡面，他走的跟選擇的路是不對的。」

有一句話講述：「<u>讓成員看見治療師的看見</u>。」（陳淑芬、陳秉華，2018：27），以此為起點再往更深層的推展，即是讓成員感受到，聚思老師口中的句句話語，都有對上了成員的感受和看法（Seikkula & Arnkil, 2016: 149），並從態度上顯現出專注聆聽著他們的故事，猶如深處他們之中的位置（吳秀碧，2019：40；Seikkula & Arnkil, 2016: 74；Johansson, Nyström & Dahlheim–Englund, 2017:742）。

上述為鏡觀模式的推行重點，也是對聚思老師的期許。唯有擅用同理心，才能與成員產生較深的連結（Rashid & Seligman, 2023: 90），並真正的發展同盟關係，亦即是彼此互為「治療同盟」時，就會產生強而有力的療癒歷程（吳秀碧，2019：401），彼此能有更深層信賴感。

換句話說，就是「**同理的了解**」（empathic understnading），這也是建立聚思老師／帶領者與成員建立同盟的基礎，更是人際歷程改變的關鍵因素（Teyber & Teyber, 2017: 65）（同理的了解超越表象，會觸碰到案主所隱藏、迫切需要或不被接受的自我。這是非常不同的回應，而需要治療師仔細覺察案主話語中關鍵的擔憂或核心意義－覺察案主的想法與感受；有效地將他的了解傳達給案主，讓案主感受到「我的治療師真的懂我！」（Teyber & Teyber, 2017, p65）

這對成員來說，因自身被聚思老師看見與理解，就更自發性與團體連結，更願意投入改變歷程（Teyber & Teyber, 2017: 64）。例如：「孤單的把妳嚇壞了……我可以了解。」、「聽起來如果談論妳如何處理跟○○的關係，妳也害怕被我評價。」（Teyber & Teyber, 2017, p212）。

　　以鏡觀模式對聚思老師於「同理心」的期待，是將自己的感受融入（in feel- empathy, em=in, pathy=feel）團體／成員內在裡，其顯現的理想狀態，則是我自身進到成員的世界，站在他的立場，瞭解他的觀點及感受（恐懼、憤怒、緊張、困惑）（游淑婉，2008：8），而成員也能感受到：「聚思老師可以懂得我所說的」（侯南隆、李玉嬋，2012：199；陳宏茂，2021：24））。

　　如此的境界，就如同鏡映效果的顯現，而同理心即是「情緒鏡像細胞」（Winter, 2019: 56），將「鏡中的我」（聚思小組）活現出「鏡前的我」（成員）的樣貌（過去的我（小時的我）、現在的我（困境的我）、未來的我（正向改變的我））。倘若成員願意看到鏡中的自己時，已啟動了成員探索自己、發展自己，代表著自體（self）有了突破困境的動力（周勵志，2020）。

　　上述效果學者吳秀碧（2019，頁401）曾說過：「同理心和積極的認定，可提供當事人一個不同於早年的成長經驗，也就是提供矯正性情緒經驗。」這就是聚思小組能映照出最佳的結果。

　　也因此理念，聚思老師已銜具了同理心的功力後，自然可透析到成員已經為了解鎖自己小時候的困境（童年逆境經驗（childhood adversity））（Harris, 2018: 42）。他們做了什麼？也瞭解到成員從重要照顧者那裡習得的信念、態度，並清楚知道整個問題的來龍去脈（Young et al., 1997:35; Elliott, Bohart, Watson & Murphy, 2018: 400）。因此，聚思老師於內圈分享時，更容易貼近團體與成員，其所擴及之影響具非常大的效果。

有一疑問在此必須嚴肅的聲明，每一個人有其各自的制約性，亦即是各有各的執著，所以一定要做到「理解當下我不再鄙視「固執」的人，反而能同理他眼中對「擇善」的堅持。」（引自賴佩霞，2021，頁21）。未何會說及如此，就實務工作的我們，在貼近和探索成員時，對自身及成員的情緒經驗和情緒呈現的複雜度（Johnson, 2022: 74），確實會受到主觀性的影響，即使再理性的專業治療師，仍然受到自身的「我執」，而無法真正的透過理解，及對成員產生深度的同理心。

不過要自己相信，在互為主體之下，探索著成員生命歷程時，反饋於聚思老師的內在，必然兩者會激發出「自性自悟、心體新體的新思維」，在當下的環境中，彼此有了深度的連結、互為守望（蔡至涵、劉盈君、蔣欣欣，2022：13）。

> 「聚思小組與團體成員能共構團體意境，其主要是因彼此能完全坦露內心悸動，且不是隱藏在緊閉的門背後去理解問題，整個團體過程，皆是以凝視的方式，專注的用自己生命經驗與所學，理解成員所處的生命世界樣態。」(Willott, Hatton & Oyebode, 2012, p184)。

聚思小組功能範例

◆ 那○坊後來分享的東西就會很深刻，那很深刻就是連我如果是他都會心理面覺得很難過，那我覺得那個成員也會很受用。

◆ 其實他們都知道從家庭到社會發展，其實他們是被批評
　是比較多的，就像剛剛〇萍跟〇穎講的，如果他們今天
　假設在聚思裡面他們聽到的是這群人是可以理解我的，
　而且他們又不太批評我，但是他們的提醒，其實對我是
　很重要的時候，他發現其實對，應該是這樣，應該是那
　樣，我是不是可以從不同的思考去想的時候。

聚思老師分享語錄

◆ 我要怎麼去兼顧剛才幾個大哥講的，阮兜家庭、阮兜工
　作（台語）……就是在家裡發生的事，不全然是我……
　有得時候是跟爸爸，有得時候跟爸爸吵架（台語），是
　誰對？誰錯？真的很難講，真歹講誒（台語）。（重要照
　顧者與我：家庭動力-衝突）

◆ 我感覺他想說出自己的委屈，讓自己感覺在這個地方得
　到平衡，也感覺得到他的憤怒，跟他覺得委屈。（家暴事
　件-我：自我涉入-自我迴響）

◆ 哪個感覺好像是不被信任的，好像自己什麼都做不好。
　（重要照顧者與我：投射性認同）

◆ 我是被人家當成壞人、受處罰是個怎麼樣的心情。

◆ 意思是你覺得這麼氣，其實是難免的。（代間傳遞的影響：
　多代情緒傳遞-焦慮的傳遞）

◆ 我看到〇〇一直沒講話，但是我感到一種無奈。我猜那
　種感覺是一種啊就是這樣啊，能閃就閃。可是又有一點
　委屈。（重要照顧者與我：家庭動力-逃避）

◆ 很委屈，很冤枉要幫自己說說話，但是又很沒辦法為自己多做或多說一點什麼，所以又很怪自己。怪自己做得不夠好，又覺得很冤枉。（重要照顧者與我：投射性認同）

◆ 我只是想要跟你講心情，但你為什麼一定要幫助我改變。

◆ 誰敢說自己已經放下了。

◆ 會想要爭一口氣，我覺得這是一定會有的。

◆ 他很努力找工作、找事情做，盡量減少衝突，內心其實是很替媽媽著想的。（重要照顧者與我：家庭動力-親職化）

◆ ○○剛剛講了30分鐘，很努力說出自己的情況。我想○○可能也覺得大家都沒有聽懂，他今天應該會很挫折。（家暴事件-他）

◆ 所以我佩服，敢跟團體講說，這是蠻大的勇氣，確實再把自己再收回，下課時那個傷心的情緒，會像洪水一樣。

◆ 我付出那麼多，卻沒有被看到。（希望自己的付出能被看見及被重視）（家暴事件-我：自我涉入-觸發想法）

◆ 對未來的家會有憧憬，但又怕希望落空的那種空虛與恐慌。（未來的我）

◆ 我今天摔倒了，是不是代表我無法擁有一個家。

◆ 相處時總很難表現出自己的憂鬱，因為憂鬱好像就是認輸了。

◆ 有時候會想講話，但卻沒有太多時間講出自己到底是發生了什麼事情。

❖ 容許

　　聚思小組要「練習成為一個安全的觀察者，且要具有接觸創傷身心經驗中的深度感受，也就是深深的同理，就有機會達到身體機轉（body shift），使受創者覺察創傷經驗在身心中的存在狀態，進而轉化逃避依賴的慣性傾向。」（引自張卉湄，2019，頁89）。這段描述治療實際的場景與「正念」（mindfulness）實現的介入方法是非常契合。透由正念將自己練習成為一個安全的觀察者，面對這些思緒混亂的思緒、感受，跟它保持一個距離，臣服它的存在，參其存在狀態裡面你的感受是什麼？在整個過程裡面，不須做什麼樣，就是你，你看見了你安然存在－「不干涉」，這就是正念的運作方式。

　　當聚思老師成為安全的觀察者時，鏡觀模式中的鏡子（鏡中的我）才能不沾染，且能無遠弗屆的照射成員的生命歷程。為何如此，一來是將聚思老師的「容許跨度」更加大伸展，亦即是將自我臨在（Self-Presence）的能量發揮最大化效果，此時聚思老師更容許成員以自己的速度前進（張卉湄，2019：89）。二者是因聚思老師的容許，促發了成員敞開心胸，願意表達被壓抑的情感，且接納了聚思老師的進入，成員改變的可能性就更增加（陳淑芬、陳秉華，2018：34）。當容許變成了鏡觀模式的日常時，團體療效進程，不知不覺中就已啟動了。

　　而容許帶來的效益，常可在團體中看見成員較易坦露自己外，其中也有信任的味道存在，因彼此的關係變得更緊密，凝聚力也增強了，成員也逐漸消融了自我抗拒的張力（洪雅鳳，2004：22）。如此聚思小組的容許態度，改變了成員對團體的詮釋，也產生了新的觀點與理解（李素芬、金樹人，2016：486；Johansson, Nyström & Dahlheim–Englund, 2017:743）。

學者吳秀碧曾舉例嬰幼兒與母親的情緒歷程，當母親是嬰幼兒的情緒外在容器時，母親會包容嬰幼兒的情緒，而非拒絕的態度，所以嬰幼兒才能適性的發展（吳秀碧，2019：342）。同樣的，聚思小組雷同母親的角色，對成員的情緒歷程，也是以包容的態度，對待成員莫名的情緒，而以此的包容，也是容許的精神象徵。

也因鏡觀模式以容許為帶領團體的方式，成員自發性的將擔憂之情事向團體坦露（Teyber & Teyber,2017: 121），即使有負向反應出現，聚思老師有接到這個情緒（負向反應），仍可於內團體中分享，並回饋正向經驗、想法（Kerr, 2020: 106）。這就如同前面嬰幼兒（成員）與母親（聚思小組）的關係連結，**我們的不沾黏，就無自動化的反射動作**。所以允許成員的防衛性，畢竟成員汲取危機的意義，是在「潛意識」層次中進行，所以我們接受，並能體諒成員早年時期（童年逆境）的辛苦（舊的創傷）（湯華盛譯，2021：19；Lair, 2007: 54）。

另團體的效用是解決成員所遇到的困境，而非是試圖將自己的態度或看法加諸在其身上，或是填鴨式的堆積知識給某人，完全不在乎他人的感受（蔣欣欣，2021：23）。況且團體的存在，不就是促發成員願意將傷痕呈現，並願意與他人建立關係，療癒自身傷痕的安全處所嗎？（蔡至涵、劉盈君、蔣欣欣，2022：12）。

因此，當團體氛圍是有容許的味道，每一種回應皆沒有對錯，且可溝通無礙（吳若權，2021：536），這種容許（容受性）是更能進入他人的脈絡，同理到他人的生命世界（林明照，2021：112）。

聚思小組功能範例

◆ 聚思小組在談他們的個人的部分的時候，即使他的行為是錯的，但是聚思小組並沒有針對他們的行為做一些批評，反而去關注到他的內在可能有什麼樣的原因導致這樣的一個行為。

◆ 剛剛○曼老師講的停滯，是一個容許，還是說其實是目前的狀態就卡住，就是一個現象。……其實○曼講的就是焦慮到接受，我們的一個效用就是，將原來停滯的一個焦慮狀態，經過聚思小組的一個進去之後，就變成是一個接受，接受那個狀態。

◆ 就是會等到在團體的最後，他似乎願意透露出，即使是到第十次他才這樣子，那也能夠去包容跟讓他就是順著他最後……雖然只剩最後兩次，可能那裡面也有他的團體成效的存在。

聚思老師分享語錄

◆ 我知道○○現在目前為止正在努力的在找工作，○○也希望帶著這個自信的笑容，好好的努力去往自己的目標發展，往自己的目標發展的過程當中也許並不是這麼快，也不是這麼的容易，有時候可以來個man's talk 慢慢來可給自己一個時間。

◆ 這問題他可能需要想一輩子。

◆ 「柳暗花明」、「撥雲見日」，團體是不是可以期待幫助大家做到這兩件事情，讓大家知道過程發生什麼事情，以後可以如何避免，避免再被給一次，為何被法律搞，如何避免。（未來的我）

◆ 當包裝紙拿掉時，不管是自己拿掉或是被別人拿掉的差距是什麼，都是放下與寬容。（我的改變：迎向未來-納受想法）

❖ 彈性

倘若硬要把圓滾滾的經驗擠進去方方正正的洞中，此時會變成進退不得（Friedman, 2005: 232），所以運用理性的知識及保持對人的感性（鍾明勳，2017：2），這個就是彈性的概念。

「……像『放風箏的人』，手中的線拉著團體中的每個成員，學習慢慢放線，放線時也要注意不是長長的線就好了，順著團體的風向也要適時地將成員們拉回來，才能帶領成員一直飛行。」（引自蔣欣欣，王美惠，2019，頁13）。

聚思小組功能性如同帶領者放風箏的手上「輔助感應」，當風箏放線時，團體成員是可飛的更遠（帶領者為增進成員的動力或自我效能感，鼓勵成員自發性分擔治療歷程責任（Teyber & Teyber, 2017: 81））。然如無限制的放手，風箏因受力不足（次團體及抗拒），瞬間就有可能墜毀，此時就由聚思小組發揮警示功能，在適當的時間拉緊風箏線，使其恢

復受力平衡，繼續飛的更遠更高。在此，聚思小組對團體氛圍賦能，使其氣氛變得柔和、有彈性，非僵化照著制式的團體規則進行，風箏沒有改變，改變的是控制風箏的手（蔣欣欣，王美惠，2019：13）。

當團體氛圍變得更有彈性時，將會影響成員嘗試其他原本不熟悉的角色，且不會有違和感（湯華盛譯，2021：21），也就是將成員僵化的基模（自動化信念），變得有彈性與可以重新模塑，給予成員賦能，做出他們即將決定的改變（Teyber & Teyber, 2017: 204）。

上述的功能性如何達成？只因聚思小組可擔任「好的容器」角色，也就是好母親的容忍度，這個立基點是因與成員在內外團體所建構的緩衝效果（又稱「良善空間」）。當成員對於聚思老師有負向移情時，聚思老師在內團體的位置，沒有報復回應，也沒有離棄或疏離成員的連結，致使成員內省自己當下的自我，促使成員得到修復和療癒（周立修，2022：1）。因這個彈性的聚思小組位置，所營造出的微妙關係，成員獲得學習，並可以安全的表達較多元和較寬幅的情緒，原本僵化（不安全）的依附關係，變得較有彈性（吳秀碧，2019：383）。

當聚思小組能營造出「良善空間」，且自身位置能彈性的走位，這對團體就是一件好事。而所謂的「**走位**」，指出聚思小組在團體中既是隱身存在的帶領者，也具有成員的角色，另也是全方位的觀察者及團體的跟隨者（蔣欣欣、廖美娟，2021：17）。因此，聚思小組在協助成員向內聚焦時，展現了自身的彈性，也帶動了成員開始運用內在聚焦（Teyber & Teyber, 2017: 160）。

　　這層效果直接說明了鏡觀模式鏡映效果的精髓，促發成員看到「鏡中的我」之動機。我們也期待成員願意持續注視著「鏡中的我」，並非只在當下，而是能終其一生的歷程（Glibert, 2016: 135）（鏡觀模式團體作用是開啟了凝視，而整個未來的功課留給成員決定（吳秀碧，2019：260））。

聚思小組功能範例

✦ 我們幾個Le和CoLe，我們在場的幾個，其實大家的開放度都是OK的，也都是彈性的。

聚思老師分享語錄

✦ 其實他真的有蠻大的轉變，過去是他不能打給太太，可是現在他太太要打給他了，我知道這裡面有很大的變化，他也有很多心境的轉變；還蠻期待在接下來的幾次，會聽到他跟我們分享。（家庭結構的認識）

❖ 自然狀態

　　當人在自然狀態時，會不自覺的降低反應性的思考，代之而起是自覺性的反思，此時的感受較以往深層及敏感（Dahlberg, Dahlberg, & Nyström., 2008），其場景有點類似感性的氛圍。在此氛圍下，所有參與者都覺得自然自在的方式說話和行動（Friedman, 2005: 43；林瑞容，2021：30；Faddis & Cobb, 2016: 49），即使在互為試探、衝突時，也感受到舒服自在，可

無擔憂的說出自己的需求及感想（Toseland & Rivas, 2017: 362）。這種氛圍透過聚思小組於內團體時的展現，可直接影響到成員，讓成員間接於團體討論時，也深有同感的進行分享。

聚思老師自我覺察式的分享從成員身上所看見的訊息，有些是以轉譯的方式，或是重新框架的語意，將其重新敘述展現，有些則統整自己的經驗，與之塑造共同的生命體驗，亦即是進到成員的角度來瞭解經驗，這些的表態行為，皆是非常自然的呈現（楊雅嵐、李玉華，2017：182；Young et al., 1997: 30; Lair, 2007: 258），經多次的看見聚思老師的真誠分享經驗，一切變得更熟悉及更加適應此表達方式（Allan, Klarenbeek-McKenna & Day, 2019: 393）。

也因此一如在社會情境和他人互動一樣，團體內將看見他們在外已禁制（inhibited）的人際世界（吳秀碧，2019：36），當以自然的方式於團體中互動，團體中會有多元的交集，比如擬真似的親子權威議題、手足競爭、配對、結盟、疏離與孤獨及衝突等議題，也有「英雄」、「競爭者」、「疏離」、「代罪羔羊」、「共生」等家庭常見角色（引自吳秀碧，2019，頁36），皆會在團體中角色身分交換呈現。

聚思小組功能範例

✦ 我會留意就是在治療師帶領的過程中，這個成員是怎麼選擇回應，因為有時候其實是問話的過程自然的回應，但是有時候是藉由其他的成員引導他回應，就會留意他出來的時機是什麼。

✦ 注意對氛圍催化⋯⋯聚思比較熟後，就開始閒話家常，當那個聚思越能閒話家常的時候，團體運作就會越有流暢，就是比較自然⋯⋯我跟他如果越自在，下面看的就越自在，如果我們很像是舉手發言或是念稿，或者是道德勸說大會，我覺得團體就會卡。

✦ 我想認同〇霖講的，我覺得如果在那個當下可以感覺到氛圍， 大家是真的在一個很自在的聊天，然後去分享的話，那我相信我覺得在對成員他們在接下來他們自己的運作也會有很大的⋯⋯當內團體在討論的時候，就是那種彈性跟氛圍就變得很自然的時候，那個開放度，其實在對談裡面你的那個訊息，他接收到的部分是因為⋯⋯他所理解的部分會更清明，更清楚。

聚思老師分享語錄

✦ 新的成員進到團體的時候，他們可能的心情是什麼？可能進來的時候發現，已經有這一排坐了學長，而學長們又跟老師有說有笑的，一定覺得很⋯⋯不知道大家怎麼看？⋯⋯或什麼⋯⋯又是因為保護令而進來，我在猜一定有很多不安與疑問。

✦ 既然我們已經來到這裡，我們就把過去的事情，慢慢地去面對。

❖ 流暢度

　　鏡觀模式的運作重點是促發團體氣氛變得較為輕鬆，甚至是改變「非自願性案主」的抗拒，導引停滯不前的對話重新開始（Friedman, 2005: 47）。這裡是藉由聚思小組於「內團體」時，結合聚思老師自身的經驗，與看見成員問題的背後脈絡，再使用貼近成員習慣性用語，且因聚思老師是以中立、不評價和不使用負向語言，營造出足夠安全的氛圍。

　　所使用的對話也較具溫和、有趣，聚思老師彼此也能和睦的意見交流（陳淑芬、陳秉華，2018：27）。因此表現出來的場景，就是大家很專注的聆聽著對方，尊重對方的發言，維持著彼此都覺得可以自在的溝通（Friedman, 2005: 71）。

　　由此瞭解鏡觀模式採用聚思小組介入團體，其用意是透過聚思小組與成員彼此交互影響，增進了彼此的視野和拓展，並且因差異化的看見，更提升了原進程的速率（Olsson, 2014: 163-164; Allan, Klarenbeek-McKenna & Day, 2019: 396）。有時也能重新驅動已被卡住的系統，並催化出足夠的關注性，且能以較溫和方式及被認可的同在，而獲得有效的進展（Willott, Hatton & Oyebode, 2012: 183）。

　　唯此，想像一下，鏡觀模式的團體運作，就好像與心理劇雷同，其經由聚思小組對團體的行進歷程（參與─投入─表達聆聽─省思嗣嚼─選擇─整合（引自林筱婷、杜恩年，2017，頁79）），不僅是在當下的暖身，且也為下一個進行方向鋪陳（曲慧娟，2008：2）

　　這裡有一件事，想與有機會加入聚思小組的伙伴共勉的。倘若如能在擔任聚思老師的機會時，當進入到內團體分享自己的看見與理解。因為此時此刻的氛圍，牽引著自己與同為聚思的伙伴，此刻的自身已非是前一刻於外圍的狀態，而是透過自己的闡述，將您的看見外放出來，並全然的沉浸其中，達到「心流」的狀態（Clear, 2021: 254）。

　　想像一下，當自己和同為聚思小組的伙伴，能在此刻進入到心流的程度時，所達到催化團體影響力，將會達到無可限量的境界。

聚思小組功能範例

◆ 聚思小組出來之後，聚思小組前端在團體裡面講的，然後出來之後，Leader把聚思小組的東西延伸下來，去拉住後面的15分鐘的那一塊銜接的順暢度，那個部分的話，也是可以讓團體在順流進行的一個部分。

◆ 我覺得除了大家自己就是彼此有默契，然後開始對話之外，我覺得我那時候第一次參加團體的時候，有一個主要的帶領會去幫其他聚思小組的成員穿針引線的時候，那樣的話，我覺得那個催化效果，不僅更強，而且會更流暢，就是……我覺得這兩個方法都不錯……就是大概是這樣。

◆ 他其實就像一個譬如說你騎腳踏車嘛，你騎腳踏車那個齒輪是鐵跟鐵，可是聚思小組就像機油一樣、那個潤滑油一樣，他會讓他這個東西是更順暢的。

✦ 有些東西可能就是對成員來講一下子你跳出去之後，我們要進去皆有點難，我不知道剛剛針對○蓁老師這個議題，我不知道有當過Leader跟Co-Leader有沒有這種感覺，就是我們邀請某成員說，剛剛老師有提到什麼，那你們這部分有沒有要回應的，他們是可能一下子沒辦法。

聚思老師分享語錄

✦ 我今天聽到團體有成員的笑聲，過去都是治療師自己在笑（呵呵呵）。

✦ 今天一開始感覺比較像是在上課，所以大家比較沒有講話，當大家比較有同的感受的時候，大家的感覺就活起來。那個感受就好像是大家為什麼會坐在這個地方，有時候我們心理的期待是很為對方著想的，可是好像最後好像得到的是很委屈的東西，我感覺那時候這邊的氣氛好像大家會更好一點。

✦ 我覺得今天的團體蠻流動的，今天是第三次，感覺跟第一和第二次有很大的不同。

✦ 每個同學看一百公分的世界看得很專注。

✦ 我因為課程學習的關係，2～3週沒來，剛開始大家還不熟悉，今天大家大鳴大放，不會有扞格不入，2位老師也享受他們……。

✦ 在團體中表現出的輕鬆，其實也看見了清爽。

❖ 化解獨占

　　「獨占團體運作時間」（完全占據某成員的發言時間；未能與團體共享時間，獨占發言（林子軒，2016：37）），表面上是某一成員積極的參與團體，然另一面向則是屬抗拒的一環。他用盡十八般武藝的功夫，全心全力獨占團體的時間，尤其試圖占據帶領者的發言權，在仔細的了解後，答案竟然是要自己於「團體內被看見」，有些人則是位於團體較低的位置，所以希望通過獨占的方式爭取團體較高階的位置。

　　蔣欣欣，王美惠（2019：13）認為對化解獨占方式，是用心聽出成員深層內心所欲表述的，並引導他回到自我或是給予他深層內心感受支持，以此深度的同理，好似同在的理解，就有機會化解獨占的局面。畢竟聚思老師清楚自己的情緒界線，即使成員為尋找情緒融合關係的對方時，聚思老師仍能踩住界線（Glibert, 2016: 216）。好似聚思老師在此猶如放風箏的人，適度調整風箏線及感受風的張力，此時手感（敏感度）就是讓風箏越飛越高的助燃劑。

　　逃避者（distancer）（相對應的是追逐者（pursuer））則是在與人親近時無法感到自在，往往會覺得快窒息了。這種人喜歡事情「按照自己的方式進行」，逃避者的動力基本上來自對於被「吞沒」（engulfment，意即「被控制」）的恐懼（Richardson, 2019, P52）。

　　有些喜歡獨占的成員，常常講一些很怪異的故事，好讓帶領者不得不順著他的話討論，由此取得對話的主導權（Friedman, 2005: 107）。有時候團體成員會跳出來解救，可是

效果有其限度，這時可透過聚思運用獨白的方式將其呈現出來，所營造出來的也是團體動力的現象。以一範例說明聚思老師可提的方式：「我聽到○○的分享，他講了很多有關自己和團體其他人的事情，真的很感謝他。不過，也希望能聽聽別人的發表，下（待）回大家可以再繼續聽他的分享。」（広瀬寛子，2021：91）。

讓大家想一想，當團體成員中有一位特別愛插話，總是接續別人講話時，其他成員的感受是什麼？無奈、無聊或是討厭。相同的，帶領者如果也像是一個獨占的領導者，過度依循團體規則與結構時，不僅喪失了團體動力效用（魏嘉伶、周彥伶，2019：9），更讓整個過程充滿著無助的氛圍，其實這類團體型式，在實務界不乏存在（衛教團體、權威式團體、非志願性團體）。

有鑑於此一現象，鏡觀模式以聚思小組介入，一來除了上述將成員從團體邊緣拉回外，及讓成員看見自己的狀態。另也是藉由聚思小組的看見，提點帶領者的帶領獨占狀態，而應以不主導的局面，要有所停留、緩一緩（魏嘉伶、周彥伶，2019：13）。甚至再跨一步的，聚思小組可觀察各個成員的心智流動，更清楚地闡述成員的阻抗現象（陳美碧，2018：1），因為此一聚焦的呈現（處理失功能角色行為），確實是將獨占成員的行為意義彰顯出來（Toseland & Rivas, 2017: 344），此舉動對團體及該成員應有撼動。

聚思小組功能範例

◆ 今天聚思小組的老師有比較敢提説，今天誰都在講話，誰比較沉默，其實你也是講給大家聽嘛，是説某某人都在講話，那某某人不太講話，那某某人講很多話是不是言多必失，這也是一種提醒某一個成員説他的話可能比較多，就是把那在在團體互動裡，誰發言權多，誰發言權少那個細項講出來。

◆ 對於發言多的人來講，我不知道會不會有什麼樣的一些效果。就好像也不是改變權力，就是他們互動的模式好像有些改變，不知道跟權力有沒有關係。⋯⋯因為有時候團體會出現一些成員他比較，就是在跟Le爭權，就是他有一些比較挑釁的挑戰，有時候不是就會出現這種人。⋯⋯會有一些這種成員，然後因為他這種成員通常都會在整個團體裡面他就會喊比較大聲，然後通常他那個人，因為他的語言表現比較多嘛！好像他在聚思裡面會被討論最多。

◆ 因為他在裡面已經最多了他已經在爭權了嘛，然後他想要在爭那個主導嘛，甚至要去壓過去那個，可是他又因為語言的東西最多，然後他在裡面又被講，然後又是被用正向的方式講，我不知道那個方式對他是正向的還是只是一個sence的問題，因為他本來就是一個權力慾望比較高的人。

◆ 因為團體裡面比較容易⋯⋯成員比較多話，他就會被注意，那我覺得聚思進來的時候可以找，當那些比較沒有被看到的，好像那個參與會多一點。

✦ 我有一個也是跟講的那個成員同一期，他12次的團體他就是每次來的時候，其實他都會在團體裡面好像會當一個L跟CL的助手或助理，然後對其他同學的說話會有一些協助，或者催化他都會有，可是問題是他卻不會去搶到L跟CL的角色，就是他有時候還是會去等L跟CL的怎麼去引導怎麼去問這樣子，然後我覺得他對團體成員有影響力，然後我覺得他試圖協助L跟CL讓這個團體順暢地進行。

✦ 那個話語權就會……就是他想要去搶那個話語權，或者是說團體在一開始的時候，其他成員的坐位就是隨機分布的，但是到後面的時候，他們會有一些特別的傾向，會靠向治療師或是協同治療師這樣，這是覺得團體坐位的改變是讓我感興趣的。

聚思老師分享語錄

✦ 有時候小孩會做一些奇怪的是事情，他也知道我會生氣，他好像就是要逗我生氣如果我生氣了就沒有立場，如果我生氣了，就掉入那個陷阱，但是我如果不生氣又沒有立場，會陷入兩難。（家庭結構的認識）

✦ 大家對法條的心情可能跟我們不一樣。（家暴法律的認識）

✦ 團體的結束常會被喚起「要結束」的不舒服感受。

✦ 「要堅強，但不能崩潰」的矛盾經驗與心理，是很掙扎的。

✦ 接受自己的憂鬱和改變。

✦ 雖然會講不知道，但其實是知道自己在團體中其實有所改變。（代間傳遞的影響：多代情緒歷程-負面因應行為）

❖ 化解僵局（Resolving Impasses）

新手團體帶領者最擔心的成員抗拒，也通常就是最有趣的主題。每當團體氣氛緊張和不自在的狀態時，就是帶領者會覺得不確定及自我懷疑的時刻，甚至有些帶領者事後回想起來認為是自己失敗的地方（Friedman, 2005: 52）。而要打破此困境的手法，就是讓「**停滯的氛圍**」動起來，其中最要的關鍵點，即是透由聚思小組的作用，啟動原本滯礙的團體動力，再由帶領者負責整合反思對話的線索，融入後續與成員的對話運用（Friedman, 2005: 256）。

稍做論述聚思小組何以能在團體中擔任**破風手**的角色，因為聚思小組能提供帶領者及成員觀看問題的多重視野（Armstrong, K. et al., 2019: 819），且經帶領者接手創造出多元想法的寬廣世界。另聚思小組不因要達到特定結果而執著，或是過度依循規則與結構（魏嘉伶、周彥伶，2019：9），是會視成員特質激發省思的對話，目的無非是協助成員聽見、看見問題脈絡（Friedman, 2005: 256-257；陳美碧，2018：1），進一步的理解成員所持有的任何特定的期望，是造成限制他解決問題困境的來源（Garven, 2011: 291）。

簡而言之，此限制即是「**抗拒**」，有時抗拒的發生，是因為成員不知道，或是沒有覺察到在團體過程被引發的多重且對立的感受（Teyber & Teyber, 2017: 135），造成了與團體關係的疏離，間接以情緒或是攻擊的言論，試圖保護自己，所以此時面對成員的限制、抗拒及攻擊情況時，聚思小組鼓勵成員講述更多的言論，最好是能引出建設性的言論，藉此攻破與打倒恨意（Kohn, 2019: 72），其背後的哲理為「打破高牆並不

容易，可是一旦打破了，就能讓他們在最需要對方的時候靠近彼此。」（Callanan & Kelley, 2018, p79）。

如此也說明了一件事情，不把抗拒當成是阻礙團體進步的石頭，反倒是要更用功的探詢抗拒的成因（希望事情保持不變）（Lá, 2022: 18），如果更加瞭解抗拒緣由的話，將是進步的一大轉機。

以此深入些的話，理解成員的抗拒緣由，將可知道成員需要什麼？為何防衛？及不時地感到憤怒或是疏離。因為在成員的內心深處，這些抗拒的底層形貌，正是保護及給予成員存在價值支撐的基石。所以當成員感受到威脅，就會祭出這些抗拒行為（Lá, 2022: 19）。

因此聚思小組將成員的抗拒，轉化成思索他們為何會有如此的因應行為，就比較不會做出相對應的舉措（Glibert, 2016: 195）。為何聚思小組可以在此位置，並做出此轉化效果，重要是因其有了心理位移的空間，才能得到情緒的抒解與智性的啟發（李素芬、金樹人，2016：488）。而所指稱的心理位移空間，是因聚思小組能客觀理性的順任雙方價值觀，以「兩行」的方式尊重對方，並取得互相接受的交集共識（此之謂「其同」）（陳重羽，2022：438-439）。

聚思小組功能範例

✦ 夫妻關係非常不好的時候，結果他透過第三者那個小女兒，先生就會跟他説，你去跟你媽媽説，要怎樣怎樣，然後他就去跟媽媽説，就會有撼動的效果，如果先生直接跟太太講的時候可能就吵起來了，可是透過小女兒去講這件事情的時候，那個事情可能就可以推得動。」

✦ 我們在場的外圍的聚思老師，看到成員甚至會出來去挑戰那個L跟CL的一些情況，那我記得當時有對這個部分有在聚思小組裡面去提到這個部分，那還有就是裡面有一直拿手機出來在做……就是放在旁邊，他又一直拿出來，我們那時候也是想説感覺哪一位成員進來的時候他一直在看著手機，那他是不是還有事情還沒有聯絡完，然後這個部分我們……那時候我記得在團體裡面有去做這樣子的一個……就是聚思小組進去的時候，有去提到這個部分。」

聚思老師分享語錄

✦ 另一個就是男人和女人的戰爭，恩怨情仇，好像做男人會有一些不公平，做女人有一些點點，又有一些對法律的抱怨，好像這些事情大致來講都是對的，從不同角度來講它是對的，可是，對又怎樣，好像有些時候我們在生活裡面，好像已經不是對或不對，其實感情放進去的時候，對或不對已經不重要了，好像有感情，就算不對的事也會包容，但是沒有感情就會跟你計較到底。（家庭結構的認識）

◆ 以前講法條都比較沉悶，我覺得今天沒有那麼沉悶的原
因是有幾個成員能打開天窗說亮話，還蠻誠實的。（家庭
結構的認識）

◆ 會停在那個地方，我會堅持希望他變成我想要的那個樣
子，然後我覺得他也希望我變成他想要的樣子，所以最
後我們就會說他就是這樣子的一個人，然後我們就停在
那個地方了，我如果沒有用一個新的方法去想他，或者
他沒有用一個新的方法去想我的時候，我們兩個就是會
一直僵在那個地方，我剛剛想的就是那個僵住的感覺。
（家暴事件-你）

◆ 被貼上家暴的標籤，但若自己不要讓標籤貼上自己，其
實就貼不上了。（家暴事件-他）

❖ 歷程評論

歷程評論是一種對現況「立即性」（immediacy）的積極
度反應，也是團體帶領者運用當下對團體氛圍的覺察（吳秀碧，
2019：283）。例如：「誒現在我（帶領者）坐在這個位置，我
感覺我自己有點不太舒服，那不太舒服，好像是因為我們團體
現在的氣氛，好像變的怪怪的，或是說誒某某某哦，他講話之
後，看到其他成員忽然就低頭，感覺離團體好遠，此時此刻團
體內發生了什麼事情？」（Teyber & Teyber, 2017: 61）。

這就是透過團體歷程的分析，將團體中的情況直接攤開
來談，直接與成員討論，這也是化解僵局的方式。不過因是
在團體張力很強勁，且帶有蠻濃厚的負向情緒時，如以帶領

者直接運作，其效果及危險性，猶如雙面刃，有時會傷了彼此的治療關係。

　　然而如果是由聚思小組主動開啟討論空間：「我剛剛聽到誰講話時，忽然團體氣氛變的好低，連我坐在外面，我都感覺氣氛變得好緊張、好衝突，我感覺到有壓力，但不知道說那時候的團體發生什麼事。我想說等一下我們回到觀察位置的時候，團體成員大家能討論看看。」其實以此做法，會引發很有趣的一個主題，這個帶動讓團體開始動起來，聚思小組的討論有助於啟動原本停滯的體系，接著由帶領者負責整合反思對話的線索，融入與誠懇的對話中，亦即是經過聚思小組於內團體的時候，透過團體歷程檢視，讓整個成員跟帶領者忽然從低迷的氛圍又活過來，所以這個團體動力，從停滯的狀態開始再度動起來。

　　歷程評論可由帶領者與成員在團體當下討論（謝佩玲、林淑君、王麗斐，2009：24），此時的帶領者兼具「參與者」和「觀察者」兩種身分，當是「參與者」角色時，帶領者要展現自身的「透明度」，即是要讓成員清楚知道平等對待任何成員，這樣的同理、平等，促發成員願意在摩擦的團體氛圍，願意放下心防，彼此真心討論為何如此？另當身分是「觀察者」時，帶領者能維繫此時此刻的狀態，且能順著成員的步伐前進（吳秀碧，2019：289）。

　　有時以歷程評論的手段，可促發成員在此時此地時，覺知自己正重演與實際場景相同的不良人際循環模式。在以往的經驗中，成員常釋放出求助訊號，但卻得不到良善的回應，致使失望之感打擊著自己，於是開始產生錯誤的認知，就是讓別人也產生無力感，產生了惡性循環的人際關係。

　　幸好，在此時此刻，帶領者願意停下腳步，協助成員理解此現象，使得成員發現可以改變人際關係的方向（吳秀碧，2019：290；Teyber & Teyber, 2017: 60）。經由歷程評論激發更多元的想法，及應用團體動力解開衝突，倘若解得開的話，團體會再進化，成員會更深度的理解自己發生了什麼。

　　換句話說，當團體中有了一些抗拒現象發生，例如，成員一味的進行與主題無關的對話、某成員扮演主導者角色（治療師助手（the assistant therapist）－熱心協助他人討論問題，但卻不願意讓自己成為主角（張芳榮等人，2005：8））、成員表現無意願學習、大多數成員一言不發（消極性參與團體）、成員形成次團體等（林子軒，2016：38）。

　　此時的聚思小組在進入內團體分享，可就先前觀察到的現象，進行一輪的歷程評論：「我看到了○○在剛剛團體進行時，他很主動性發言，不過大多談論別人的問題，自己都沒有表達自己的情況；○○大部分的時間都在看手上文件，好像這時的他，和坐在身邊的其他同學，沒有任何關係，不過我好奇他為何仍願意坐在這裡；○○和○○只要有同學提了一個意見，兩個人就會私底下討論，我真的好想聽到他們兩個在談論什麼，我個人在外圍時，就充滿著好奇，希望兩位能對大家說出要講的是什麼，這樣應該對大家較有幫助……。」

　　上述聚思老師的歷程評論分享，著實誠懇地將團體中成員出現的行為，具象的呈現出來，並邀請成員說明其緣由或意圖，以此確認這些行為的感受和看法（Toseland & Rivas, 2017: 344；Garven, 2011:294）。

　　聚思小組之所以能提供幫助，是因為他們處理了當下的歷程，此一具象化顯露出與成員以往經驗不同的觀點（Allan, Klarenbeek-McKenna& Day, 2019: 390），對停滯的（卡住）團體氛圍也起了推進的力量（許育光、吳秀碧，2010：273；Teyber & Teyber, 2017: 61）。而針對歷程評論也衍生出另一種風貌，即是在團體互動中，無論是有意識或無意識狀態，每一位成員或多或少會顯現出其原生家庭排行的角色和位置，甚而有時還會投射出原生家庭的情感情緒（吳秀碧，2019：31-37）。

　　以上諸多隱而未現的跡象，可在有意義的歷程評論，將其點化而悟見，其猶如檢視了帶領者與成員兩者間「**並列的扭曲**」（parataxis／parataxicdistortion）即移情和不適應的人際型態，以及自己對於成員的反應（吳秀碧，2019：103；Lair, 2007: 259）。這些在帶領者與成員間的移情及反移情互動關係，可經由聚思小組的架橋動作，將其顯露並重新框架成較合宜的團體關係。

　　譬如，帶領者猶如團體裡的父母角色，即使是自認已公平對待每個子女，但子女卻因手足排序而感受遭遇不公平的待遇，並因而攻擊帶領者，致使帶領者誤認成員是因抗拒才有此行徑。所以架橋動作即是協助成員適當表達情感，而將此時此地的互動，提點帶領者看見成員於團體外的個人行為表徵，逕自於團體內呈現（吳秀碧，2019：295-296）。

　　另指稱「代罪羔羊」角色的吹哨者，也非聚思小組莫屬。為何如此一說，記得「鏡觀模式」強調的是給予聚思小組獨白的空間，即是當聚思老師於內團體分享時，是與外圍成員保持空白的距離。此距離不單是空間的距離，也是一個

緩衝區，當中僅有聚思老師的聲音可留置於這一空間（緩衝區），而成員僅能維持在傾聽的位置，即使意識也在這一緩衝區內，但卻無法有發聲的機會。不過，也因有傾聽的位置，能經由聚思老師以團體為整體（group-as-a-whole）闡述造成代罪羔羊的成因（周立修，2022：5）。

又如學者吳秀碧（2019：343-344）所說，團體尋求代罪羔羊的角色，無非是要這位成員承擔了其他所有成員迴避的問題及焦慮，或是轉化團體內的緊張關係。此時由聚思小組明確指認或提出衝突警訊，對承擔代罪羔羊的成員及團體張力，皆會較帶領者有安全空間，避免直接的硬碰硬危機。另有相反的探問，聚思小組也可清明指出代罪羔羊的另一角色：「假設成員習慣於生活中扮演著犧牲者或受害者，以滿足自己的需要，那麼就能免受壓迫導致破壞性的關鍵事件。這樣的成員在生活中通過讓他人扮演壓迫者角色，以獲得安慰和掌控感。」（Capuzzi & Stauffer, 2021: 205-206）。

團體帶領者常運用歷程評論，將團體動力的盲點或是張力，具象化在成員面前，並增加團體透明度，其效果是讓團體達到更好的程度。至於鏡觀模式運用聚思小組將歷程評論以「稜鏡」作用及系統思考方式（Kerr, 2020: 41），提供更多角度、面向，呈現出團體中「**人與人之間發生的歷程**」是什麼？所看見的是過程裡的關係，如何於團體中流動？此時的聚思老師於外團體觀察時，須以成員的想法、感覺及行為（Glibert, 2016: 63-65），融合了自己的感受、覺知，才能做出更深層與豐富的歷程評論，對成員而言，更有意願融入團體。

聚思小組功能範例

◆ 我想到的停滯可能就是，團體成員比較少講話，或著是那天氣氛比較沉悶，或著是這個議題好像進行不下去的時候。……如果團體停滯的話，聚思小組如果把這個停滯的現象跟他看到的為什麼會發生講出來，我覺得可能就是對於整個團體是一個很好的安慰吧！

◆ 我自己覺得應該一開始會比較注重在……因為他們都會講很多內容，就會被他們捲進去，後面才會開始注意到一些肢體動作跟……到後面甚至會注意到整個團體的氛圍，譬如說誰講話、誰不講話、誰在某些議題頭都低低的之類的，我覺得這是一個歷程。

◆ 除了剛剛大家講的肢體語言或是他們表達的語言之外，我還會專注在他們表達他們描述自己的經歷，然後或者是他們前後的邏輯有沒有一致。

◆ 工作人員三個都是女生，所以剛剛好那次又在講到性別的時候，說女生都怎樣啊～然後甚至是前一次還擇筆離開，那一次就是〇妨跟〇萍兩個在處理，比較多聽他在講關於性別或文化等等的。後來我跟〇霖進去分享的時候，就特別針對他的狀態去回應，就譬如說他其實感覺變得很像刺蝟一樣，也難怪是因為他最親近的那個人，就是那個太太，刺他那麼深，所以也難怪他會去刺那些不認識的人，好像也同時去回應他好像他把那個太太的那個……廣泛成所有女性的這個部分……因為他情緒其實蠻多的，在那個時候。

◆ 如果一個成員他講話，其他人就安靜，或是……就是那個負向動力的部分，我想到是說，我會聽這個成員他急切地想要讓別人理解什麼，那別人接收到這個，反而是退後的部分，我會先點出來我剛剛觀察到這個狀況。

聚思老師分享語錄

◆ 那我想的是，我想大家一定在觀望，這個團體到底要幹麼？這兩個老師要幹麼？為什麼還有坐兩個人？那個裡面為什麼還有一堆人？我們這些人在幹麼？（參與團體的承諾）

◆ 我剛在想說，因為他前面有提到太太的部分是還會願意在旁邊支持他，但是今天聽起來好像有一個很大的反差，所以我剛是看到他之前有出車禍時有中斷下來，所以在這段過程中他怎麼走過來？是有什麼人照顧他？還是他自己這麼有毅力的來上課？（現在家庭星座圖）

◆ 可能很多事情都不盡人意……我想很多夥伴參加第一次團體都帶著緊張啊、焦慮啊，且都還在觀察的階段，但是我們這個團體很有趣的今天有畢業的，也有新生。（參與團體的承諾）

◆ 我看到老師有試著再去釐清家暴法和保護令跟團體的關係，在釐清的過程當中讓團體更明確的指示，探討團體中保護令和生活的影響，在一個探討的過程當中能不能接受這個事情，能夠接受嗎？怎麼去處理調適這件事和現在的生活，除了再去執行處遇計畫以外，對於他現行的生活，和他現在的社會是有很大的工作。（家暴法律的認識）

◆ 一開始在講法條的時候比較死氣沉沉的，氛圍比較僵硬，在後來提到家人的部分，大家就開始活過來了。（家暴法律的認識）

◆ 今天的故事有太多令人感受的事情，大家可能很難一下子消化過來。

◆ 我今天聽到很多道理，大家，包括現在這裡我們都在說道理。我還在慢慢消化。

◆ 我發現只要團體隔了兩週，好像再開始的時候都會比較沉悶一點。

◆ 今天畫家系圖，大家的原生家庭，這個團體比較特別的是……，我想說大家會不會很沒興趣，可是可以看出來○○講了不少，不過我覺得大家還處於各自觀望的狀態，會不會有點疑惑說老師問這些父母的影響，為什麼開始畫我的家庭。（原生家庭星座圖）

◆ 今天的團體比較深，可能比較不好談，跟很多關係、情感都是。

◆ 我們今天談的是法條，我看氣氛還蠻輕鬆的，我覺得很好，在輕鬆之中知道現在的法律的規範及自己的權益，我覺得非常的重要。（家暴法律的認識）

◆ ○鴻好像蠻累的，○華後半段眼睛睜開有說了一些話，感覺○○心裡是苦的人，我很好奇到底發生什麼事：妹妹及小姪女捉著你的手，爸爸持榔頭要敲○仁的頭，是多大的仇恨，當然也許是有一段故事。

◆ ○惠從前幾次到現在，原本積在心裡的結，女兒跟媽媽去吃飯也很好，願意放手，自己就會比較輕鬆；○志、○輝放的更鬆，放得更鬆就有力量可以重新往前走。（未來的我）

◆ 那邊感覺有淡淡的憂愁，每個人都各懷心事，每個人心中似乎都有一個決定，是一個故事，生活充滿無奈（過下去得認命，好像沒辦法改變什麼，日子要過下去的衝勁或認真），每個人都若有所思，故事講不太出來，但日子要走下去。

❖ 抵銷

「人們永遠無法不受關係中他者的影響，無論那個關係是多麼的無足輕重。」（Lair, 2007, p259）。以這句話為前提的思維，聚思小組不會執著於要達到特定的結果，其角色是激發「治療對話」，讓成員的內心世界可以被聽見、被肯定、被尊重，讓團體推動成員往他們選擇前進，所以這個部分也是化解抗拒的作為。不為特定的結果，就是我們不受限，我們最主要目的就是激發整個團體對話，看見不同的選擇的存在，讓整個未來的人生改變。

仔細的微觀團體氛圍時，當某一敘述者訴說的故事，經言詞梳理後，覺知沒有任何情感時，通常已顯現治療團隊很難建立自由反射對話氣氛。此時藉由聚思老師透過類似面質的方式，針對發言成員不一致的部分，具體將其呈現出來：

「○○在講自己的故事時候，聽起來是在講書裡面的故事，就好像是他在講別人家的故事，不是講他家的故事，感覺就是很疏離。」在團體過程聚思老師看見了，但帶領者跟協同帶領者不一定看的清楚。

　　為何聚思小組較容易看見，因為以旁觀者清的角度，所見到的深度跟廣度就比較不一樣。因為帶領者在帶領團體的時候，常常就會陷在當下的氛圍裡，視野就變得較為狹窄。而當聚思小組是以旁觀者的角度去看待時候，他看見成員言行不一致的狀態，且因聚思小組非是直接關聯者，在間接影響的關係下，好像較帶領者多了一層緩衝墊，沒有直接威脅性，剛好因此角色抵銷了成員抗拒的部分。

　　也因此聚思小組可抵銷來自於團體成員的抗拒，更為帶領者減緩了來自反移情的反饋，讓帶領者在遭受衝突時，有空間處理自己的情緒，這樣的團體氛圍才能不受反移情及抗拒的污染（洪雅鳳，2004：22），並且化解了衝突的不利因素，多了傾聽及尊重的機會，雙方在聚思小組介入的空檔時期，能有距離保持理性的思考。

　　誠如已故學者王行（2007，頁231）所言「非自願性案主們既無動於我的知識背景，也無趣於我的協助能力，更無視於我的專業光環！」清楚說明了強調專業霸權的空泛感，反倒是如何喚起已坐在團體內成員的興趣才是改變重點（Willott, Hatton & Oyebode, 2012:190）。這時的聚思小組角色正是如此的有力，他們總是能在適當的時機引導成員，並提供了具體改變的行動（陳偉任，2022：9）。

　　再論述「衝突」、「敵意」等類似抗拒行為，常於團體運作時發生，並造成痛苦的經驗，於是大家都很害怕衝突（吳秀碧，2019：353-354），及敵意的產生。不過，倘若將此衝突、敵意看作是一種對抗改變的能力，更將成員的受挫與不滿視為具備治療作用的載體（vehicle），暗示著成員對未來仍表希望，且期待事情可以有所不同（陳宏茂，2021：24；周立修，2022：4-5；Messias, Peseschkian & Cagande, 2022: 38）。這一種因衝突及敵意所散發出的能力，聚思小組在外圍時有看見，也能在稍後的討論裡，更將其背後的意涵與脈絡，由話語展露出來，此時此刻的團體氛圍，對團體的凝聚力和團體進程是有極大的助益。

聚思小組功能範例

◆ 其實你們的過程裡面，那個權力的流動，本身不會像一個Le或是一個Le跟co的一個狀態，就是説這些東西我們就是聽老師在講，可是你在那個地方，我們進去之後，那個潤滑的效果，而且讓他們感受到，在老師他下來都很平等，就是很平權，這平權是很讓他感受到其實他是很舒服的那種感覺。

◆ 在團體裡面就是有一個，比較針對權力會去做抵抗的一個個案，我覺得我當Leader的時候能做到的真的就是點到為止。

◆ 我覺得他的語言不一致，就是你覺得他講的語言訊息不一致，跟他的非語言，還有後面那個落差很大，那個是什麼？就是覺得……。

✦ 因為停滯其實也是一個團體在運作的一個議題，……，然後就讓大家坐在那裡半小時，大家都很焦慮。

聚思老師分享語錄

✦ 剛開始的時候我好像在看一個森林的迷霧，看不透到底發生什麼事，前妻怎麼會住在家裡，但是先肯定他可以把隱晦的事情拋到團體裡面跟大家講，我覺得是勇氣可嘉，也有可能他是真的忍得蠻久的，那個情緒真的是沒有一個發洩的點。（現在家庭星座圖）

✦ 也許在當下他只有「沒有選擇」。

✦ 前幾次的時候對法律的部分是很憤怒的，但走到現在，沒有那麼憤怒。（家暴事件-我：擴大治療界限-擴大自我）

✦ 有時候我們的挑戰是不是真的可以讓我們往前走。

✦ 如果挑戰只是在消耗我們的能量，那這樣子的消耗是沒有意義的。

✦ 可能你忍耐了很久，就是一次反擊。然後法律就只看這一次，可能同學會覺得委屈。這就是這個團體的意義，讓大家可以來這裡說一說。（家暴事件-他）

❖ 情緒處理

　　聚思小組也可協助帶領者以「此時此刻」收斂自己的活動和治療介入，直到帶領者能重建自己的平穩情緒，亦即是當帶領者在團體動力過程中，有時會受到團體氛圍衝擊，短暫失去平衡的狀態，致使被反移情污染（洪雅鳳，2004：22）。這時如帶領者仍持續在此氣氛中，不僅降低了治療效果，且也加深了成員的抗拒，這時聚思小組可發揮很大的功能。在此說一個實例：團隊曾經有一位帶領者與成員產生衝突，那位成員威脅說要告這位帶領者，導致其他成員要打那位成員。後來聚思小組進到內團體的時候，聚思老師把整個團體氛圍直接攤開來講，他說：「剛剛我們看到的一位帶領者跟成員之間的衝突，也造成其他成員的一個混戰，讓我們好擔心，剛剛在外面的我，很想跳進來說不要講話了，不要吵了。哎呀，可是因為我不能這樣做，因為這當中一定發生了什麼事情，我想待會兒他們可以再討論看看。」

　　上述團體現象，聚思老師所看到的是帶領者出現了反移情，帶領者因衝突的焦慮，不自覺運用了權力去控制成員不要再講話了。這對帶領者來講。應該是在自己的生命世界，曾經是一種反映他的生活困境方式，所以這個場景對他來講是很辛苦的。同樣的，對成員是否有同樣的警示，因為在他的生命經驗裡面，他時常不斷地被用這種語言去打壓他，所以刺激他的反撲，因移情作用的影響，造成帶領者及成員兩個都是在跟以前的自己在作戰，而不是現在的我。

　　而如何讓同處團體空間的兩方（帶領者與成員），彼此之間再重新的溝通，聚思小組又扮演了重要的角色。當聚思老師於團體內分享說：「剛剛在外圍看到帶領者與○成員的

言語衝突，我好擔心哦，不過又從對話當中看到了兩方背後的影武者，好似雙方在這躲在背後的操控影響下，不自覺讓自己情緒暴衝於眾人面前，我很好奇這背後的「影武者」是誰？」這段聚思老師的論述，不經意抵銷了團體的衝突，亦即是從目睹團體混戰過程，卻能心平氣和地去理解現在的兩方，促發兩方重新地去應對這個衝突事件。

當聚思小組退至外圍後，團體氣氛完全不一樣，團體其他成員情緒降下來了，帶領者直接向成員表示抱歉：「我剛剛跟你說的話哦，我收回，我也知道不可能一時刻就把剛剛對你的傷害完全抹除掉，可是我真心的跟你說道歉。」結果成員也說：「剛剛我也是一時情緒失控了，很抱歉，哎呀這樣子真的很不好意思啊，我想說，我是不是以前就是跟我家人常常這樣子互動，讓我產生的情緒，結果把這個情緒發洩在你身上，很抱歉。」經過聚思小組的介入，這個團體氛圍改變了非常的多，所以聚思小組於內團體的運作，竟然可以在瞬間，用「此時此刻」的團體操作策略，就讓他們之間不一樣。

當然聚思小組，是要接受專業訓練，否則他進去沒有提到這些部分的話，這個團體可能下週會更慘、更暴力、兩方更加對立。以此界定聚思小組的位置，不僅解救了這個團體，且是催化團體進程的重要促媒劑。

情緒表達的處理是團體處遇一直要注意的工作任務（許育光、吳秀碧，2010：246）。許多團體運作的過程中，因成員之間的意見相左，有時會產生摩擦及衝突，這時的情緒處理對帶領者是一大挑戰。無法處理時，帶領者會顯現極大的焦慮，如交由聚思小組融入團體，相對有機會於團體中將情緒消融不見，此係藉由團體氛圍影響到個人情緒，所以聚思小組已融入團體動力，自然會影響到其他成員（許育齡，2006：2）。

換句話說，聚思小組也就是「**團體的成員**」，或是「**第三位帶領者**」，因具有多重身分角色，自然而然影響到其他成員。例如，聚思小組的角色是為「**成員身分**」，於團體中也可以表達當下的體驗，也即是團體容許一個人可以真實的表露情緒，加上聚思老師能將個人狀態，提升至能夠抱持積極認定，據以引導團體進入心理情緒的親密水平（許育光、吳秀碧，2010：247），如此就能在團體裡面處理情緒的議題。

另提到「心理位移」觀點，意指透由聚思小組位置的移位，從「鏡中的我」位置，移到「他」的位置。將心理位置拉的更遠一點，此時會產生情緒距離（緩衝區），讓情緒多了一個防護保護就更加安全，也就不會那麼融入情緒，此時他才有條件用另一個人的角度隔空來看待事情（金樹人，2010：208）。

這裡運用的心理位移，是針對聚思小組而來，也是對帶領者的情緒解套。比如，聚思小組雖有焦慮緊張，可是這個心理反映不會像帶領者一樣，聚思老師是可以在內團體它講出來，可是帶領者是沒辦法在團體中如實把這個講出來，因為帶領者於團體中情緒距離很窘迫的，所以常淪為衝突的對立方，那時候他跟情緒是無法拉開，情緒就糾葛在一起。

聚思老師就是在一個安全情緒距離的位置，保有了客觀的角色，所以他才有辦法隔空來看待事情。此用在成員身上，如同聚思老師一樣，當成員轉換到「他」的位格時，他好像在隔空讀他人的故事，產生了全方位的理解，自然趨向於理性，情緒趨於平靜（張仁和、黃金蘭、林以正，2010：34）。

　　在一個人實際上的生活世界裡面有沒有類似經驗，就是你不要當下就急於要講什麼，因為當你講出來的語言都具有傷害性，你可以讓自己先跳脫出來，等到心境沉澱下來之後，再心情平靜去跟他談，同樣是談，可是結果非常不一樣。比如跟先生吵架、跟小孩吵架、跟男女朋友吵架，就急於要讓對方好好聽你的辯解，可是常常就是越說越糟糕，甚至惡言相向，那個就是你跟他之間已經變成情緒糾葛。

　　相對的，當你情緒有那個距離，你可能跟他講話的語意就不一樣了，所以最簡單做法就是當你在憤怒的情景之下，就你這樣很生氣的情景之下，你可以在心裡默數1234567890，再開始講話，一來是讓你有個專注度，做一個分散的動作，第二就是讓你的情緒平靜，製造一個情緒距離（非情緒疏離的距離）。

　　上述所談論的「影武者」，常是造成個人無法掌握情緒的原因，亦即是這些困擾，來自於成員個別早年的原生家庭，為個人保護自己無法接受的經驗或情緒，所採取的防衛手段，以避免自己碰觸那些內在經驗或情緒，終至將不受控的情緒訴諸行動，導致了不適當的舉措（吳秀碧，2019：294-295）。

　　例如，對他人的遷怒一事，常是因對權威人物感到憤怒，但因無權對抗，將憤怒轉至團體中弱小的成員出氣，這樣就不需面對自己的情緒。然暫時解決了「衝突」，卻沒有將內心的憤怒紓解，可預測下一輪的衝突，必然會再發生（吳秀碧，2019：364）。唯此，聚思小組須關注成員的情緒，防止成員的情緒在團體中被壓制了，並可藉由衝突，連結出成員正在發生的互動，將其與過往的憤怒情緒根源連結（Teyber & Teyber, 2017: 204-208）。

特別提一下，有關情緒議題。當有些人被觸發了遭受遺棄的恐懼時，就會引發「情緒綁架」的感受，其頻率愈多，將導致自我貶抑，進而衍生出續發症狀，例如焦慮、憂鬱或是成癮等（Burke, 2020: 65-66）。這些情緒綁架所衍生的症狀，被視為是精神症狀的前驅行為，一般團體治療方式常是聚焦在症狀的解決方法，如此將團體功能變成解決，而非是理解被症狀所困擾的「這個人」（李崇義，2022：199）。

因此，鏡觀模式的作法是讓「這個人」經由聚思小組介入，讓其看見最深或是源初的根源，也許是一個畫面、一個衝擊或是那一個人生時間節點的感受等等，造成了這些困擾自己的症狀，此就是塑造「鏡中的我」最重要的意義所在。

再剖析情緒的層面，由自己內在的紛擾所產生的情緒反應，稱之為「自發情緒」（autonomous emotion）。例如：恐懼、悲傷及後悔等情緒反應。另有因人際互動產生的情緒反應，稱之為「社會情緒」（social emotion）。例如：憤怒、羨慕、憎恨及同理等情緒反應（Winter, 2019: 27）。這兩種情緒反應，構成自我與外界連結的複雜情緒歷程（人與人之間的情緒流動），此歷程中包含了自己內在狀態，也影響了別人的內在狀態與行為表現（Kerr, 2020: 21）。

這種狀態的呈現，最直接顯現的地點，即是日常最熟悉的生活空間－「家」。套用Bowen的核心家庭自我團（ego mass）裡的關係系統，家庭中因情緒歷程，經常發生婚姻衝突、配偶失功能、問題轉移至親職關係（三角同盟）、情緒疏離等結果（Glibert, 2016: 74；Kerr, 2020: 40）。這些情緒不僅撕

裂了家庭和諧意象，更造成了社會成本的耗竭，有些心理治療師所認知的避免爭執衝突的緩解之道，即是將「**情緒疏離**」擺置於關係中，惟殊不知疏離本身，即是上述的情緒反應模式（離開現場或停止對話，也是一種強烈的情緒）（Glibert, 2016: 84-85）。

而另一種情緒議題是關乎「情緒勒索」的狀態，其與「情緒綁架」有些關連性，亦即是同樣被綁架或是勒索的當事人，因被對方的情緒糾葛後，自己在無察覺狀態，接收了對方所丟出來的情緒垃圾，而此正好呼應了當事人內心深處某個角落的聲音，當情緒能量彼此對應上了，就再也分不開了（賴佩霞，2021：172）。這種情緒勒索或是情緒綁架等情緒議題，也常於團體動力中出現，比如「投射性認同」、「代罪羔羊」等。

當此時的團體氛圍過於曖昧，無明之感由然而生，無論是帶領者或是成員們，皆因氣氛低落，而無法承受此刻壓力。正因有此種可能性發生，鏡觀模式以聚思小組介入團體動力，積極進入和處理當下團體狀態（Johnson, 2022: 74），並經梳理過程，不僅調整了成員的情緒，也使得內外一致性提升（Johnson, 2022: 83），此種作用如同心理位移，以聚思小組的功能性，將問題（曖昧的團體動力）拉開距離（覺察情緒、接納情緒及情緒的宣洩與抒發），達到情緒的安頓與轉化效果（李素芬，2023，36-37）。

聚思小組功能範例

◆ 另外一個就是風險性降低，因為你提的這個，如果我今天是一個團體帶領者，我把他的整個揭露之後，他對團體的衝擊，我沒辦法確定，可能上次甩筆，這次可能更激烈的行為。

◆ 我會留意到的是成員他情緒的轉變。

聚思老師分享語錄

◆ ○○剛剛有講我衣服放在那邊一個星期沒洗媽媽就生氣了，你可以去了解一下媽媽為什麼生氣，到底媽媽要的是什麼？如果還要跟媽媽住在一起，可能要彼此知道彼此的生活習慣，這樣才有辦法過一個不一樣的家庭生活。（重要照顧者與我：分化／融合）

◆ 適當的時間會講一下緩衝情緒的話。

◆ 有一位成員的情緒上來大家都有看到，也能給予他情緒的支持，希望他不要這麼的擔心。

❖ 工作同盟

　　工作同盟就是將成員、帶領者及聚思小組結合起來，變成是一體的，連結彼此相似性及人際同盟（許育光、吳秀碧，2010：265），其團體現況涉及成員過去的人際經驗的交疊，經由團體給予的經驗重現，雖是伴有不確定和挑戰性（吳秀碧，2019：103），卻是促發成員改變的工作方式。

　　當聚思老師處於內團體的位置時，可根據觀察所見，提供各種形式的反思，有些應用隱喻、擬用故事及重新構建或是例外的想法等，這些話語內容有時會有擦出火花的時候（Friedman, 2005: 202）。同時聚思老師都以「後現代」的觀察角度，探索成員的內在脈絡，並且激發成員的自我敘述（Madigan, 2017: 1），達到與成員共同浸潤在安全及認同的空間，不僅無形中去化了團體與司法的連結，且因信賴關係所衍生出「真正治療師」的角色油然而生，更造就了更上一層的改變動機（張芳榮等人，2005：8）。

　　另聚思小組因抱持著對成員故事的好奇，並結合自己的觀點，揉合而成的想法，不僅是對成員或是自己皆是全新的觀念（Garven, 2011: 296），且經過內團體分享的手法，將處遇介入以不帶批判的方式敘說傳遞給外圍的成員（Halvor de Flon, 2017: 108），即使在觀察細微度與資訊豐富度尚未充足的情況下，所提供的分享訊息，對成員仍具有貢獻度，畢竟這就是一種主動回應的方式，將成員與團體組成了「工作同盟」（working alliance）的模式，時時鼓勵著成員的自發性與責任感（Teyber & Teyber, 2017: 47），也提供了帶領者於團體中的處遇介入迴響，賦予帶領者繼續向前的依循（Young et al., 1997: 27-29）。

　　綜上所述，「工作同盟」等同是「治療同盟」，聚思小組及帶領者展露主動性，讓成員感受到自己不是單獨的應對困境，而是有了盟友一起面對問題的癥結點。此合作功能性就是促進自我效能的關鍵（Teyber & Teyber, 2017: 123-127），也發展衍生性談話歷程的環境或氛圍（Anderson & Gehart, 2010: 65）。

這種既不是專家與成員的關係，而是有機緣聚在一起，也願意一同努力的人（Johnson, 2022: 94）。聚思小組看待成員的眼光，不將成員視為有問題的人，而是相信在他身上有潛藏的解方，能在兩者激發出正向詮釋，為問題打開一扇窗（Messias, Peseschkian & Cagande, 2022: 549）。

又當聚思小組的角色為「會談的藝術家」、「對談過程的建築師」，有時扮演著聽眾、見證人及共同作者等角色，最重要是時時都為團體營造出全方位的「對談」空間（林祺堂，2022：8）。以此聚思小組將自己與團體、成員共同工作，可將團體帶往更豐富的方向。

還記得前面所述，聚思小組既是團體成員的一份子，也是另一團體帶領者，其身分具有混合角色（hybrid role）（Chao & Chen, 2023: 6），又因其主責協作任務，可透過其反思性的特質（鏡中的我），為整個團體工作，挹注了較多元化專業技術及創新的方法（Jonasson, Nyström & Rydström, 2017: 399）。

想像一下，這個團體很複雜，不是指述問題的困難度，而是多層次、多方位的交錯形式。因聚思小組的涉入，促發整個團體動力更加活躍，其畫面好似是一種流動性的探戈，以即興舞蹈方式，兩兩互為搭配舞步，整個探戈的質量取決於舞者間的協調和默契（Johnson, 2022: 72）。而鏡觀模式的聚思小組（舞者）是具有積極企圖心，隨時懸念著成員正向人際關係改變的動機，故探戈的質量是重中之重，此即為工作同盟的精髓。

聚思小組功能範例

- ◆ 我們聚思小組進到這個團體裡之後，他們所架的橋如果能讓Leader coder會比較好接⋯⋯那個權力比較在乎是，通常如果聚思會點說，比方說某某人很沉默，那可能Le跟co就會接。

- ◆ 有時候聚思會提到說今天氛圍比較⋯⋯或者是這次的團體跟我以前看到的不太一樣，就是這種話可能就不太是Leader可以講的今天氛圍有點嚴重喔，大家怎麼了，這種話我覺得Leader可能比較難，尤其如果第一次團體的話，喔這次參加團體大家怎麼那麼僵，大家放輕鬆，其實大家應該會報以凶狠的眼神，有一種（what kipe tip）就是聚思可以講的。

- ◆ 聚思小組講完之後，退出來之後，後面的Le跟co所接的完全跟剛剛聚思小組在裡面所談的接合，分別詢問剛剛有被點到的成員，或是講到團體所見到的情況，及期待某人未來能被看見的部分⋯⋯。

- ◆ 那個權力比較在乎是，通常如果聚思會點說，比方說某某人很沉默，那可能Le跟co就會接。

- ◆ 身為聚思小組的一員必須看懂Leder跟Co-Leder在做什麼，如果我當下都看不懂的時候，進去我還要幫忙催化很難，甚至我會適得其反的把你拉到別的地方去。

- ◆ 在治療師跟聚思其實是一體的，這個部分其實成員他們也知道，可是這個其實就是，就是一個眼神，只是那個個體是不一樣的，可是我覺得那個精神是連在一起的這樣子。

> ## 聚思老師分享語錄
> ··
>
> ✦ 我很佩服如○老師（團體帶領者）沒有放棄任何一個成員。
>
> ✦ 那個○○一直在剪腳指甲，我心裡其實想，你太超過了啦。
>
> ✦ ○○、○○都沒有講話，有時也在睡覺，我也會好奇他們參加這個的感受是什麼？
>
> ✦ 很辛苦，但是我們可以一起走。
>
> ✦ 我先說明一下，我們團體的成員因家人間的生活相處、關係角色錯綜複雜，對帶領老師也是一種挑戰。

❖ 互補交替

　　聚思小組的多元角色中，是可供鏡觀團體運作時較具足客觀與具體的回饋，也適時提示到團體中較易疏忽的面向，甚至可以執行結構性的團體活動（洪琳絜、徐可馨，2017：56）。一般團體工作時，帶領者除負起團體運作流程，還須注意團體動力，及關注團體的突發狀況，因此帶領者無法做到面面俱到，這時聚思小組就可以補齊不足的面向（Faddis & Cobb, 2016: 47），這也是聚思小組催化團體的一部分。不過此團體運作安排需要額外的成本，如在考慮成本的限制，卻仍秉持此作法時，就必須有一群志同道合的人願意來做這件事情。

　　有一點值得一提的，當聚思小組中的老師皆提出一致性的看法時，盡量有其中一位老師可講出一些別的意見，這樣才能協助成員辯識即使大家僅有一種想法時，他也可以有不

同的選擇（Friedman, 2005: 207）。更進一步的說，當聚思小組如同觀眾一樣，在不同的角度或採取不同的觀點時，皆可探詢其他的可能性（Garven, 2011: 296），這可促發成員或是帶領者擴展更多的思維面向，看似複雜的理解，但因有聚思小組發聲，所達到效果卻又是簡而易懂（Young et al., 1997:31-33）。

觀看團體動力的細微流動，常會看見成員透過「**投射性認同**」下意識誘使帶領者上勾，不自覺複製了成員不良的人際型態，將自身的憎恨、愛、害怕、忌妒或需要等，都投放在「客體母親」身上（帶領者），假設帶領者迷失在動力關係中，「反移情」的現象就發生。相反的，成員對帶領者的移情現象是無法預測或操控的，所以當成員未關注在帶領者身上時，有時也會引起反移情作用（吳秀碧，2019：103；Amod & Miller, 2019:105）。

因此無論是上述兩種狀況的其中一種型態，帶領者皆會因反移情的作用，而迷惘於動力關係裡，這時的聚思小組可扮演著另一帶領者角色，充當「好的容器」（夠好的母親），將帶領者的反移情立即性的轉化，避免帶領者成為眾矢之地，且接手成為團體的另一位輔助帶領者角色。

有些帶領者特質較為矜持，對自我揭露程度也較保守，致使成員感受到冷漠，團體彼此間的疏離感愈發明顯，甚至帶領者於成員揭露感受時的回饋，變成是一種投射解釋，間接讓成員感受到被扭曲，引發了憤怒情緒（吳秀碧，2019：358）。聚思小組於內團體討論分享時，可具體以「歷程評論」回饋，對團體及帶領者是有提點的作用。換句話說，當帶領者沒有「聽到」成員所談的情緒，或者是聽到了，卻無效性的回應時（Teyber & Teyber, 2017: 211），聚思小組的反映對團體是有效果的。

　　倘若聚思小組視為是一位帶領者的角色假定，團體成員沒有動，但聚思小組從團體外移至團體內，再從團體內移至團體外的歷程，整個過程如同「心理位移」位格的轉換，讓帶領者（聚思小組）不僅是在心中移動了空間來看待自己，同時似乎也移動了空間來觀看別人，移動與別人的關係與距離（引自李素芬、金樹人，2016，頁493）。此為聚思老師透過外團體的看見，進而於內團體時將其所見、所感與驗證，提出自己的看法，於是激發了成員的理解（Nadan, 2020:510）。

　　由於聚思小組具有多重身分角色，他們可以像任何一種角色，但又不需要當責角色所應擁有的特質，例如協同帶領者的角色時，不須保持客觀性介入，可以保持自己主觀性的立場分享所聞所見。而如是站在成員位置時，他們不用如成員表現過度情緒化的發言，他們表達的是一種「適度」的參與和關注（Chao& Chen, 2023:3-6）。

　　這些聚思小組的特質，最重要的要來自於聚思老師個人本質，也即是老師們要清楚覺察自己行為背後的內在需求後（李素芬、金樹人，2016：490），再影響自己於團體中的身、語、意。如更深入一點，且結合冰山理論的話，聚思老師時時覺察自己在冰山下的區域，要深度的自我看見（蔣欣欣、廖珍娟，2021：17），如此才能更大效能的發揮自我，達到「波瀾所至，震撼無限」的效果。

　　前述於聚思小組在工作同盟的角色，將聚思小組比擬為「會談的藝術家」、「對談過程的建築師」，透過在內團體時的分享，將所見引入成關注的焦點，吸引團體的注目。由此延伸出聚思老師的功能性：「將背景相似的成員連結起

來；以多重認知角度感知成員的觀點；將成員於團體中的陳述，轉化成較具療效的語言，並深化其看見，將其生活故事重述出來；不受成員的情緒影響，而以關懷的方式傾聽成員的內在聲音」。

再次鼓勵身為聚思小組的聚思老師，因為有了您們的加入，無論是個人特質及願意坦露自己人生經驗的勇氣，都會影響到團體動力、凝聚力，更能促發成員間的互動，以及加速他們的開放程度（蘇凡淇、李傅怡，2015：20）。這也符合了鏡觀模式誠摯邀請您們，希望發揮出加速團體進程的目的。

套近實務經驗的技巧而言，如何引發聚思小組於「互補交替」這位置的運作。記得鏡觀模式的團體運作，特別強調平等與接納的態度，更要大家儘量「貼近」成員，營造出信任的氛圍，並形塑出「鏡中的我」，讓成員了解整個人生發生了何事？為何自己的狀態是這樣子？這時「鏡前的我」才能從內在真實的發生變化（Johnson, 2022：77）。

> 我們因為自己擁有豐富及複雜的內在對話，又有與成員之間的外在動態關係的談話形式（Guilfoyle, M., 2018：428）。

換句話說，聚思小組、成員及成員的故事，以三角關係呈現時，鏡觀模式的鏡映效果，提供了值得探索的轉移面向，且有助於能夠領路進到更深層的潛意識核心。再加上鏡中的我（聚思小組所建構的鏡子），重構了成員的故事，呈現給成員參考，這些故事對成員的善惡分辨特別重要，更是建立成員良知發展的基礎（Messias, Peseschkian & Cagande, 2022: 38）。

　　此所重構的故事，聚思老師會用解釋謎團方式，去解讀特殊意義經驗，經由老師們對問題的討論，並會再重構出另一層次的觀點（NystrÖm & RydstrÖm, 2017: 398, White, 2018: 82；Jonasson）。這些豐富的新觀點，對成員而言，皆是達到耳目一新的境界。那一說到了重構故事，代表的不是成員原先的故事，而是「我們」的故事（聚思小組、成員間）。也就是說，經由彼此聆聽和敘說故事（同心協力的機制－成功不必在我），都是重構自我的創造行為，透過現在的自己，看到過去的自己。當自我敘說時，已然創造出「當下的過往」，將過去與現在產生了連結（林祺堂，2022：5）。

聚思小組功能範例

✦ 我在當Le的時候，我會很感謝聚思小組，就是在前面部分團體的時候，在Leder跟Co-Leder立場不太能夠出來的東西，可能我就敢給它講出來，就是不適合給他出來的東西。

✦ 我觀察到是，比較少有不良的影響，就是我覺得權力結構的流動都多多少少會有，但是像聚思老師在討論就是每個成員狀態的時候，就是我們看的的一些現象把他點出來，那其實我們退出去之後，Leder跟Co-Leder就會運用這些素材在跟他們進一步的討論，他比較少會看到搶到Leder跟Co-Leder的主導權。

✦ 要回到Leder跟Co-Leder他想要走哪個路進去，催化什麼東西，這條線這樣子，譬如說，Leder跟Co-Leder想要停留在悶跟痛苦這條線的氛圍去思考，類似這樣子。……有點像互補或合作，可能一句話或一個hold他就可以再更近」

◆ 我覺得那個東西是他僅有的一個表達回饋的一種方式，因為他好像已經找到他的內外一致性了，他願意調整，我覺得這部分似乎是治療師跟聚思小組的一個合作關係也好像彷彿到了哪一個層次的那一個目標。

◆ 我覺得有一些話，當L跟CL不太好講，因為會有一些比較大的阻抗，然後那個好像如果聚思講出來，因為比較像……我是不知道什麼機制啊，像有一些話，裡面的人講好像好一點，比較挑戰的那種，我們講好像就……變成是來嗆聲……我覺得啦！有些話啦！

◆ 就好像裡面可以多一點的猜測，還是多一點的挑戰，然後……應該説我們都會有顧忌啦！可是好像當L的顧忌會比裡面的人多一點。

聚思老師分享語錄

◆ 在動力的部分，像○○在團體氣氛引流的部分，他都有在幫兩位老師的忙，我覺得還蠻棒的。

◆ 剛剛謝老師的分享讓我覺得蠻感動的，因為老師的經驗和我自己的很不一樣，在講那些和家人，例如説和爸爸那麼緊密又那麼害怕，然後和媽媽的緊密，還有姊姊身為家裡面老大的那個責任，會讓我自己在聽的過程裡有很多的觸動，也會很好奇大家在聽的時候感覺是什麼。（原生家庭星座圖）

◆ 我覺得啦，有時候配偶的話可能也沒有很重，但是因為自己的原生家庭的關係，聽起來就會很像是生死存亡之爭，會爆炸。（代間傳遞的影響-多代情緒歷程-負面因應行為）

◆ 很擔心成員戴口罩，把自己關起來，我們很重視這個成員，但他戴上口罩，我們的感情就流不出去。

◆ 當有好多次、好多次感受到自己的聲音沒有被聽到。當然就會有挫折感。（家暴事件-他）

◆ 當覺得自己的聲音都沒有被聽到，就會有很強的失落感，這也會讓關係沒辦法改善，這過程很難、很辛苦。（家暴事件-他）

◆ 今天大家在講故事時大家會講很順，老師請大家說心情時，當下就停頓，我當時在想會不會是我們平常會很少去講到我們的心情，就直接跳到說：這件事是這樣，我要怎麼做，就忽略自己的心情，也忽略掉我那時候、當時的感覺是什麼？我到底是受傷了，還是被背叛，還是感受到什麼，像：很快的就會略過。

◆ ○新、○雄、○原，當老師一問心情時就會停住，我在想說，會不會是平常比較少這個習慣，可能也不了解我們自己的心情，所以我們也沒辦法讓對方了解心情感受是蠻隱晦的，大家經歷／參與團體多次，對彼此間有一定的了解，可能大家聽得懂。

◆ 聽起來我們三個的看法很不一樣，好像是，我在說有很多訊息我們沒有清楚，知道背後的故事是什麼？

❖ 公開對話（開誠布公）

　　帶領者有時可透過公開對話（open talks）方式，化解團體僵局，或是團體抗拒現象，並能深化團體效能及促進彼此合作關係（陳淑芬、陳秉華，2018：26；吳秀碧，2019：301）。不過也有風險性，有時因團體張力正處於敏感且有挫折感時，如果運用不當很容易陷入更大阻抗。此時聚思小組可替代其角色，成為另一帶領者身分，與團體成員公開對話，還有更重要的意義，即是團體最在意的是對話。而聚思小組可因不受限的角色，聚思老師可用成員的語言（Friedman, 2005: 56），傳遞團體所預期的目的，甚至觸及新的想法的可能（Garven, 2011: 297）。

　　針對聚思小組更擴展一些身分角色，把其視為是團體成員的一員，透過其在內團體的時候，好似如同外圈的成員身分相同，當其發表言論及互為分享時，看來是自己的獨白（聚思老師各自發言，如同成員用不同的角度在發言），與內在小劇場運作（聚思老師在內團體時彼此分享的氛圍），只不過這是由一群人所構成的個體，其發聲的層次具有豐富的厚度，及帶有自身體驗式的論述，提供了多重的看見，挹注入團體成員的心海裡（Nadan, 2020: 511）。這時候聚思老師的反思，不僅提供了深度的感受和想法，也對自我和成員建構了生命連結（Johansson, Nyström & Dahlheim-Englund, 2017: 742），提升了不少的團體效能。

　　倘若上述的假說成真，由聚思小組所扮演的角色（帶領者或是成員），不僅可促發團體對話，也將對話中的聲音、觀點、知覺、信念等，包含其中涉及隱而未說的部分（吳秀碧，2019：301），也都可藉由聚思老師多層次揭露，促發成員有機

會反思自己的狀況（林沄萱、吳怡旻、黃久美、傅雅麟，2017：23）。當成員有能力親口說出時，這時的語言力量，可說是更堅定自己的立場（楊雅嵐、李玉華，2017：186），這整個團體的運作，可說是已向前邁進了一大步。

　　鏡觀模式的運作，是以「**多維度／多層次及匯集眾人意志**」的介入方式，與團體及成員公開對話，促發團體動力的發生，並深化成員覺察自身的議題（陳淑芬、陳秉華，2018：26）。當然聚思老師所操作的語言，非常符合成員的文化世界，所以也產生了塑造的作用（Friedman, 2005: 56）。此所謂的塑造是因聚思老師的分享，會激發出成員或是團體衍生新的想法（Garven, 2011: 297），不僅是因單一的聚思老師，而是多個聚思老師、帶領者及成員，共同組合而成的團體，也因多人的見證體驗，讓成員感受到改變的可能性（Nadan, 2020:511）。

　　楊定一博士（引自2020，頁250）有言：「情緒是念頭的產物，念頭也是情緒的延伸……念頭好似是客觀的看法，但還是在反映情緒。」這裡所提的情緒和念頭的關聯性，兩者互為影響。當情緒高昂時，常會阻礙彼此間相互瞭解的溝通途徑。例如，一個情緒不佳的人在表達自己時，會誘發別人下意識地反抗這種情緒張力，致使彼此產生了溝通盲點。

　　但如果細看為何會有高昂的情緒化反應，其應該不是無端出現，剛開始時是不好的念頭緩慢產生，後來累積到一定強度，最後即使遇到不大的細故，卻也促發極大的心理或身心困擾，猶如靈魂的騷動一般，就像是煮開水的過程，先慢慢加溫，直到沸點來臨，突然沸騰起來（Messias, Peseschkian & Cagande, 2022: 43）。而當情緒變成兩者間的衝突加味劑，對兩

方都是不好的經驗，此時最好的方式即是「公開對話」，將問題講清楚，至少不要再惡化下去，也能維護各自的內心平衡（Lá, 2022: 18）。

　　對世間法的常態而言，人們常須面對實然與應然面的衝突。實然是指「自身經驗」，應然是「社會期待經驗」，這也是隱藏著社會文化絕對真理標準的宰制。由此再延伸，問題內化的結果，就將人等同是問題，陷在無法服膺「應然」的泥淖裡。凡倒是理解到，人不等於問題，要視問題如何干擾到人才是重點。如此從原本人是問題，到人和問題分開（突顯人的主體存在）（林祺堂，2022：6），如此才能安定身心，抽絲剝繭找到問題的源頭，並研議出解決的處方（千里淳風，2022：263）。

聚思小組功能範例

◆ 那個三角關係很典型的是，如果我們團體性質終究還是比較偏向非自願的，非志願性質比較高，那你Co-Leder，因為常常會有一些成員講一些就很貶抑女性，就是很自以為是的話，那Co-Leder比較不太能去比方說，Co-Leder比較難去說我不認同你的話，我尊重你怎麼講，啊聚思比較可以講。

◆ 我大部分會比較看到就是團體成員他的矛盾衝突的時候，就是這個地方，譬如說〇曼老師他可能做的比較多傾聽投射的地方那個部分，那我做的可能比較多的是，你為什麼會這樣做，你的很多的衝突跟矛盾，然後我就會在內團體裡面直接去說出來。

◆ 有些人他就是會在團體裡面他就是比較沉默啊，還是幹麼的，他們就是有時候可能會擺一些各種動作，他的耳朵重聽～要靠中間的成員傳話，所以有時候聚思小組都會提醒說，大家講話要大聲一點，因為這樣他才聽得到。

聚思老師分享語錄

◆ 剛才○○很像要告訴事證的部分是，真的不容易啦！啊，過程中總是有些誤會與摩擦，既然這輩子是如此，趁現在還住在一起就好好去學習，沒有關係。（家暴事件-我：外化情境-具象化）

◆ 他今天是最後一次，我希望他記得他努力的……祝福他（們）。（我的改變：迎向未來-付諸實踐）

◆ 我是上梯次的老師，還蠻開心今天一進來還沒開始前，然後三點半就看到○○就來了，我還蠻祝福○○在這梯12次以後回到生活當中，找到願意珍惜她的好的人。（我的改變：迎向未來-正向認知）

◆ 今天是不是，默默的思念，或者像今天的○○，雖然他有情緒，可是他還是會做，就像○○他把衣服放在那邊，但是媽媽到底懂不懂他，那個之間的好，就像○○阿伯，他說他也是為了他老婆好，伯母可能也是6、70歲了，還要開20年的車，當然中間會有危險，他可能一時情緒上，可是他認為的好，是他老婆感覺的好……。（現在家庭星座圖）

◆ 如果我們見到太太的時候，想要跟她說些什麼事情？或者是做些什麼事情？我覺得是真的可以想一想，因為如果現在不先想，因為時間在過很快，如果真的到那個時候，你會真的會有一些不知所措。

◆ 有時候法條的東西很生硬，如果沒有這些案例，我們很難清楚知道它到底是什麼，也只能照字面的意思，可是不是很清楚具體什麼樣的行為會被法官判定是這個法的違法行為，真的有時候要去理解那些法規真的需要一點心力跟時間，如果像這樣大家可以討論，覺得這是一個機會。（家暴法律的認識）

◆ 來這邊是把我自己目前所發生的一件事情，看可不可以能夠有學習的地方，讓自己能夠可能不會再面臨這樣的問題，譬如說像教育的問題，是不是用什麼樣的一個方式來跟孩子溝通，或者是跟我們的另一半溝通，然後可以得到更好的一個解決。（家暴事件-我：例外效果-擴大自我）

◆ 每一對父母或是說夫妻之間總有吵架，可是我相信沒有一個人願意在自己的夫妻關係或父子關係裡面去做壞人，一個父親會對自己的孩子一定是有一個好意在裡面，有時候可能是方式不對，他說他很關心太太的開車方式，這真的很主觀，出發點都沒錯，但是不是方式的部分太過了，或是說某個程度沒拿捏好，或是說那個方式不是太太期待的，可能就因為這樣產生了誤會，產生了誤會又，說話我們都會，但是說了有對、有清楚才是學問，這可能是還需要學的部分。（家暴事件-我：視域轉換-創造空間）

❖ 自我－涉入陳述

在團體動力運行時，有一種因子很重要，就是「**自我覺察**」（個體對自我內在狀態的知覺）。這裡的自我覺察對象，不單是成員，也包括了聚思老師也都要自我覺察，如此也才能自我涉入（ego involvement）（張仁和、黃金蘭、林以正，2010：51），體現對成員的真正理解，亦即是當聚思老師能意識到自己的想法和感受時，成員於團體中的種種事跡，連同感受及脈絡，皆能更深入的被揚起（Johansson, Nyström & Dahlheim-Englund, 2017: 742），這個功效是非常值得重視。

> 聚思老師可以透過以下的自我提問來進行：你注意到了什麼？為什麼會引起你的注意？為什麼讓你產生這麼大的反應？你是怎麼決定要對此提出評論？（White, 2018, p77）

另一層次的探討也是針對聚思老師的反思，當我們對別人做出反應時，也同時對自己的回應，情況恰如「自我的內在對話」（inner dialogue）。如此辨識過程，激發了聚思老師對自我的瞭解（林沄萱、吳怡旻、黃久美、傅雅麟，2017：22）。反思示範：聚思老師在外圍觀察團體時，其著重點為：「當我觀察團體（團體的意象或是成員的狀態）時，什麼樣的情緒是被我所感受到的？」，「當我看到這個雕塑時，我經驗到什麼樣的情緒？」（Faddis & Cobb, 2016: 47）。

這裡指出聚思老師非僅是與團體保持距離，客觀的觀察著團體，而是當在外圍觀察時，已是兩個主觀的個體，彼此在團體動力牽引下，於同一空間與時間內，互為交錯激盪

著。所以聚思老師一定抱持著涉入－自我陳述，尤其是以自我揭露方式，增加自己的透明度（Nadan, 2020: 519），如此可破除外人的角色（治療師、權威、團體外的人），拉近與團體的距離。

「觀點，就是看法：但也不只是看法而已。很顯然地，這個「觀」和「看」，不只是用眼睛的視覺功能，連結頭腦去理解而已，還要用耳朵去聽、用心去感受、用各種不同的人生經驗去體會。唯有這樣，你才能講出一個觀點，或聽懂別人的觀點。」（引自吳若權，2021，頁58）

這句話是鏡觀模式對聚思老師的期待，也就是說聚思老師能說出吸引成員的故事、且故事的內容能喚起成員的意象，與這些故事相呼應的個人經驗，以及自己（聚思老師）認為如何受到這些故事所觸動（林祺堂，2022：12）。唯此，聚思老師在自我－涉入陳述的學習重點：傾聽、開放、尊重，及欣賞成員的生命（Chao& Chen, 2023: 7）。也就是聚思老師透過團體的看見與體驗，由成員身上發現未被意識到的自己，再經由生命交會，形成融合多層次投入的理解及提問（蔣欣欣，2021：21-22；蔡至涵、劉盈君、蔣欣欣，2022：3）。

才能達到多視角化呈現「鏡中的我」任務，且以此與「鏡前的我」對話，此種互動模式，猶如自行車比賽中的車隊默契。車隊中擔任前導車的破風手（副將）與衝線手（主將）在賽道上的相互作用，其動作、聲音等皆以「複調」對話交流，彼此完成不可分的配搭（Olsson, 2014:164）。

　　而就聚思老師的位置，好似與成員因彼此共構經驗故事及互為激盪交會，有時導致了「（情緒）融合當機狀態」，這又有違鏡觀模式的精神。記得要做出的鏡映反應，是以保持不沾黏的狀態，所以聚思小組既要能夠看清楚，且又保持不被捲入的狀態（田禮瑋、張鎔麒，2017：93）。為何如此的作為？這裡是以「高功能／低功能」互惠關係來說明，當過度高功能／低功能的兩方互動時，高功能者要求低功能一方順應自己，結果低功能一方自我界限破裂，也到了失去自我的地步，高功能一方又從裂縫中借取了自我（Glibert, 2016：145），形成了惡性循環。而聚思老師在團體的身分地位上，常是以高功能角色自居（專業背景及成熟效應），這種借貸關係，會污染到鏡映效果。

I am authentic and I also reflect where, specifically, it touches me. But I also have a second voice, which tells me: I am here for the client.

我很真實地反映我的感受，特別是觸動我的感受，並且我也有第二層聲音告訴我，我在這裡是為了我的個案。

Nadan, 2020: 519

聚思小組功能範例

◆ 這個權力結構來講的話，如果我們，畢竟我們還是對成員有影響嘛，不是對Le和co是對成員。

◆ 我不知道是聚思的眼睛或經驗，就是會看到某個成員一直在講話，啊他講的東西可能一直都一樣，所以沒什麼

好講的，但是當有時進去時你真的不知道你要講什麼的時候，話多的人就很容易被拉來當素材，那這可能就會造成權力的東西可能就會造成聚思再run一次，可能就會成為聚思討論的主軸。

聚思老師分享語錄

◆ 我相信新來的一定會很疑惑說，明明是被判的來上家暴的這個課，卻好像說是沒要沒緊的感覺（台語）。（參與團體的承諾）

◆ 今天比較多是太太跟小孩，想〇〇在家裡是聲音比較出不來的，應該在家裡以較壓抑，話都爸媽在講，或者比較不表達自己的意見，可能那一次溫度計爆炸了，所以這次就來了，累了還是怎麼樣。（重要照顧者與我：家庭動力-順服）

◆ 所以那個好，我自己的定義跟對方的定義不一樣，到底對方有沒有接收到，在今天的話題裡面雖然大家都很踴躍的發言，就像今天〇〇也有說，我看到我的孩子一而再、再而三，我忍不住我就講了，可是我相信講的也是為孩子好，但是那個好跟對方的好，到底是不是能夠接到，我覺得接下來我們會有很多討論吧。今天這個好，我覺得很沉重。（家庭結構的認識）

◆ 我有點擔心因為這個事件是新的事件，那所以我聽到了之後就覺得怎麼會這樣子。覺得好像一波未平一波又起。

◆ 我相信我們的父母親跟我們在座所有的人,我們在當父母之前,都沒有當過父母的經驗,所以我們就用我們父母對我們的方式,無形中去對我們的小孩。這個情緒的傳承,是我們不知道的。(代間傳遞的影響:多代情緒歷程-無效養育方式)

◆ 我剛剛聽到○○講的故事,我有一點被觸動,有一些心情。我國中也是被欺負的,也有那種無名火在燒的心情。但我會想說為什麼會這樣,而且後來的時候會有一些事情容易把這個無名火提上來。(代間傳遞的影響:多代情緒傳遞-焦慮的傳遞)

◆ 剛剛○○在講爸爸十九年次,然後老師問他爸媽相處的狀況,他就跳掉了。我爸爸也十九年次,你問我的話,我也是講不出來,我想那個年代的人就是很難看到一些爸媽的相處。但是知道爸媽很辛苦。(重要照顧者與我-家庭動力-親疏)

◆ 我童年裡,我爸媽是缺席的,所以我看到○○的時候大概知道他的辛苦。(重要照顧者與我:家庭動力-親疏)

◆ 我記得我高中的時候有一次,我爸爸坐在我床頭跟我說,我真的已經不知道怎麼才能管教你了。我那一刻才真的感受到我真的有個爸爸,以前那些管教我只會反抗,但是那一刻我可以感受到我爸爸的情緒,他不是只是在講道理給我聽。(重要照顧者與我:家庭動力-衝突)

◆ 我這麼大了,我也不想被長輩的事情波及,我就按照自己的方式去,不一定要依他們的。長輩都老了,也不會去跟他們計較。不過,還是會有遺憾,渴望可以和解。

◆ 另外我聽到大家講婚姻的事，就想到，我結婚二十幾年，家都是我打掃，這幾天我帶小孩出去玩，回到家那個家有多髒，我就很火大。聽到大家故事就覺得，那我要安靜。對跟錯，我一直在想對跟錯，但可能就是沒有對跟錯，就是處理事情的方法不一樣。他也說他覺得我把他丟在家，他很寂寞。（家庭結構的認識）

◆ 如果長輩跟我講這些哲理的東西，我這個年紀可能理都不理。

◆ 如果父母做什麼我都無感的話，事實上我在心裡面已經放棄了。（重要照顧者與我：家庭動力-逃避）

◆ 剛來的一年，我覺得他們講這些冠冕堂皇的話很虛偽，但三年後還是覺得虛偽，後來發現不太是，應該是我討厭自己。

◆ 好像我的付出跟我所獲得的不一樣。（家暴事件-我：自我涉入-自我迴響）

◆ 我覺得每個人對家的經營都有自己的方式，就是不知道有沒有去互相核對一下。我在想說我等一下回家，要問一下我先生，我這幾年我有沒有讓你很委屈。

◆ 既然事件發生及法官判決下來，像我們自己的家也會有不愉快，來到這邊，在老師的陪伴下，重新去看那件事以及未來如何走，在發生傷害、委屈，在這邊分享與分擔，團體課程讓我們生活再繼續往前走的力量。（未來的我）

◆ 其實我覺得今天大家講的東西我會很有感觸，因為我也是媽媽，○○講的我有一個很深的感覺：我覺得這社會

> 變化太快，快到我無法跟上，無法用我們過去學習的那
> 套。（代間傳遞的影響：家庭動力的複製-社會學習）
>
> ◆ 「男生被騙是什麼感受？」，我想被騙應該都是心甘情願
> 吧，才會被騙，所以，以我來講，我會覺得說自己傻，周
> 瑜打黃蓋，願打願挨，我自己的感覺就是這樣子。
>
> ◆ 我（女性）覺得女兒會叫「老爸」這二個字，那種親子
> 關係其實是非常好，我羨慕女兒會叫老爸，我爸很嚴
> 格……。
>
> ◆ 我經歷過及陪朋友（她）走過，也體會當局者迷的心
> 情，我跳出來教她怎麼做，她還會回到他身邊，我就想
> 說：「妳不是瘋了，在當下看到對方的好，忘記對方的
> 壞處」。（家暴事件-他）
>
> ◆ 在很用心的經營關係之後發現「用心卻被誤解」的心
> 痛，在面對法律之後更痛。（家暴事件-我：自我涉入陳述-
> 自我迴響）

❖ 意義歸因

　　聚思老師將觀察與自身經驗的連結，涵化而成的「**意義
歸因**」，促發了成員於團體中願意顯現自我揭露，也減少了抗
拒的發生，這是一種支持性的治療氛圍，有助於成員自我理解
（Allan, Klarenbeek-McKenna & Day, 2019: 396），也形成了聚思
老師及成員都感到參與團體的價值感（吳秀碧，2019:236-237）。
此處所指的意義歸因，是將成員所論述的故事、事件或是感

受，經過聚思老師的理解，將其轉化成較深入成員內在的陳述（Gehart, 2018: 388; Nadan, 2020: 515）。

　　例如，看見某一成員有無奈的感覺時，且常在說明自己所做的事沒有被肯定的時候，特別會有這種感覺，聚思老師結合某成員陳述自己在小時候，與父母相處的關係狀況，而下了一段意義歸因：「○○○在小時候未被父母肯定，反遭受父母的貶抑，致使現在一直存在著無效能感，或是權威感。」（Teyber & Teyber, 2017: 67），清楚的將成員內在心理狀態呈現出來。

　　往昔的成員常顯露負面的經驗或感受，但不知為何如此，而這些正是自己喪失「擁有自己主見」的能力，或是扭曲成「認知糾結」（康學蘭，2023：10；Teyber & Teyber, 2017：68）。又例如，當自己抗拒發生時，它是一種保護自己的防衛機轉，以讓自己不被以往痛苦經驗所掌控，但卻不斷毀了與別人建立良好人際關係的機會，仔細理解一下，這些抗拒是在和不安全的依附關係做連結（Teyber & Teyber, 2017: 96-150）。當抗拒發生，代表著現在的感受，正在喚起過往經驗中與重要照顧者的不安全依附關係，這兩種不同時空的感受，迷惑了自我防衛機轉（李雪欣，2017：13），致使自己無所適從。

　　遇到可做意義歸因的機會時，代表著成員的「**入口處**」（Point of Entry）已出現，這時成員會伴隨著討論的內容，出現了痛苦的感受（害怕、悲傷、失落、無助等等）（Teyber & Teyber, 2017: 170）。這時成員會因以往不安全依附關係的經驗，試圖面對著當前的困境或是相關人事，猶如小時候面對重要照顧者的經驗重現，好似整個人生就是不斷相同的老故

事，卻在自己的身上重複演出（Teyber & Teyber, 2017: 198），
此時會陷入自我資源耗竭的狀態，更無力處理所面對困
境，這就是「應驗性偏誤」（confirmation bias）傾向（孫
蒨如、林慧慈、洪嘉欣，2017：164）。

另聚思小組的功能性，伴隨著意義歸因的運用，能
緩解成員因要迴避過往負面經驗，所產生的害怕與不安，
代之而起的是用「普同性」的經驗分享，將聚思老師類似
經驗於內團體時呈現，對成員有實質的撫慰效果。誠如邱
惟真（引自2009，頁154）所言：「他必須「**凝視**」這件事，
並且「**凝視**」在這事兒中的情緒，也就是「**見證**」它，然
後「**定位**」這件事，為這件事尋求一個意義，最後是「接
納」這事的發生，「**接納**」這事兒中的情緒。」當成員有
機會及願意「凝視」負面經驗時，就有了對「情緒」的再
認識，也因此時此刻的自己，已非單打獨鬥，而是有了一
群聚思老師的陪伴，心裡已不孤單。

將成員於團體內所敘說的言詞，經過概念化之後，可
將特定言詞變成一種力量或是象徵（There was something
extremely powerful about those specific words, and a word
is like a symbol.）（Nadan, 2020: p515），並能經由聚思老師
導引成意義歸因，以此促發成員反思及感動，因此也將其
賦予生命意義，這就是真正看到了成員隱而未顯的事情，
轉化成「一種獨特的明亮」，提升了成員自我效能（Case &
Dalley, 2017: 143-144）。

　　例如，成員一直抱怨這個團體對他沒有任何幫助時，聚思老師敏感的覺察出這就是他這一生中一直重複的人際關係型態。以此能在團體外的觀察，歸因他在人生親密關係重複發生的困難問題，或許如此可以成為一個待會在團體中可討論的有意義問題。不過，為避免成員受到傷害，由聚思老師的發想，可相對緩和繞著團體作為涉入系統，不只對團體可以產生較多意義，也對成員較有利（吳秀碧，2019：239）。

　　語言的運用可讓命名變得非常醒目，但也衍生出各種不同的標籤，不過何種原因才是與命名相關的論述本質呢？（White, 2018: 93）下列參考意義歸因範例：

◆ 那一段「難以放手」的擺盪掙扎，閃耀著生命中最動人的牽腸掛肚。（引自謝宛庭，2019，頁70）

◆ 孤獨是生命的本質存在－正是孤獨這個動力，讓我們追求愛、渴求用來解除孤獨。（引自林筱婷、杜恩年，2017，頁65）

◆ 遭遇苦的，不論嚴重程度或大小，可貴的部分是當事人會如何反應苦……經歷苦悶、失敗、憤怒、無力、無能的心路歷程，在這樣的時刻，如何整理出對人、對事情的看法，是幫助案主轉變生命的動力。（引自林筱婷、杜恩年，2017，頁76）

◆ 很多家庭中的爭吵、衝突只是表面現象，背後代表家人之間存在著溝通差異，沒有人能夠與另一個人真實地接近，常常聽錯了彼此的意思，更無法聽到彼此的感受。（引自楊雅嵐、李玉華，2017，頁164）

◆ 過度的使用防衛機轉，人們無法清楚地瞭解自己的感受，因而導致生活上的適應不良。（引自李雪欣，2017，頁13）

◆ 關係具備一種本質，就是會在強烈感覺的影響下歪曲走樣。關係能夠在不知不覺中將大多數人強烈的內在感覺誘發出來，然而誘發出來的這些強烈感覺也同時扮演著悄然改變關係的角色。（Glibert, 2016, p72-73）

◆ 關係中的痛苦猶如泉湧而出的水井，四溢漫流，經常污染並肆虐著雙方的身心環境。（Glibert, 2016, p79）

◆ 疾病得以被正向詮釋：例如，憂鬱症可被視為「內在情緒衝突的反應能力」；害怕孤單可以被解讀為「想要與人相處的慾望」；酒癮則是「讓自己得到所缺乏溫暖或愛的灌注能力」；精神病症新解為「同時愛上兩個世界的潛能」；心臟疾患則是「讓事情上心的潛能」。（Messias,Peseschkian & Cagande, 2022, p39）

◆ 感受情緒是人的本能，無論你願不願意，或許正是因為如此我們才顯得更有人情味。情緒本身並無所謂負面或正面之別，每一種都會以各自的方式帶來一些啟示……所有的情緒都同樣重要，而且更重要的是，它們可以促成改變……情緒本身沒有好壞之分，我甚至會說每一種情緒都有幫助，因為它們能讓我們明白自己究竟發生了什麼事……情緒或感受可以由某個情境引發，因此，自身的情緒主要反映你內心世界的變化，它們會告訴你，這種情況是否滿足了你的需求。」（Lá, 2022, p96）

◆ 當個體面臨痛苦時特別容易孤立自己，陷入自我批判。（引自金樹人，2018，頁131）

◆ 抗拒行為主要的共同特徵，就是抑制的行為，禁止了成員個人去自我揭露內在的訊息……成員個人可能害怕一但自我揭露個人問題，將不被其他成員所接納，或是可能遭受其他成員聚焦，而個人無從招架之窘況……有些成員則是尚未準備去面對他們痛苦的遭遇，或有成員可能感到無法改變個人困境或苦難，或無法獲得個人所期望的目標。（引自吳秀碧，2019，頁430）

◆ 在我們的生命裡需要防衛、保護機制，它們往往有助於適應，也是因應生活的必要機制。……來幫助自己降低焦慮、維持依附連繫，以及防衛或保護自己，免於遭受真實的威脅和危險。（Teyber & Teyber, 2017, p114）

◆ 情緒的存在是為了提供行動所需的能量……反應是為了把此時的狀況改變成我們期望的狀況。（Burke, 2020, p110）

◆ 欠缺「自我」，表現在過度控制與占有慾。」（Kerr, 2020, p22）

聚思小組功能範例

◆ 我覺得就是，除了就是我們反映他們的狀況外，我覺得
聚思小組還有另外一個作用就是，他們有一些話說不
出來，但是如果聚思小組有看見，可以肯定他的後面的
想法，把它說出來的時候，就有一種幫他抒發的效果，
就是把他一些內心的不滿，把他一些不敢說的地方說出
來，那個瞬間我覺得對成員來說就有一個不同的影響，
那我們在外團體的時候就會比較有一些些微的改變。

◆ 我把他那個負向的東西，更深入去找到核心的需求，譬
如說他希望是被理解的，他希望是被愛的，或者說他是
覺得沒有被尊重的。找到他這個相對是可以接納，或是
也可以連到其他成員的主題性的時候，再回應出這件事
情。就如果真的講不出我們就真的不會講，但是等到有
可以連結性或是什麼的入口的時候，我才會再帶到聚思
小組去。

聚思老師分享語錄

◆ 像○○他第一次來的時候，好像手上拿了一把劍，這個
世界好像有巨大的怪物，他對著怪物說「你不要過來！
你不要過來！」的那種感覺；一直到現在，他今天講說
他有三次的保護令……他講的時候我感覺到他有一點，
兩次……其實我還蠻……我只是一直看不懂他到底發生
了什麼事？他的事就像一片叢林，我看到的好像只是其
中一片幾棵樹讓我感到他好像有挫折。（家暴事件-他）

◆ 像○○，他至親過世的時候，他還蠻難過的，從他言談中感受他是個孝順的人；其實那時候他的感受現在對照起來，過去是……他不願意與他太太分開，好像是不願意讓過世的父母親有「沒有圓滿」的那種遺憾。（重要照顧者與我-個人性格養成：人際關係因應策略）

◆ 因為情所以不敢去做道理應該要做的事情，因為情太深所以捨不得道理應該要做的事情。所以我才會說不清。

◆ 當你遇到事情就像有人拿鐵鎚（台語）打你頭，然後一片混亂，然後頭昏腦脹，看事情的時候一定會非常地亂。（家暴事件-他）

◆ 愛越多，恨越深。（重要照顧者與我：分化／融合）

◆ 我猜啦，雖然爸爸很寵愛他，可能他不需要那種什麼都幫他做的那種寵愛。所以媽媽那些要求，可能也促進他獨立的那一部分。

◆ 有些東西是切不斷的，就像親情一樣。（重要照顧者與我：個人性格的養成-依附）

◆ 想維持家裡的和諧，犧牲自己。（重要照顧者與我：家庭動力-親職化）

◆ 他是一個好的爸爸、好丈夫，但是在這個家庭裡面，因為每個人堆疊的經驗都不一樣，他要怎麼樣給每個人正向的影響？還是因為這個平等讓這個家庭的每個人都亂了。（家庭結構的認識）

◆ 媽媽忘記○○已經長大，所以一直用對待小孩的方式去
　 跟他相處。（重要照顧者與我：分化／融合）

◆ 會對媽媽那麼兇，其實是在保護自己，也在保護媽媽。
　 想要讓媽媽不要那麼靠近，可能他是怕媽媽太累了。（重
　 要照顧者與我：分化／融合）

◆ 孩子是很大的牽掛，跟孩子的感情、跟父母的感情，重感
　 情（惜情）的人都很辛苦。（重要照顧者與我：分化／融合）

◆ 在盛怒之下把孩子趕出去的心情是掙扎的且是愛孩子的，
　 但沒有將愛表達出來。（重要照顧者與我：分化／融合）

◆ 公主的負擔和責任是更眾多的。

◆ 不管是被寵過頭或是被嚴厲地懲罰，似乎都是有愛存在。

◆ 每個人的家庭對家內的互動可能已經習慣，但習慣所觸
　 發的衝突卻是成為家暴的原因，而變成是傷害。（家庭結
　 構的認識）

❖ 賦能

聚思小組於內團體分享討論的言詞，雖有面質的意涵，但卻無貶抑、批判的觀點與指導式的介入，反倒是以包容、接納及鼓勵成員參與，希冀成員有更多的發言，並從中覺察出改變動能，以撥正往昔的慣性，且因討論內容涉及更廣度的看見，也就是說豐富成員的故事、知識，如此對成員賦能，促發成員有更多開放及選擇的機會，這些都幫助了成員蛻變最好的資糧（Young et al., 1997: 29-31; Teyber & Teyber, 2017: 157；Nadan, 2020: 511）。

上述的用意，其目的就是導引成員主動參與，且可藉此對事件的意義做出詮釋與新的想法，亦即是成員因聚思老師的提點，引循其找回自己真實的聲音，對解決問題才是根本之道（Teyber & Teyber, 2017：157-160）。也因聚思老師心懷如此的態度，不僅培植了成員的自主性，也強化了成員改變自己的動機，這種賦能的結果，自然就促發成員有了正向的改變。

另要破除成員對處遇介入的阻抗，不能躁進用急，而是以涓滴徐進引發成員動機（羅美麟，2017：116）。這裡有些意思是，幫助成員是鏡觀模式念茲在茲的，所以我們團隊珍惜僅有的機會，對成員的美好未來有「既視感」（指人在清醒的狀態下自認為是第一次見到某場景，卻瞬間感覺之前好像曾經經歷過）的存在，所以在窘迫的時間，卻擁有足夠治療師（聚思小組）的狀況下，用了多層次及夠深度的介入方式，試圖解決、改變成員的處境（陳宗仁、戴雅君，2017：157）。

雖然此模式的人事成本頗高，但如同機緣稀有的情況下，設定的目的及後續成果，才是我們關注的重點，所以透過聚思小組給予成員賦能，揭露成員更多的潛在勢能（Lair, 2007: 223），使其激發自我效能感，並對自己及家人負責。

　　「原本陰暗固著的能量轉化成肯定的力量、正面的心態，注入新的陽光，讓能量重新流動；能量流動了，生命才不會僵硬、靜止，才能發生「成長」與「改變」。」（引自林筱婷、杜恩年，2017，頁64）。這「轉化」及「注入」對聚思老師的意義非凡，如何將其觀察化為隻字片語，並以此語意滲入成員的內心世界，勾起隱藏不為人知的陰影，再激發成員願意轉化視域，理解自己生命的窘境，繼而注入可被同理的看見，達到彼此互為感動的效果。

　　此過程類似田禮瑋、張鎔麒（引自2017，頁95）所言：「當案主一直固著不動時，彼此要互為共演（雕塑換氣），協助案主跳脫僵化、失功能的模式。」綜上所述，聚思小組在整個團體運作過程，必須心懷賦能的思維，全時刻給予成員能量，無論是言語、肢體姿勢，或是無形的氣場，皆以鼓勵成員擁有改變自己的能力，這是鏡觀模式最精華之處。

　　更直白些，即是聚思小組無時無刻都在為「植入希望」做準備。經由聚思老師於內團體的分享與討論，幻化出的場景或是語意，喚醒了沉澱多年的記憶及感受。此如同開啟了成員自我探索的旅程，為其導入一場向內出發的英雄之旅，激勵成員勇敢穿越自療過程中的暗潮洶湧（蔡美娟，2012：21）。這也是聚思小組設置的用意。

　　想像一下，成員進入團體的身體意象，應該是疲憊及無助的，他正處於能量混亂的時刻，所以聚思小組就應幫助他找到新的平衡（林筱婷，杜恩年，2017：77）。而平衡不是源於外在力量的支援和制約，是由成員主動及自發性的發動，這樣子才能由內而外長出力量，否則我們就只能陪伴走一小段路，效果往往僅是曇花一現的表象（蘇益志，2017：219）。

　　為避免徒勞無功的工作，聚思小組就必須協助成員探索既有或潛在的正向特質、正向能力，而不是特別對焦在成員的「問題」上（巫珮如、謝麗紅，2015：45）。另聚思小組的功能，提供了成員有機會去修通舊有的創傷與曾經失敗的回應，經由聚思老師的看見，而有了新的經驗，以此獲得了內在平衡，也得到不同的人生經驗，此即是聚思小組看到成員的正向特質，而非其缺點（湯華盛譯，2021：18-19）。

　　鏡觀模式的運作，係因看到成員常以「我立場」（I-position）的堅固自我（理智系統）對待他人，此立場也是因成員的信念而產生，所以要改變成員的堅固自我，必然引起成員的反抗。唯此，聚思小組的介入，不是要教導成員如何改變，而是透過了解改變的阻礙是什麼，才能提升改變的動機（Kerr, 2020: 240），這樣一來也才可以看清整個情緒歷程，以及自己在歷程中的角色（Glibert, 2016: 139）。

　　在鏡觀模式運作的聚思小組，自身必須具備較高的自我分化，能夠自由參與情緒場域，且不會擔心與成員過度融合，又能與成員生命經驗產生交集，此即是雙方都擁有完整的自我界線，彼此不會被關係融合所捲入，也不會期待透過關係來補足心目中的缺憾，以讓自己完整。也因如此的界線分明，任何一方對於是否回應對方的情緒焦慮都擁有選擇權，就不會產生情緒沾黏，自然中斷大腦的情緒迴路，自我借貸關係必然不會產生（Glibert, 2016: 144-145）。

　　另賦能與轉念也有關聯性，當自己的腦袋懂得運用轉念時，原本阻礙自己快樂的盲點，就會被意識照亮，繼而長出新芽。倘若持續保有轉念的功夫，就會往好的、幸福方向前進（賴佩霞，2021：39）。而以轉念所產生的念頭，會將原本

「應該」、「必須」的堅持，逆轉為一種奇妙的經驗（賴佩霞，2021：82）。當念頭一轉時，促成改變的種子就長出枝椏的「緣」（千里淳風，2022：206），這就是賦能成員可以為自己做決定和行動，於是改變就接續發生（陳俐君，2023：65）。

轉念的示範：

「當你面對一個令人不知所措的情況時：

✱ 留意你反射性的念頭，試著寫下來，記錄自己的想法。

✱ 思考它們在你身上引發何種情緒，它們讓你有何感受。請注意，這是關於你對自己的想法做何感想，而不是你對情況的看法。

✱ 想像一下你要如何正視這些看法，還有你要拿它們怎麼辦？總會有許多解決方案。為了幫助你自己，首先，你可以想像自己面對一個正在感受這些情緒的孩子，而你可以如何去照顧他。

✱ 現在，請回想其他你可能產生過的念頭，它對你有什麼影響？你有什麼感受？」（Lá, 2022, p228）。

「聚思小組表述個人的感受及對成員內在意涵提出的見解，相當程度是以重塑了成員的自我認同，並對其所遇困境挹注了賦能效果。聚思老師透過脈絡分享，重建了成員的自我認同，如此受到認可的一方將變得強大，這就是人性的生命厚度，因被揭示了力量就自然顯露出來（The thickness of life is made apparent and the power revealed therein is highlighted）」（Chao& Chen, 2023: 2）。

聚思小組功能範例

✦ 比如說有一個開金飾店的，後來被老婆趕出來那一個，我們一直想著要他出來，所以我們一直在聚思小組裡面用很多的方式，那是○蓁老師的團體，用很多的方式去，因為他在整個過程中，他的權力一直被消權。

✦ 當下我看到他們這樣的時候，我會去思考我們成員的感覺是什麼，那我覺得這個就會促使這些來參加的成員去聽到說，原來別人可能看到的是這樣，然後就會讓他們去思考說，就是可以從外面其他人的角度去看到自己，然後有會影響到他們的內在運作。

✦ 一直都持續很悶的狀態，那其實聚思小組進去的時候，會把那個，就是有講了一句話就是，看到一個父親對孩子的愛，包括他本身對他的小孩也是，那結果後來反而更push後面的15分鐘裡面的時候，他反而針對這個部分，就是Leder cue他的時候，有去提到這個愛的成分的時候，他反而有願意講。

✦ 就是那個很髒的水，……有時候聚思的行為好像在跟他講說，唉這個很髒的水我也待過這樣子，……我也在這個很髒的水裡面力圖掙扎，……不可以讓那個停滯的東西有一點點那個，我的看法……。

✦ 你是在接續他的話語權嗎？就是說他其實他是有這個能力來講的，可是在這個團體內他隱藏自己，或是說他是被這個團體動力所壓制的，或者說他其實並沒有進到這

個團體動力，所以你透過這種話語權的接續，讓他整個能接到團體裡面去做他本來想做的角色，或者是計畫他去做這個角色。

聚思老師分享語錄

◆ 今天大家是第一次見面，可是感覺大家都蠻委屈的，可能一位自己做錯了事情來，可是感覺又不應該來這裡，所以就是……也期待他們能多分享自己的一些事情，讓大家多了解彼此，讓他們更了解自己的過去與未來。（參與團體的承諾）

◆ 我從第一次看他上團體到現在，其實他整個說話的態度跟那個……其實調整的蠻多的，不會說在他說話時帶有情緒的感覺，是很平穩的在講述一件事情，好像他已經發生過去了，而不是說有抓狂的狀況。（我的改變：轉身後的我-自我覺察-情緒脈絡）

◆ 像○○今天是最後一次了，我們希望能帶給他不同的看見，也祝福他；而且未來是跟他的孩子啊、老婆啊，都會有個非常好的關係。（我的改變：迎向未來-付諸實踐）

◆ 在保護令的這一塊，有很努力的想要去了解自己保護令的內容到的是什麼，到底有沒有什麼樣的方式，避免自己再去違法。我覺得在澄清的過程當中，可以比較清楚的去理解自己接收到這份保護令的內容到底是什麼，該出席或者是有沒有方式避免再次有違法的可能性。在這裡提出來討論是因為自己很在意，願意去面對這件事情，想要把這件事情解決。（家暴法律的認識）

◆ 這次○○的一些反應和態度就和上次差很多，這次就會覺得說有一些自我的探索，檢視一下以前有一些事情影響到這次事件的發生。所以我覺得團體裡面有時候可以幫助大家，聽了每一個人的事之後，大家回去可以做一些檢視，對自己會很有幫助，增進自己。

◆ 祝福他今天最後一次課程結束之後，回到他原來的生活，能有更好的一個發展。（我的改變：迎向未來-正向認知）

◆ 我覺得她看起來大剌剌，但是其實是很顧家的人。比如說她不計較，但是不計較的過程其實是她顧及家人的感受的部分。

◆ 如果我來團體，我也希望可以像這樣一條一條講清楚。

◆ 願意在裡面說這麼多，也算是蠻冒險的。

◆ 如果你願意嘗試說出來，那就是一種放下……放下才會開始。

◆ 在他剛強的外表下其實有一個很溫暖的心。

◆ 如果可以不要這麼忍，也可以把事情處理好，不是很好嗎，我相信大家都有這個能力。（未來的我）

◆ 今天的主題是「給自己未來的一封信」，○○會想到與老婆的相處，想到自己不是只被家暴，也曾家暴對方，講到與兒子的關係，現在的他回到自己身上，想要申請回去苗栗上課、對他的事業，看到不一樣的他。（未來的我）

◆ 不管是「好好地活」或是「活下來」都是要「活」。（我的改變：轉身後的我-自我安頓）

◆ 要再持續堅強一陣子，因為經歷了家暴和離婚的時間。

❖ 團體動力

什麼樣的團體氛圍是最吸引成員的？這是設計團體療效的核心議題。倘若團體能吸引成員的關注，最重要的偵測指標，應該是以團體氛圍為最重要的觀測點了，當團體氛圍達到共同臨在情境時，成員彼此互為同理及接納，凝聚力也達到極致。唯此，我們團隊在以創新的思維下，試圖將團體帶領者、團體成員及聚思小組的重述交織，營造出多層次交互理解式的共鳴架構（Faddis & Cobb, 2016: 46-47），尤其是聚思小組看團體動力及脈絡，如同看待一件雕塑品的感覺，能有機緣看到很深入的意境，且能透過聚焦於雕塑（sculpture）的不同區域，選擇創造深層的意義（Faddis & Cobb, 2016: 48）。

這種團體氛圍也被視為是團體動力的合成品，如單指團體動力（group dynamics），只關注團體成員間的行為現象（蔡吉昌、危永中、吳佳純、曾科魁，2017：2），似無法全然代表。又誠如學者吳秀碧（引自2019，頁283）所言：「團體動力，是當團體處在行動中或進行中所發生的狀況，而不是團體成員所陳述的內容；此時此地的團體動力，或成員關係之間的人際動力，乃是治療的重要素材；在團體進行中的溝通，不只包含成員們語言的內容，也包含成員們如何溝通的歷程，這是一動力的現象場。」這段論述中的動詞（行動中、進行中），及此時此地、人際動力、溝通歷程等，可見總括而成的與團體氛圍似較符合。

如以上述的講法，聚思小組於內團體分享時，可借用學者吳秀碧問話技巧：「**個人層面**：成員自我揭露的經驗如何？他在那一些時刻感受到有所觸動？今天是何原因讓他說出這些訊息？對於他個人此刻的感受能否再多說一些？他對

於團體反應的感受如何？有什麼期待或害怕的？他期待誰有
反應？誰會批評？這名成員能否檢核或是就卡在他個人的假
設中？就團體層面：團體處在哪一個階段，當下團體的氛圍
如何？其他成員的參與狀況如何？團體的接納與支持程度如
何？」（引自吳秀碧，2019，頁289）。

　　另有關團體內的溝通與團體動力之間的關連性討論，有
一項要特別注意的是「團體交錯網絡（group matrix）」。此
特別指出，成員（含帶領者與聚思小組）心智活動的交錯網
絡，亦即是成員能同於這個時空間互為交叉連結，或是團體
內所有人際互動歷程以及所有關係與溝通網絡的總和（引自鍾
明勳、陳姝蓉，2016，頁16）。

　　聚思小組加入團體後，會衍生出什麼樣的團體動力關
係？這裡要標定一個功能性的介入策略，即是讓成員經過聚
思老師的分享時，促發其看見了「他」（成員或是聚思老
師），是如何因應現實的要求，及自己的生存樣態，以此動
力去刺激團體裡每個人反思自我狀態（邱惟真，2009：23）。如
此的情景，「人要常常對『我』、『所處的人』（他人）與
『時空』（情境）有所覺察與區辨，進而選擇了自我負責，
並以此達到『接觸自己』、『接觸他人』、『接觸情境與脈
絡』達到平衡」（引自林筱婷、杜恩年，2017，頁75）。

　　因此團體氛圍所產生的效用，將影響彼此互為連結，而更
有創意及好奇心來探索，以往自己無所得知的層面（Young et
al., 1997: 34; Garven, 2011: 291）。或許，這種團體氛圍所構建成
的團體動力，對此空間的所有人，包含成員、聚思小組及帶領
者等，都起了互為波動的影響（Nadan, 2020: 511），這裡不是單
指凝聚力、向心力或是共鳴程度，而是有了共同臨在的感受。

而團體動力對團體的影響，不單是正面的，相對的，也有些團體動力，卻是阻礙團體前進的一大因素，不過，這些都是由團體成員所共構而成。例如，「代罪羔羊」的產生，即是成員透過團體動力所衍生出來，以卸除壓力或是抗拒自我改變的一種方法。

那為何要以代罪羔羊來承擔團體壓力呢？有時，團體變得有威脅感或被嚴重干擾時，團體動力會自動的擠出一位成員，代替他們受過，所用的伎倆，有的是用攻擊性或訊問性的探問，或是以負面情緒貶抑此成員（有時不在場的成員），如此一來，他們就不用談到自己，團體此時就形成了一層隔閡，將自己保護起來（吳秀碧，2019：343-345）。

那此時的聚思小組就有了發揮空間，因為在團體動力的驅使下，全部的團體氛圍是充滿著張力，無論是承擔著代罪羔羊的獻祭者，或是團體的帶領者，即使已是有了一層保護殼的成員，多少都會受到程度不一衝擊的影響，連同團體外圍的聚思小組，也不免會遭受波及。

幸好，因聚思小組的空間距離及位置，看似團體多層面的空間裡（空間及時間中重疊的現象）（Messias, Peseschkian & Cagande, 2022: 316），有了心理位移的作用（我－你－他），在團體外時，聚思老師看到團體中的什麼？（團體動力（氛圍）、成員）；進內團體時，聚思老師分享討論，看到你的狀態（所聞、所看、所聽）；出內團體再度回到原來外團體的位置時，聚思老師疑測他會如何想像，我所言之的狀態？（整個心理位移的歷程，就是反映出鏡中的我的立體顯現）。這對

鏡觀模式而言，相信此歷程確實能改變成員對「鏡中的我」的
詮釋或態度，也能增加成員對團體動力的覺察與理解（李素芬，
2023：37）。

　　以隱喻的方式看待團體動力的形貌，在聚思老師的意象
中，猶如是詩意的時刻（poetic moments），或是舞蹈動作
（dance motions）的意境（Willott, Hatton & Oyebode, 2012:194）。
而回到現實面來說，當聚思老師觀看著團體時，他能細膩看
到成員如實的人際互動小縮影（陳美碧，2023：1），及如何影響
到的團體動力。當然，聚思老師能看見這些心靈境界的轉折
與深層意涵的流動（蔣欣欣，2021：20），確實要多下點功夫才能
成就此能耐。

聚思小組功能範例

◆ 可是實際上，其實進到這裡面的時候，把這一單次的團
　體，他那個氛圍、凝聚力什麼的已經先催化到整個團
　體，比別的單一的團體還要更加的好一點。」

◆ 因為有一些沉默的人，就是當時在聚思小組的時候，會
　把成員一個一個點出來，就是說比較常聽到誰講什麼誰
　講什麼，那比較少聽到誰講話，那其實這個用意是想要
　讓比較少講話的人，在後半段的這一次團體僅剩的時間
　裡面也可以講話。」

◆ 團體動力的部分是，我不知道在座各位很多當Le跟coder
　你們在運作過程裡面其實，會不會有一些預設的團體動

　　力要發生，可是如果今天聚思小組他們在這個團體裡，
　　加料進行之下，讓整個團體動力跟預設不一樣的時候，
　　這兩者之間，聚思小組跟團體帶領的部分，會不會有一
　　些東西出現，有關可能是權力，或者是第一題（一、在
　　您擔任聚思小組時，您會專注團體及成員哪些部分？）
　　的部分出現。」

◆ 這個團體權力結構，可能要看一下這個權力流動跟權力
　　結構是由誰為主體性的出發。」

◆ 因為我們不是在講權力，你的問題不是在說權力流動，
　　我只是好奇這樣的權力流動會是怎麼流，因為我覺得所
　　有的權力流動是可以被，就是動力啦。」

◆ 所謂停滯就是比如說感受這個團體就一直在那邊打轉，
　　或者是說，好像就是很悶啊，沒有固定其實也是一種停
　　滯啦，因為有時候是他內部在運作。」

◆ 我覺得就是在團體，然後有時候也變常遇到成員他們，
　　或著是跟治療師一起凝造一個就是下不去的狀態這樣
　　子，然後我覺得，有時候聚思小組在15分鐘的討論其實
　　就會點出那個成員背後的渴望，或著是他真實的感覺可
　　能是什麼，我覺得其實就是能讓那個團體動力可以更下
　　去一層，啊這也是15分鐘後Leder跟Co-Leder可以運用的
　　部分，就可以讓那個團體動力可以再往下一層。」

◆ 當這個成員可能不發言時，或者是他可能只是沒有特殊
　　的一個話語去講話的時候，如果其他成員講到一個話
　　題，他換了一個表情或者他的肢體動作會變化，這是第

一個我會留意的;那第二個我會特別留意的是,那個成員他會分散一些帶領著的引導或帶領者的行為,這個部分我會特別留意⋯⋯還有一個前後脈絡能夠發言的。」

◆ 我覺得留意可能留一些不明顯的人際互動,某個人講,全部的人頭都趴著,不太聽,某個人一直搶誰的話語權,這不太容易。」

◆ 我想要在我當聚思小組的時候,試圖讓沒有講話的人講話,那我不知道這個是不是團體動力結構的流動。」

聚思老師分享語錄

◆ 我今天在團體裡覺得很舒服,覺得大家都可以提供自己的看法,然後很期待對方可以有一些新的看見,我很喜歡今天大家可以主動地去講自己得經驗⋯⋯大家都提供了非常好、非常好的建議。

◆ 大家很努力地要維持平衡,非常的不容易。(家庭結構的認識)

◆ 兩個新成員進來雖然是陌生,慢慢發現團體是友善,一起討論、一起解決,這是我今天看到的。

◆ 看團體就像在霧裡迷路。

◆ 我在想大家是不是擔心把事件説出來被嘲笑或是被指責(你就是做,人家才會這樣對待你),會不會不好意思講出來。

> ◆ 我們到底學到什麼，怎麼重新去格式化，有聽到○○的
> 分享：在上一個團體的夥伴的改變，在這個團體裡面
> ○○有那個洞見，接下來……。（我的改變：轉身後的我-
> 轉換思考）
>
> ◆ ○昌想把一次事情把他講清楚的個性、○翔有點放空，
> 今天大家的互動比較多，這邊講、這邊放空，今天看到
> 彼此有對話……。
>
> ◆ 今天的氣氛／空氣比較凝滯，我認為大家可以多講一
> 點、多展現自己：是個什麼樣的人。

❖ 增進連結

「團體喚醒個體生活經驗，面對**他人**所顯露的反應促
發個體內觀自我過去與現在生活境況，察覺自身與他者間的
連結（Foulkes, 1991）。」（引自柯貞如，2012，頁13），「他人」即
為聚思小組及成員，加上聚思小組刻意塑造「鏡中的我」為
前提，且在促發成員看見自我的參照點，所以一次次由成員
身上散發出的探索及拓展，在反思對話中激發出更多資訊
（Friedman, 2005: 192）。

另聚思小組雖是於內團體內討論分享，但字磯間都是在
與外圈的成員深層對話。這裡有個有意義的論述，即是大多
數的治療師與案主會談時，刻意將專業的自己保持中立或是
「空白螢幕」的位置，並較少程度的涉入自己，如此結果造
成了「透明度」不佳，彼此連結度當然薄弱。

　　所以聚思小組以相反的方向前進，將自己通往後台（削弱專業傲慢）的路，透過分享自己的生命經驗，及肯定成員的苦難所承受的不捨，將透明度拉開，也揭露了一向隱密的心理專業工作環境，提升了成員和團隊的連結（Friedman, 2005: 194; Allan, Klarenbeek-McKenna & Day, 2019: 390）。

　　「反思治療師表現出好奇心，有助於把忽視的意見過渡到新的理解。」（Friedman, 2005: 204）。**好奇心**是聚思老師探詢成員生命經驗的涵容問法，透過自己對成員生命脈絡的理解，加上自己的專業敏感度，較常用假設性的文本架構，於內團體對某一成員提出好奇詢問（Garven, 2011: 297）。如此的發聲時，期待能與成員一起建構、見證，並與其故事和過去的種種產生連結，達到能**移動**成員，即使是將所觀察的實像重述，也能造成內外團體產生連結波動（聚思小組與成員）（Faddis & Cobb, 2016: 46）。

　　再論聚思小組增強成員的連結部分，想想看：「團體中是對單一成員深入探問，或是連結有「**相同**」或「**相異**」議題的成員，兩者中何者較為適合團體運作？」，這個答案沒有兩者較為合適的議題，但如要說的話，引用學者吳秀碧（2019，頁170）所言：「領導者協助該成員探討與該經驗有關的情感情緒之覺察與表達，再由個別成員的內在歷程，連接到人際歷程與團體歷程。由於該焦點成員的揭露為深度揭露，可能會有相似議題的成員加入，加入的成員將連接到該成員的情感情緒，也就是深度連結。」

　　這個論述彰顯了聚思小組的功能性，試想將聚思小組看成是團體中的「**一個成員**」，而此成員擁有豐富的內在歷程，所觸發的人際歷程與團體歷程，引發其他相似議題成員

的廣度，相較於單一成員是更不可斗量的。所以因效果更佳，相對於一般團體，鏡觀模式運用此聚思小組，推進團體成員的連結性是非常強大。

　　另提及聚思小組的功效部分，說起來不明顯，但卻很有意義性。想像一下，**藉由別人的口**，敘說自己的無奈、羞愧或憤怒……等等的感受時，自己較無羞愧感、焦慮、生氣、罪惡感，或者其他形式的苦惱，這是因有了空間與層次的隔離（由聚思老師當了緩衝墊），對原來自己有了情緒距離，因此拋開了不適的感受後，成員開始可以跟他人形成有意義的連結（Teyber & Teyber, 2017: 203）。

　　整個聚思小組介入團體療效的意義，即是在促發成員自發性的尋找與其他成員的共同性，將自己與相似性成員有更多的連結，如此會讓自己少了孤單感，這就是尋找「<u>孿生自</u><u>體客體經驗</u>」（twinship selfobject experience）的過程（湯華盛譯，2021：19）。

　　聚思小組在擴大自我的功效上，好比在打破成員的一堵心中的高牆，一旦被聚思老師透過分享及團體氛圍打破了，就會在團體內營造出共鳴的感受，間接連結成員靠近彼此（Callanan & Kelley, 2018: 79）。此時「當他們讓自己的想法與價值浮現，進入意識的覺察時，他們便逐漸瞭解到，這些看法價值與其他人直接相關，並不是孤立的存在。」（Lair, 2007, p228）。

　　這裡聚思小組所作的一切，主要是顯露出成員因團體的普同性連結（陳偉任，2022：11），讓他們感受到自己並非一座孤島，生活中的情緒起伏永遠都跟「他者」有關（Whitaker &

Bumberry, 2016: 17)。當大家都有了普同性感受時，除了不覺得自己的寥寂苦悶，又因彼此生命共同體的氛圍，他者（聚思老師／成員）獨特的異化生命經驗，很輕鬆的就可變成自己的鏡映參照點，提供成員用另一種觀點來認識自己與探索自己（巫珮如、謝麗紅，2015：44）。

另外，聚思小組要秉持著協助成員彼此了解對方更多的立場，也因熟悉了彼此，就有了共同的情感連結，所以此刻在團體中的無論情緒流盪的狀況為何？團體的凝聚力將大大的提升（周立修，2022：5），這也是聚思小組在催化團體進程主要的任務之一。

而在情感的連結裡，有一項重要因子要特別拉出來說明：「**情緒**」。當一個人的情緒無法自處時，必會轉化成特定行為來彰顯情緒狀態。比如，一個人遭受他人誤解時，他心情開始低落（不佳），於是他回應他人時，就帶著憤怒或是消極的言語與他人互動，導致他人也不舒服，而逐漸遠離他，結果他更生氣，如此的惡性循環結果，就是因情緒調適不佳，致使連結中斷。

如此情況，在團體中也是常見，因為情緒如同電路串連系統中的個別零件，彼此互為影響，尤其像燙手山芋的情緒反應，已在成員間拋來拋去（Glibert, 2016: 73），造成整個團體充滿著情緒焦慮。正逢此時，恰好有聚思小組的出現，將其涵容的接下，並於另一虛擬空間裡（內團體與外團體間的獨白空間），幻化成可聽見的故事，進而在外圍成員的內心裡，激發出不同聲音之間的對話（林祺堂，2022：12）。

聚思小組功能範例

✦ 這些包容跟去憐憫他，也不是説去憐憫他，就是説能去
　關愛他的情形之下可能是他在外界，他很缺乏的，所以
　在這個地方他感受到不是批評而是一個很正向的東西在
　跟他互動，所以他們會更加連結。

✦ 聚思小組在發言他會有兩種，譬如説他會説今天這個團
　體他比較沒有出聲，他比較沉默，也不知道他心裡面是
　怎麼想，或著是説，他今天比較沉默，他怎麼了？我還
　蠻好奇的。

✦ 因為也許有的時候，他不一定會回應，可是像剛剛其他
　老師有説就是其實可以看到他對於我們在聚思講的話，
　他還是會有些反應，但有些人他選擇是不説的，可是你
　知道他很投入在聽你也許為的詮釋或者是你講話的心情
　很好，他其實好像會有一些觸動的這樣子。

✦ 他會很詼諧的去圓一些很尷尬的狀況，然後對於整個團
　體的進行，還蠻有那種催化的。

✦ 就是兼顧……在聚思小組裡面的時候，那有觀察到可能
　有被忽略的成員，就是聚思小組能夠在進入聚思小組的
　時候，把被忽略的成員能夠被特別提到説，可能他好像
　在團體比較沉默、坐的位子可能比較靠邊，就這個部分
　的話，希望也能夠聽他多説一點。

聚思老師分享語錄

◆ 剛才○○在給○○一些經驗說，他以他自己的一些經驗，然後可以鼓勵○○是不是可以有一些方式，然後可以跟媽媽有些好的關係，我覺得這樣很好，他可以以他自己的經驗分享，希望也講給其他同學……我覺得這樣子很好。（重要照顧者與我：分化／融合）

◆ 以前有人說：（台語）跌倒時不要立刻爬起來，看一下地上有沒有可以撿的，才起來；今天都來了，就是在這個時間裡與夥伴交流。（家暴事件-他）

◆ 我看到大家都願意幫助彼此，給大家就是成員意見，因為我們如果自己在外面遇到這些事情，然後沒有人講，沒有人聽，你就會不知道自己有什麼其他的方法，可能只會用過去自己的想法去做事，可是現在這裡有很多人，他們有不同的經歷，不同的看法，就可以給你不同的做法，可以避免之後再碰到違反保護令的東西。（家暴法律的認識）

◆ 當大家提到跟法規裡面或跟自己的狀況有連結的時候，又跟這裡的其他人好像有一些相關的時候，大家好像比較能說出自己內心的話，覺得好像被了解的感覺。

◆ 其他人雖然沒有講話，但是也很認真的在聽他們在分享。（家暴法律的認識）

◆ 我有感受到○忠他在問○斌的時候，好像有回饋到他自己本身。

◆ 我一直看著○○，今天她結束，我就可以感覺到她是很沉穩，在講什麼事情她都帶著微笑，有時候會由心就大笑出來，我覺得於○○已經是一個很平靜的心，也許有很多是對她不公平的，對她傷害的，但是就先把她打包好就放著，往她人生想走的路去走，也許這個團體帶給大家很重要的是這樣子的一個精神，○○這樣子的表現也帶給團體非常棒的一個禮物，雖然今天之後她就不來了，不過我想她的笑聲會繼續留在這個團體。（我的改變：轉身後的我-自我安頓（客觀化）

◆ 感覺到大家都是婚姻的議題，讓我想到說好像從被通報、申請保護令，好像就是一個無情的開始。（家暴法律的認識）

◆ 大家對於家庭成員的定義比較模糊、狹隘一點。大部分的人會覺得家庭成員是住在一起的，有些成員縱使以前住在一起，現在沒有住在一起，經過老師剛剛講說擴展到四親等，家庭成員的關係包括不同住的，對大家會有一些認知的進步。

◆ 剛剛那個親子辯論賽的時候，我聽到○○的故事應該是很有共鳴的，不知道為什麼他躲得遠遠的，眼睛一直閉著。我也很想聽聽看他的心情。

◆ 我看到○○都會去回應其他人，我也想說○○會不會也有很多話沒辦法講完，所以別人的話跟她有一些相關，

勾起了她的感受，也是她自己的期待？（重要照顧者與
我：個人性格的養成-人際關係因應策略）

✦ 不過我也還是很想聽聽看大家對原生家庭的看法。通常
人多的時候就會講比較久。

✦ 談家暴這件事情對每個人來說不是那麼容易。（家暴事
件-他）

✦ 大家都覺得自己的聲音沒有被聽到。

✦ 我蠻驚訝的，這邊都是爸爸、這一邊都是媽媽 ，捨不得
的都是那個小孩，每個人都有對小孩的牽掛／絆與放不
下的故事，對小孩的牽絆亦是陪伴。（現在家庭星座圖）

第十章　擴大治療界線

　　倘若說處遇介入確實可以改變一個人—「**加害人**」，且能延伸至其所在的整個系統，眼前這個花費不算什麼，當然可以去做，只是衛生局、學者或是中央政策決策單位要知道實際的價值在哪裡？「鏡觀模式」強調積極擴大治療的界線，如同針對團體的催化效果，目標就是要將處遇效果深度與廣度儘可能的擴展。

　　僅憑一至二位團體帶領者所看見的團體動力面向，與在外圍觀察的聚思小組略顯不同。因為當團體帶領者於團體工作時，除了要依程序進行相關運作外，還要觀察團體成員反應，做出適當的因應作為，即使有協助帶領者協助，仍是陷入同等的窘境，亦即是在團體動力敏感度上會受到一定程度的限制。

　　聚思小組有「旁觀者清」的優勢，雖同樣在團體空間內，但又在團體外圍觀察，如此的位置可直接看到完整團體過程，並保有一段距離，讓聚思小組有理性思考空間，對現場的理解與體悟，較之有多層次的解釋，提供了更多同為團體運作的深度跟廣度。

❖ 外異性（foreignness）

團體是由不同背景的人物所組成，包括帶領者與成員，每位「異於己身的他者」都提供觀照自己的素材（引自蔣欣欣，2009，頁22）。此處的「他者」是明辨自己的參照點，因在團體中自己之外的他人，有其豐富的生命經驗及人生處境，造就了與自己不同的「外異性」，其鏡映效果著實促發自己可做為學習或是修正的參考依據。比如說有12個人的團體，就有11個人的生命經驗與自己不一樣，所以就會看到11個不同的參照點，鏡映自己的生命經驗，自然就會產生對比效果。

「外異性」（foreignness）就是讓他看見團體互動中，自身一直與「實存的他者」或「想像的他者」互動時，與自己主體性差異化的理解（蔣欣欣，2009：22）。換句話說，藉由面前這個成員的一些生活經驗脈絡，與自己互動，自然對比過程中會產生參照點。此時在與參照點的詮釋過程，會有兩種角色的對照，一個是「實存的他者」，是來自於自身主觀性的認知，另一個是客觀性的他者，也就是想像的他者，是社會化客觀性的認知。所以個人在看見自己與他人的差異時，常會有兩種主客觀交互對照交叉出現，也造就了自己對主體性的定位。

「每個行為人在社會空間中都占有一個位置，而那位置便是他凝視所賴的基地，是他展望前景的地點，而那前景的形式和內容乃取決於這人所處的客觀位置。」（Seikkula & Arnkil, 2016, p57）。

　　「**位置角色**」是決定一個人如何看世界的主體性判讀，不過當對世界的理解時，就端看依此位置穿透出去時的客觀視野，這裡的視野會依情勢而有滾動，非一成不變。

　　他者是另一個與自己一樣存在的主體，面對同樣的主題時，不可能有全然相同的理解，也可解讀為一個觀點總會有個觀看的位置，然在現實環境裡，沒有人可在相同的位置。因此當成員訴說著自己時，是以十分獨特的生命經驗來詮釋自己，所以與他者是不可能一樣的，這就形成了他者的合理角色（Seikkula & Arnkil, 2016: 55-59）。此顯而易見的是每個人所看到角度不一樣，卻又堅持自己唯一己見時，很容易造成衝突，不過當接受他者的差異性就有了包容性，不堅持個人主觀的價值去做事情。

　　我們看到很多人際衝突，就是因沒有悟透這句話，導致常常會得罪別人。當我們感受到其實尊重他者就是尊重自己時，也是讓自己成長的重要覺知。每個人都有一個看待外界事物的位置，如果是以主觀性的視角時，將會遇到侷限。相對的，如以客觀視角來看時，就會有外異性的出現，你用主觀性絕對看不出來，就因為你都認為別人就是你，任何人都要符合你期待，套句話說：「以主觀性看待世界的人，都認為別人應該表現出某些行為舉止，皆要依循自己立下的原則，亦即界限與容許範圍。」（Burke, 2020: 18）。

　　如此思維所造成的，猶如自動導航系統，窄化了理解力，讓自己的觀點受限（Nemeth, 2019: 103）。反過來當你不是以這種想法的時候，別人就是他自己，所以有他自己的看法，這對自己而言，就是一個客觀的位置，你就是站在主觀性的客觀位置去看待別人、能同理跟理解別人的狀態。

在此聚思小組對團體的貢獻，就是「尊重彼此的外異性－尊重他者」。聚思老師是站在自己獨特的生命位置上分享，並且堅信他人不會跟自己一模一樣，也即是尊重他異性（尊重對方的主觀性），不以自己的主觀性凌駕他人。聚思老師討論的重心是擺在差異上及關注人跟人之間，彼此想法碰撞的那塊空間，或是我們在跟他交織的那塊空間。另團體運作程序分兩個層次，第一個層次就是前面的一小時團體，及後面15分鐘的聚思小組內團體（成員退至外團體），還有最後聚思小組回到觀察位置（成員又回到內團體）。

為何以此方式運作？目的是在激發成員的「另類知識／故事」（alternative stories），包含成員、他人及團體中的人際關係等另類知識／故事，這些與以往不同的知識，其具備改變成員所遇問題的方法（Friedman, 2005: 350; Allan, Klarenbeek-McKenna & Day, 2019:384; Chao & Chen, 2023: 7）。鏡觀模式運作理念，著實相信聚思小組已看見了成員問題的多元性，並對成員自身有能力做出選擇，及創造出充滿意義路徑的肯定（施香如，2015：128），及絕對無條件接納成員的聲音，並尊重他人獨特的他異性，且不否決成員的觀點才能創造對話（Andersen, 1987; Seikkula & Arnkil, 2016: 136; Halvor de Flon., 2017: 117）。

至於運用聚思小組的好處，有一項是值得說明的，當團體由帶領者引導時，此刻帶領者與成員會建構出新的意義詮釋，而聚思小組介入後，雖然仍在同一時空的背景，但所產生對問題討論的意義詮釋，已較先前的不同，這些意義詮釋所帶來的外異性，對成員也會產生不同的看見或是選擇（不同話語和不同願景的複調共處，從中可能出現新的願景和新的話語，且聚思小組在任何情況下都能夠接受話語的差

異）（Young et al., 1997:32; Garven, 2011:285-286; Allan, Klarenbeek-McKenna & Day, 2019:390-396）。

　　除此之外，聚思小組專注傾聽成員所述故事後，無疑的，必須「放大和驗證」（amplify and validate）他們所見證的故事（Nadan, 2020:510）。這裡所謂放大和驗證是揭示成員窘境背後的成因，而且僅是揭露它。換句話說，這個脈絡也就是成員一生都擁有且如影隨形的束縛，聚思老師只是透過鏡映效果，促發成員（鏡前的我）能看見（鏡中的我）。

　　當聚思小組能標定命名成員的典型情感（特質化的情感）（characterological affect），也就是核實成員的關鍵的感覺時，即能與成員產生工作同盟的關係。為何如此？因為精確的反映出成員生活中所隱含的的意義，代表著聚思小組的功力可不一般，因為此種高度具有區辨性及獨特性的理解，好似是正中紅心一樣（Teyber & Teyber, 2017: 85-87），可讓成員原本過時的因應策略，毫無遮掩的呈現出來。例如，完美主義、退縮、令人畏懼等，這些「應該」、「必須」的自動化思考，在聚思小組的同理與理解之下，經由鏡映的彰顯，扭曲的信念始有鬆解的可能。

　　以下標定典型情感（特質化的情感）範例：

> ◆ 失功能家庭通常很壓抑情緒，代罪羔羊（孩子）就會成為壓抑憤怒的出口，他們內在的憤怒無法表達，只有當被他人攻擊時候，他才能夠表達他的憤怒，因此他會發出討打的線索誘發被攻擊，或憤怒情緒外化的行為，而攻擊他人。」（引自吳秀碧，2019，頁336）

✦ 個人層面：代罪羔羊的形成，可能與個人原生家庭經驗有關，特別常見於來自失功能家庭的代罪羔羊，容易在治療團體複製這樣的角色。這樣的成員，由於感到自己不值得被他人所接受，為了不被他人忽略，與他人有連結，即便是負向的互動，也是他心理願意付出的代價。」（引自吳秀碧，2019，頁340）

✦ 很多案主迴避或淡化他們自己的痛苦感受，是為了要保護他們的照顧者，不要讓照顧者看到他們正在對案主或曾經對案主所造成的傷害性影響……這種對照顧者的忠誠是建構在案主自己所付出的代價上，當成年之後，這些案主依舊遵守這些家庭規則，和他們的照顧者共同合謀否認這些傷害性的親職行為所造成的影響。」（Teyber & Teyber, 2017: 207）

✦ 我們選擇與解釋資訊的方法充滿偏見，通常只挑符合我們信念的那些……我們解決問題的策略也充滿成見，就算老方法已經行不通，我們還是經常使用。」（Nemeth, 2019: 103）

✦ 基本歸因謬誤是我們傾向於相信，當別人做了有害的事，那個人就是有害。可是當我們自己做了有害的事，則是因為某種情勢或情境使我們的作為情有可原……當別人……挑釁，或是也許是我們無端捲進了……漩渦，是情勢使我們惡毒，而不是我們真的惡毒。……只是在對所犯下的罪行合理化。」（Kohn, 2019: 46）

✦ 我們處在生氣對自己有利的情況時，就會變得比較容易生氣……情緒有邏輯，邏輯裡也經常有情緒。」（Winter, 2019: 10）

◆ 二元對立的人間之苦－－好像把自己的生命能量凝固在二元對立的兩端，或者在兩端之間反覆徘徊，找不到出口。」（引自林筱婷、杜恩年，2017，頁64）

◆ 沒有「好習慣」或「壞習慣」，只有「有效的習慣」（有效解決問題－所有的習慣都以某種方式為你效勞，習慣才會重複）。」（Clear, 2021: 85-86）

◆ 批評的語氣消失－－我從她的改變猜想，我已成功打破三角關係，這表示我在某個時間點能夠置身三角關係的情緒歷程之外。」（Kerr, 2020: 191）

◆ 若關係受困於緊繃的感受，卻以表面功夫、沉默、逃避做為外在掩飾，那麼就有必要碰觸疏離模式底層的情緒緊繃。」（Glibert, 2016: 94）

◆ 「愛」這個字負載了舊模式之中每一個人賦予「愛」的特定情緒屬性。「愛」這個字，情緒指數太高。（Glibert, 2016: 202）

　　上述的範例，聚思老師好好思考一下，其底蘊的精華即是將原本的習性或是思維外化（externalizing），好讓成員重新思索這些情緒、行為與自己的關聯，進而從中找出新的可能性。（林祺堂，2022：7；White, 2018: 219; Chao & Chen, 2023:6）

　　而此外化作用，以學者賴佩霞（2021: 262-263）所著「轉念」一書中，提及大腦神經網絡，如同登山一樣。想像一下，剛出生的嬰兒，其大腦就像原始林一樣，茂密卻也雜亂無章，但當遇到外界刺激時，就在神經系統中留下印記，其

如同走山路一樣，重複走一樣的路徑，道路終將顯明易見。而以聚思小組的「精確指認」，就是重新創造新的神經網絡，並不厭其煩的肩並肩的一同走過困難的荊棘之路，期待有朝一日變成康莊大道。

相信鏡觀模式透過「外異性」的作用，即是打破舊思維及不利於己的因應策略，但又順貼著成員的生命世界，不驟然的以天外飛來一筆的唐突，瞬間撕裂成員的心中堡壘。而引用《莊子》所述的例子：「腳上的泥土和身上的泥土，如以「異者觀之」時，差異極大。但如以「同者觀之」時，則更容受性地看待事物，即是等同。」（林明照，2021：109）。或則是以兩行之觀念而言，當聚思老師和成員面對同一感受時，雖是有不同卻又有著交集的價值基準，當兩方可共通交集時，就可達成「兩行」的境界（陳重羽，2022：439）。

聚思小組功能範例

◆ 我們創造這些有形或無形空間能觸發他意象的東西就發酵，我在想說這部分會對他現在這個團體，會想利用假日從怨氣到後來平靜，到後來會跟這個團體好像有個很親密的連結。

◆ 我覺得聚思小組在團體停滯的時候還會帶出一個例外。

◆ 以前這個人好像都習慣用外歸因去說他自己的錯，啊那外歸因的是就我們所說的結果，那他的內在其實很不一致，他的內在是充滿著焦慮跟矛盾的，其實我們是把他外歸因的東西先挑掉。

聚思老師分享語錄

✦ 我看到新的同學對一些規則與規定，其實很認真的在聽，我可以從裡面感受到是他們很願意把這個課好好的上，雖這些事情帶著一些不愉快，但是他們似乎很願意把這個東西做一個了結。（參與團體的承諾）

✦ ○○他有提到說他對朋友之間他一直都是很有愛的，包括對陌生的人可以做很多很多的事情，但是後來我也想說，他會覺得這樣的事情有時候會讓他有些矛盾，那我就會想說，那你之前受到的那些傷害是什麼？（代間傳遞的影響：家庭動力的複製-受暴經驗）

✦ 剛才前面都有提到不想傷害對方，所以我才會想到這件事，走到這邊都已經是決裂的狀況，所以我不想做到這塊。（家暴法律的認識）

✦ 好像都有提到小孩，都想要保護他或伴侶，不想要做到這樣。（家暴法律的認識）

✦ ○○他有提到弟弟的女朋友是個單親媽媽，在他的心目中單親媽媽的形象是什麼？還是說他有一個來歷不明的孩子，我相信我們每一個人包括在座所有的夥伴，都是他父母親心中的一個寶貝，那他如何去定義來歷不明的孩子，我相信○○心中一定有他的委屈，可是他為什麼會特別去強調這兩件事情，跟他的委屈跟他的不平能不能去做連結，或許未來我們可以多聽聽。（重要照顧者與我：投射性認同）

◆ 在談法條的時候會勾起自己內在的經驗，那往往就是可能來參與的成員來講，他們並不會感受說他們自己的經驗跟那個法條會是一樣的，因為有很多時候來講我們對法條不清不楚的時候，會覺得法條都是幫助那些知道法條的人，而不是幫助到底現實是怎麼一回事。（家暴法律的認識）

◆ 面對這麼溝通的人為何沒有逃避，而是正面衝突？（重要照顧者與我：家庭動力-衝突）

◆ 結果你那個朋友的爸媽知不知道知道孩子的想法嗎？有一次他和爸爸喝酒促膝長談，他爸是一個有喝酒就很好聊的人；他後來跟他爸怎麼說？最近比較沒有鬧那麼僵，可以用一些方式，但中間需要一些key point。（重要人物）

◆ 其實我想講感受，可能對方也不懂，對方會覺得怎麼會這麼理性。

◆ 今天可以把他這個人跟這個事件的標籤可以撕開一點，當他聽到○○這個人是一個很棒的人，但這個事件（家暴事件）把他是很棒的人，擔心別人看成不堪，當成是不好的人。（家暴事件-他）

◆ 被騙應該是某個程度上有在害怕什麼。

◆ 外歸因的特質並不代表男性就不會跟自己對話。（代間傳遞的影響：家庭動力的複製-性別意識）

❖ 帶出差異

　　應用聚思小組將其問題外化，也就將人跟問題抽離，此種方式可看見更多對問題的不同理解，尤其當人已經沒有跟問題綁在一起了，「問題」是「問題」，「人」是「人」，所以這個抽離就讓問題具象化，若將問題具象化就很容易帶出差異。

　　那為何稱之為「**帶出差異**」？就是將問題跟人分開，再來就是讓這個問題變成單獨，是我們要來解決的問題，因為這個問題是以前他慣性挫敗的模式，問題在以前是一種單一性的主觀議題。大部分被問題困擾的人，他就一直往死胡同鑽（陳淑芬、陳秉華，2018：29）。運用聚思小組即是將問題具象化，促使被視為問題的人，在糾葛不清的狀況下，透過聚思老師的看見，將問題與人纏繞點的脈絡，撒上顯影劑，在清晰可見的情況，讓這個問題開始來討論，及做不同的理解。

　　聚思小組對個別成員可提供一些不同的看法跟經驗（謝佩玲、林淑君、王麗斐，2009：24），這些不同的聲音激發，會導引出不同的看見（Seikkula & Arnkil, 2016: 154）。因為鏡觀模式相信：「每種對話方式都存在著新的關係潛力。」（陳淑芬、陳秉華，2018：29），學者Andersen（1991, 2007)區分任何人的對話層次有兩種，一為與他人的對話，二則是與自己的內在對話（Gehart, 2018: 389），而當與他人對話時，會引發內在的自己與「我」對話，這如同聚思老師分享所看見的反思時，在此時此刻的彼此對話互為激盪，軟化了成員的固著信念，從中發展出新的關係，更因聚思小組的團體涉入，較單一帶領者的聲音延伸出更多元層次（Armstrong et al., 2019: 821），且擴大

了處遇的界線及消弭了加害人團體處遇所帶來的污名化（陳淑芬、陳秉華，2018：29-35）。

　　再一次說明：「聚思小組所提供的是一個多元的聲音」，此時的多元聲音跟帶領者所傳達的較為不同。主要原因是帶領者跟成員身處同樣的團體氛圍，彼此之間的情緒及空間距離較短（沾黏），相對於聚思小組跟成員就有明顯的距離（通透），又因鏡觀模式的運作，將聚思小組設定既是團體中的一員，又具有帶領者特質，不過又與之有明顯的界線，此角色的設定，使得聚思老師們，可變成多功能的角色及提供多元的看見。

　　聚思小組介入過程，雖是以第三者外人的身分，但於團體動力過程中，與帶領者及成員，又融入疑似成為同一夥的人，若以外人身分來看，彼此間情緒糾葛的情形比較少（情緒融合），比較接受情緒客觀的多元的聲音（polyvocality）（高度自我分化）。

　　觸發想法如同一個跳板，這裡涉及零跟一的距離，非以「是／否」及「零／一」的二元對立。觸發的部分，以瞬間呈現，在一剎那間的頓悟啟發，即是有了創造、新想法、新觀點的空間（Friedman, 2005: 236）。也可比喻成由原地跳躍，到落地那一點時的這個弧度，及其所帶出來的空間，以此狀態所帶出的這個差異。另值得一提的是，以一個人自我形塑的過程中，最重要的是找出立場，確定自己跟其他在場者的關係，這裡要確定自己跟在場者是可以敞開心門，願意聽到或看到彼此間發生的人際關係。即使我的言行不一定被團體關係所接受，但當我的發聲時，以不引起成員擔心情況下，我可憑藉著互動關係來察覺自己是否在界限內（陳淑芬、陳秉華，2018：57）。

　　成員的立場是什麼？也就是他的脈絡是什麼？以此延伸對照其他人的參照點，對比中明顯感受到「帶出差異」的層次。因為我們會說每個人有自己立場，他接不接受是自己的選擇，所以這個差異性是我們可以去容許的。另外一個是同理的部分，我們可能從別人眼裡得知，社會對我們各種言行接受的程度。當我們去同理一個人的時候，我們才知道這個人跟我們的差異是在哪裡？那如果說你沒有因同理心的一個概念進行之下，你跟他之間就是沒有所謂的一個差異的存在，因為你們兩個人就是各自是主體，也因兩個之間就沒有所謂的差別部分，他跟你之間是完全是沒有連接的，以致於就沒有同理的存在。

　　如果從別人眼裡看時，有產生一個連結點，甚而激發不同聲音之間的對話時，那麼重點就不是決定哪個意見或聲音是對的，而是在引發不同的聲音之間的對話，進而促成相互的理解（引自陳淑芬、陳秉華，2018，頁103），所以最重要是在激發成員表達他們的內心世界，要讓不同的成員的差異性出來。

　　鏡觀模式強調運用聚思老師將談論內容較趨向個人化，促發團體自然產生對話（陳淑芬、陳秉華，2018：103）。其背後原理是因當突顯個別化差異後，團體的異質性就更明顯，多元的型態越被看見，彼此聚焦在個人特質上，也即是當較深入瞭解這個人的個別差異時，代表尊重、同理、接納及信任等部分都做到了，所以這時候成員自然就會積極地參與團體的對話，這也是聚思小組功效的一部分。

　　聚思小組在內團體討論分享時，若以開放、不帶批判的對話中說出自己的想法和疑惑，自然而然衍生並傳達出評論（引自陳淑芬、陳秉華，2018，頁240），亦即是評論不以批判方式，也不會用負面的詞彙等，導致成員不舒服，而是以自然的方式去做呈現，當中會滲入來自於自己的開放度跟透明度，及避免過早打斷說者的意念，以最少的干預促發成員看到其他層次的可能（Garven, 2011: 298）。另外透過聚思老師的語意碰撞，也可激發不同的故事，啟發個別差異化的一個人願意表達不同的新觀點，與之先前被成員所認定充滿問題的故事截然不同。

　　因為案主在治療師面前時，他們常常把他們所謂的問題，說給治療師瞭解，不過這個問題，已經跟N個治療師談過了都同樣的故事，這種行徑完全不能怪他，因為那是他所認知的問題，有時讓人難過的是：「在治療中所謂「問題」這個概念，是治療師與病人共同「重演」（reenacting）。」（引自吳秀碧，2019：380）。

　　然而這些問題其實就像「冰山理論」所述海水上面的那十分之一浮冰，反倒是海水底下的十分之九的海底冰層，才是我們要處理的不同故事（因海水及浮冰的密度不同，所以冰塊的重量，會呈現出海水底下大約9／10，海水上面約1／10（鐵達尼號那時候為什麼撞到冰山就沉下去，因為它所撞到冰山，冰山看起來在海面上只有一小塊，可是下面是很大片的一大塊，所以那時候撞上去就整個船艙都破裂，最後號稱當時世界最大的郵輪，第一次的處女秀就撞到冰山沉下去了）。

　　大家要相信冰山底下那十分之九的故事才是重點，因為那才是解決根本問題的看見。然而案主所看到的問題都是1／10的問題，因為對他來講，那是他看得見的，因為9／10他看不見，所以他很忠實的提供十分之一故事的時候，不明就理的處遇人員就朝著1／10的冰山把它鑿碎，在海水密度差異情況下，問題又再度浮上1／10比例，可見問題永遠都無法解決。

　　在以後現代處遇的觀點，何不了解9／10的脈絡？也即是根本性的開啟那個空間，讓彼此都看見及產生新的觀點，再以此產生解決的方法，這也是帶出差異的另外一個重要的效果（Garven, 2011: 291）。換句話說，此行徑如同以辨別方式去標定一個人隱藏、不受注意和受到忽視的自我層面（陳淑芬、陳秉華，2018：244；Halvor de Flon, 2017: 109），或是將團體檯面下的關係流動標示出來，不僅可以創建清晰和客觀的信息，對團體及成員都能以更客觀的方式，讓他們看見潛藏的需求（Faddis & Cobb, 2016: 48），這就是9／10的海底冰山，此部分充滿著「渴望」、「想法」、「期待」、「自我實現」、「感受」、「感受的感受」等需要探索及回應的理解。

　　以實例來說：「一個失能的父親，其內在心理狀態為何？」。這是實務界大家較少關注的議題，反倒是，其所顯露出的負向行為（情緒管控不佳、各種暴力型態（親密伴侶暴力、兒虐、酗酒……），卻成為處遇介入的重點項目。也著重在處理結果面所呈現的困境，導致所有的能量耗竭在解決海面上1／10的冰山。相對的，如果將此「失能的父親」生命史，往前推進一些，譬如放在他早年無助的經驗（目睹或是身處暴力的害怕、恐懼經驗），以及他在早年環境中自己所得不到的能量，以此跟現在已成年的他兩相比較後，他就

不用以投射個人自我表徵和內在客體，搞壞了他自己的人際關係（為了防衛他的害怕）（吳秀碧，2019：329）。如是理解海水下方所隱藏的9／10的感受與需求時，就可知道成員當時學會以這些方式回應，是有其道理，不過，再以這些方式處理目前困境，確實已不合時宜（Teyber & Teyber, 2017: 105）。

「我們也會確保所有成員都有機會講話，評論、被聽見，同時也會深入探索可能有哪些原因讓他們無法完全深入參與。」（引自陳淑芬、陳秉華，2018，頁296）。團體有時會被少數成員掌控團體的運作時間，致使帶領者無法均分給所有的成員，這些獨占或者是僵化的成員控制了團體，也導致帶領者無力感產生。此時聚思小組的功能就可滲入團體中。比如聚思老師會說：「我有看到誰沒有講話，啊誰講了很多話」，好暗示我們期待誰能講更多話，協助帶領者能確保所有成員都有講話的機會，因為有講話才有機會做改變。

「異見能刺激我們用更沒有偏見、更開放、更散發的方式思考……異見不只是共識的解毒劑，更重要的是，它激發了我們的思考，讓我們得以考量議題的多重面相，發現新的解決方案，甚至以更原創的方式思考。」（Nemeth, 2019, p132）。這裡所述的**異見（dissent）**（團體中提出不同於多數的意見或立場），是協助個人擴大自我的界限，而此在促媒轉換的重要角色，即是「聚思小組」，如同鏡觀模式的精神與核心概念，皆是強調公平、開放、容許、具同理心……等，其所欲達成的目的，也就是激發我們和團體、成員能有更廣度的思考，將原本單一或是限制的思維，衍生更多的層面、更多的選擇（Amod & Miller, 2019: 110），讓我們看到更多可能的成功／改變機會。

　　即使以身為人的基本或是相同點的連結，並非是要忽視彼此之間的差異，而是如何了解和尊重彼此間的差異，並能知道**共通人生**（Kohn, 2019：136-137）。所以聚思小組在整個團體的作用，就是一種協助與見證的歷程，藉由在內團體的獨白空間裡，不斷的提出不同觀點或看見，使得成員在差別的觀點與對話中，深化理解自己，並因此改變到能得到團體的認可（邱惟真，2009：143）。

　　以人的特質而論，約略分成兩種抉擇模式，其一為「成長型思維模式」，又稱之為「成長心態」（Growth Mindset），即是個人對未知充滿著好奇，也喜歡挑戰新的事物；相對的則是「固定型思維模式」又稱「定型心態」（Fixed Mimdset），這時的個人不喜歡改變，且常在退縮的狀態，無創意與消極應對事物（賴佩霞，2021：24；湯華盛譯，2021：19））。這又好比是鐘擺的兩個端點，當個人擺動到「固定型思維模式」時，人生就是在灰暗與無痛的狀態，那時所有的一切皆是惡性循環的窘境，當下缺乏的就是一個下墜的動能。而此動能就是聚思小組能經由看見，所找出來成員各種可能的差異。此差異可能是代代相傳的情緒驅力與模式所造成的，例如多代情緒歷程，此會造成各個成員產生情緒功能的差異，況且差異形成的速度也各不相同，所以聚思小組的指認，對成員理解自己家庭中的這種現象就會產生很深刻的情緒影響（Kerr, 2020: 140）。此指認的功效，就如同引發下墜的動能起始點。

　　鏡觀模式也相信，相同的關係模式裡，也有程度上的分別，且在模式裡也有另種模式的存在可能（Glibert, 2016: 108）。這種能使成員發現「這些」提示的機轉，也是聚思小組的重要任務。因為當這些（與以往的這些是相同，但已顯現出不同的味道），經聚思老師的闡述，雖仍保有這些的本質，然而，現在的情境已較相前的不同，自然導引成員的習慣跟著不同（Clear, 2021: 116），且也標明了有一套藍圖讓成員可以努力增進「自我」（Kerr, 2020: 66）。

　　上述說明了聚思老師的確有此功力，可以安撫成員內在的恨意，也可達到某種程度的「輕安」，讓他們的衝擊變小了（羅大倫，2021：151；千里淳風，2022：261）。例如，當聚思老師說出：「如果你現在的情緒十分激動，請盡量不要怪罪那些令人情緒失控的場面，它們不過是一則啟示、一條導火線，如此而已。你也沒有理由責怪自己，這些感受越強烈就越能挽救你的性命，因為它們迫使你改變做事的方式，告訴你要停下來，思考一下你需要做些什麼。這等於是往前邁進了一步。」（Lá, 2022: 222）。時間的遞移，帶進新的理解與領悟，又稱之為「時序新解」（news of difference）（金樹人，2018：133）。

　　我們的聚思小組時時銘記著：「**差異能帶出差異**」（Jonasson, NyströM & RydströM, 2017:402），以及因身處團體之外，卻又能感受團體之內的一切（**如同在同一個世界卻能拍出不同的照片**）（Anderson, 1987: 415）。

　　「『不同的詮釋者也為每次的敘述加入新的影響』……『每位詮釋者，亦即每位社會交換中的成員都會加入他／她的故事、信念、假設、意圖』。」（Anderson & Gehart, 2010, p33）

聚思小組功能範例

- ✦ 比如說有成員他可能不斷的在團體裡面他一直在談他的相對人，就是對方那個人，對方那個被害人，可是結果到最後反而聚思小組講完後，他蹦出來另外的議題，譬如說，有一個成員他就說，他前面一直在講他跟他的父親，結果後來突然聚思小組講完之後，出去之後，他突然講說其實傷我最重的是我的前妻，可是我們一直都以為他是一個沒有結婚的單身的對象。

- ✦ 治療師在做家庭的時候，他會有第三個眼光來看待這個家庭，就是在那個治療的當下，我覺得那個，就是治療師們其實很重要的，那個第三其實就是我們聚思的團隊。

- ✦ 可以幫忙照顧到每個成員的狀態，等於是那個Leder或Co-Leder是在抓同質性，可是那個異質性就會被忽略。聚思就可以照顧到那個異質性，有點像是你說的那個被看見，每一個人都會被看見，不然如果我一直要抓那個同質，那異質性就⋯⋯，如果你不是那個的話，你就會很為難，他就會變成他在這裡可有可無。

- ✦ 你的很多的衝突跟矛盾，然後我就會在團體裡面直接去說出來，那這樣子我發現好幾次，誒這樣子真的可能有去達到他內心的那個部分，到最後我們退出團體之外的時候，他會在問這些事情的時候他會做一些回應，這樣子。

- ✦ 其實會留意成員他當時的情緒的變化，然後可以講一些觀察到他哪邊跟之前有不一樣的地方，或是他發現他今天好像有些特別觸動，可是話還沒有說完等等，另外一個就是可以補充治療師在團體裡面還沒有說的話，然後把他說出來。

聚思老師分享語錄

✦ 剛〇〇講就是要酒醉才會講一些私人、內在的話，可是我看他上次團體講蠻多內在的。

✦ 剛聽得出來〇〇異性緣應該不錯，但既然異性緣不錯，為什麼異性緣不錯，怎麼還會發生這些事？有可能有哪些？可能是性子？可能是什麼？其實這個可以是一種回饋，及慢慢看到讓他可以慢慢思考的部分。（代間傳遞的影響：多代情緒歷程-負面因應行為）

✦ 很開心我看到他今天有陽光的面，而且也開始為未來做計劃，我覺得這是蠻值得學習的。（未來的我）

✦ 我覺得今天一進來大家的氣氛好快樂在分享，可能今天幾位大哥要畢業可以跟新的成員有一些互動，有提到一些法律上不懂的問題。但是提到法律大家還是有氣憤，不知道大家怎麼看待法律這件事。（家暴法律的認識）

✦ 〇易跟〇文的議題和〇忠跟〇白是不太一樣的，不知道有沒有機會他們可以做一些分享，大家可以做些思考，讓大家可以有一些經驗。

✦ 我聽到他跟她的愛在相處的過程中，得到的結果，都是笑笑的，但是另一個人在講這個事情的時候都是嚴肅的，甚至是有一點委屈的，每個人在描述自己的事件的時候表情是不一樣的。

✦ 他可能會覺得這個事情這麼的悽慘、我的處境這麼不ok，可是大家給的一些回應，好像不是你想要聽的，我不知道是不是有這樣的感覺，但我覺得這很正常，因為每個人走的歷程不太一樣。（家暴事件-他）

✦ 他現在是想說他要為了他女兒，他另外一個重心，我相信到後面自己會發展出自己的重心，但那有時候需要時間，需要跟一些人對話，需要去想說到底哪個對我來說比較重要，我想說要給他的回饋就是，你願意講滿勇敢的，第一次來就把議題拋出來也是蠻衝的，我是佩服的，可能覺得大家沒辦法理解，但可能每個人的狀態不同。（現在家庭星座圖）

✦ 好比說我們是家人好了，我跟你比較有仇，你跟我講什麼話，我可能就比較記在心裡，或者是我覺得我們兩個溝通不順，你跟我講吵架就當沒事，但我跟你比較好，好比說我們是手足啊，就可以溝通，要吵就一次吵完，吵完了就真的心結消了，可是我跟你的心結都沒消。（家庭結構的認識）

✦ 當兒子的人幫媽媽擋子彈，跟幫妹妹擋子彈，這感覺好像不太一樣。（原生家庭星座圖）

✦ 怎麼不知道為什麼剛剛講的是一樣的事，結果變成親子辯論賽。

✦ 像剛剛〇〇我感覺他本來想的是要關係更好，可是做的時候就會有很多狀況，是一件很不容易的事。

✦ 我們的經驗跟他的經驗一定是不一樣的。

✦ 我也覺得世代不同，對孩子的教育，衝突點不太一樣。

✦ 君臣之間會有不同的看見，父與子、夫與妻都是。（家庭結構的認識）

◆ 我覺得大家挑的物件，反差對比都很大。這表示雙方是很不一樣的人，要怎麼好好相處就會很兩難。（現在家庭星座圖）

◆ 我知道男人是會跟別人聊心情的，但會很好奇要怎麼跟老婆聊心情、會不會跟老婆聊心情。

◆ 我前陣子跟朋友聊天，他工作壓力很大，回到家跟爸媽起呸臉，他不會對同事、對我、對女朋友，但他會對他父母起呸臉，父母覺得孩子對他們這麼衝，我說您的父母對您不錯，為何你會對父母如此衝，他說：我評估以後，我對我爸媽生氣是最安全的，我只有在爸媽面前才可以展現出最真實的樣子。（原生家庭星座圖）

◆ 那種苦跟其他人有點像，又有點不像。

◆ 同一個「隱瞞」，隱瞞點卻不一樣。

❖ 層次交應

　　團體呈現「多元性」、「衝突」及有「異音」的團體動力關係，代表著團體中個人充分表現於同是在外界時的真實景象，對他人的愛及關係連結反映於團體內（柯貞如，2012：11）。根據上述團體動力衍生出治療策略，在近代的團體理論已被印證。不過，如在原型的團體型態，再加入俱備專業處遇人員的成分，他們可聚合而成「聚思小組」，將團體做出更多層次的空間（Allan, Klarenbeek-McKenna & Day, 2019: 392），

並利用其位移，將各自空間帶入「**混合**」及「**抽離**」的拉引，將團體動力變得更豐富及具深度的看見。

　　事涉聚思小組的「**位移**」，如何將各自空間充分的連結與運用，這裡可用「維度」一詞來解釋。首先，第一維度係指由帶領者與成員所形成的，帶領者與成員各為平面中的一個點，兩點連成一線就構成了一個維度，緊接著第一維度的團體，與外圍觀察的聚思小組這一點形成了第三點，自然在空間上成為第二個維度，此時的維度所示意的效果，是激發團體成員對空間意涵內在想法，產生了「**「我」被看見了什麼**」想像。

　　再來就是當聚思小組從團體的外圍轉進團體的內圈（內團體）時，聚思老師在內團體的運作，自有其團體動力流動及各自反思性的反映，此時因聚思位置的移位，自然形成了第三維度，其有關團體動力的流動，會因觀察團體時的氛圍，而受到間接影響。不過，經由聚思小組討論，會將團體動力得到正向的導引，恰如正向的「矯正性情感經驗」，對成員有提點的效果。

　　另反思性回應，不僅針對成員的「身」、「語」、「意」的理解，更涉入聚思老師個人的生命經驗及專業的看法，所以加深了團體帶給成員更深遠的影響力及肯定，也因聚思老師分享多元性看見，更增加理解的厚度（Allan, Klarenbeek-McKenna & Day, 2019: 391-392）。在第三維度空間裡，成員變得轉為於「**投射性的「你」是什麼**」，這裡聚思老師以全人的觀點檢視成員，將脈絡展延成理解成員的生命故事，促發了成員其他部分產生了關鍵性的影響（Lair, 2007:

39），且已同理的涵容，聚思老師將自己當成關係的一部分，亦即是「在瞭解自己的同時，也瞭解另一個人的自我，此時我們不把成員當成是他者，而是一個整體。」（Lair, 2007: 260）。

此維度的運用，如同周勵志（2020：7）所言：「當一位團體治療師能夠增加對自己生理狀態、思考、感受的覺察，以及這些訊息如何透露在與團體成員共享的動作互動形式和內隱溝通中時，就比較有機會去修復關係的斷裂和共享的高張情感片刻，並能引發後續的療癒效果。」

當聚思小組再從內圈移至外圍時，此時團體動力又發生了改變，此刻在外團體的聚思小組，已不是和先前在第二維度時的位置一樣。因為經過了先前的第三維度時的交融，成員的內在本質，隨著聚思小組的「**滲入**」及「**拉出**」的過程，成員內在產生了不可控的內在劇場：「**『他』為何如此看我（內射性的）**」，內心的不平靜，就好像擾亂了一場池水，將主觀性的認知，震盪出重新的排列，讓團體處遇有機可趁的埋下改變的種子。

綜合上述，聚思小組也可化身為團體內的成員角色，或是協同帶領者角色，意圖更大力度擴大處遇介入的深度，以多重角度與觀點來理解成員的問題脈絡，並以開啟更多的空間，刺激新的敘述和想法（Friedman, 2005: 235; Halvor de Flon, 2017: 117; Allan, Klarenbeek-McKenna & Day, 2019: 391），或是由聚思小組滲入團體內重述交織，不僅讓彼此可以看見對方（田禮瑋、張鎔麒，2017：121），且營造出多層次交互理解式的共鳴架構（Faddis & Cobb, 2016: 46）。

　　唯此，塑造出心有戚戚焉的感受達到一定程度時，團體中所有的成員，包含帶領者、聚思老師及成員等，讓原本各不相同的立場自由流動，彼此構結出共識，原本所堅定的故事，變得可因彼此而改變（Friedman, 2005: 201）。

　　上述聚思小組的功能，聚焦於「旁觀者則清」的理路，透過解析團體動力發生時，帶領者、成員及彼此共構的氛圍，是如何引起成員的深層內在故事，將團體舞台變成是實際人生場域，促使他們能避開防衛心態，自然流露出最真實的人際關係。此時的聚思老師也必須應用自身敏感度，將成員內心劇場說的出來，讓在場的人都聽的懂（Young et al., 1997: 33），所以不僅是看見，還必須有體驗或同理心的匯集，才能如實動情的展示出來。

　　再而論之，聚思小組與團體及成員間的連繫，係透過「**身、語、意**」的表述，連結到彼此的內在世界（Gehart, 2018: 389）。其中歷程為聚思老師／成員／帶領者三者，分別或同時做出表述後，再被他方接收，其中若干話語影響到接收者，緊接者接收者就影響的部分，自然而然的回應出波動的部分。此一歷程的語意表述，可以修通人際之間的「誤解」（陳淑芬、陳秉華，2018：29）。在此表述及傾聽的過程，聚思老師內化成員所說的話，成員在原來表述中聽到不同的音調（被滲透的字）（the penetrated word）（Seikkula & Arnkil, 2016: 176），能達到這個境界的可能性，是語言對表述者與聽話者間，同時產生了意義，不過雙方要互為回應，否則此歷程無法形成完整的迴圈（Friedman, 2005: 100-101）。

而在此迴圈的過程中，有一點是鏡觀模式特別注意的細節，即是聚思老師必須做到的：「出語盡雙，皆取對法」的能耐。依學者金樹人（2010：189）的看法：在此迴圈的歷程中，第一層是將成員僵化的認知打亂，並確定成員處在紊亂狀態的境界，那時的成員無法再堅持既有想法。緊接著第二層是再將其打亂一次，連同第一層又將凝固的認知，再將其破格，使其無法停留在任一時段的短暫可能，這就是所謂「心理位移效應」。

以心理位移影響到成員的關鍵作用，係採「我」、「你」、「他」三方位格方式，做多層次的挪移與交叉影響。例如，當處於「我」位格時，即是成員自身狀態，常受限於自我主觀性，視野變得狹隘，無法開放自我涵納其他想法。而當出現了「你」位格時，心理位置與「我」位格產生了對應的「距離」，這時的心理位置就像有意義的客體在對話，能與處於「我」位格的成員對話。這時的「你」位格具有客觀性，且是有深度同理心，充滿著關愛與正向支持。而處於「他」位格時，聚思小組是以理性客觀、綜觀全場自我深度覺察、自我安頓，與自我接納等，促進未來因應等作用（張仁和、黃金蘭、林以正，2010：33；李素芬，2023：35），此不就是聚思老師時刻在做的事嗎？

在論述鏡觀模式的理念中，始終相信聚思小組秉持著心理位移的天賦，時時能藉由對成員的身、語、意之覺察，隨時可醞釀自我，及透過自我位置的不斷轉換，能在不同角度觀看成員，產生了覺察、再覺察，繼而因「心感」的看見（與自己的內在交會），有了希望的曙光與未來（李素芬、金樹人，2016：492）。

這裡進一步再引用學者金樹人（2018：133）的用語，心理位移發揮了雙重全景的概念，聚思小組先運用「行動全景」（landscape of action），將其依心理位移中「你」、「他」的位格所表述的行動內容（與行動有關的人、事、時、地、物），逐漸經過敘說歷程，將內在意涵具象化促其成員看見，達到「意識全景」（landscape of consciousness）的境界（駱芳美、郭國禎，2023：304）。

此時聚思小組運用架橋的角色（同心協力的機制），以讓成員和聚思老師彼此看見對方（田禮瑋、張鎔麒，2017：121）。其功效猶如鏡照，由聚思老師的言行中，照見自己的一切（往昔與現今），也促發了自我發現與引導，產生了「回頭是岸」般的覺悟，不再陷入悲傷的困境，使得靈魂得以解放（蔣欣欣、廖珍娟，2021：17；吳若權，2021：57；林祺堂，2022：12）。

下述對心理位移時，聚思老師話語／位置範例：

「事後重拾自己的人生，走上別的道路，那又是另外一回事了。你的思緒肯定還想與新的局面應價還價，於是你問自己，難道沒有其他方式？難道沒有轉圜的餘地？但是此時此刻，放手讓自己好好休息才是當務之急，這可能需要一些時間。」（Lá, 2022, p207）。

「對成員生命焦點的侷限性，聚思小組能真誠的分享不同版本的看見，而使得成員的內在認知得到轉變。」（Willott, Hatton & Oyebode, 2012: 183）

「在意識到他們過去有限的視角後，成員開始認識到其他經歷。也因此擴大了視野並重新定義了他們生活中的人、事和物。這種重新詮釋可能會觸發成員重新定義他們的自我認同。」（Chao & Chen, 2023: 7）。

「心理位移與共鳴體驗，可以讓成員更客觀地審視自己的故事，從而外化自己的主觀經驗。成員以重新定義自我認同方式，透過不同視角來認識自己。當不同的自我表現被感知時，成員能夠識別以前未見過的自我部分，且重新定義他們的自我認同。此新的自我認同改變了成員，從而實現一種治療效果。」（Chao, & Chen, 2023: 7）。

聚思老師分享語錄

◆ 如果我是〇〇好了，我旁邊就會站著兩個人，一個是（左邊）當兒子的〇〇、一個是他自己（右邊）；那這個當兒子的就在喊「我不是無緣無故去告我媽的，我不是真的要違抗我媽，把我跟我媽的關係搞這麼僵！」但另外一個自己又覺得他其實不甘心就這麼結束！「我真的不甘啊，我的累啊、我的苦啊，我以前的容忍到底算什麼（台語）？」其實這是很打結的。其實我也不知道他以後要帶著這兩個自己如何走下去？

◆ 在這樣一個團體裡面，比如說把事情說出來，有時候是我們自己沒有發現到，但是其他的同學就會去幫你去⋯⋯你好像有些事情是重複的。（代間傳遞的影響：多代情緒歷程-焦慮的傳遞）

◆ 我剛才也想到一些我自己的經驗，我聽到像○○講的時候，我覺得○○在思考的時候應該是想很多，想這個人不好的地方，跟他沒有親密關係或做生意的夥伴，聽起來○○會防，可是好像親密人就是會很真誠的，我相信這邊的人像○○、○○阿伯也都是這樣，就會覺得好像我的真誠就是換來絕情，我自己比如在工作上，如果那個長官是我覺得他值得信賴，我可能會給他很多我的建議，結果後面可能換來一個不太好的對待這樣，我就會覺得我好像真心換絕情，可是很久以後我就會思考，好像我那時候我講的話，我說出來的方式，也許換個方式他會接受一點，也許我跟他講的時候我沒有跟他留情面。（現在家庭星座圖）

◆ 他會有點愧疚又會有些壓力。（家暴事件-你）

◆ 當聽到這麼多道理，大家都在教什麼樣的道理，例如怎麼教小孩，衝突的時候要怎麼說……但是時候我就在想，道理大家都懂，但是怎麼做出來好像會卡住。在○○說的時候就給我開了一扇窗，就是……一定要親身體驗跌倒才做得到。（代間傳遞的影響：多代情緒歷程-無效的養育方式）

◆ 隔離沒有辦法解決所有的問題……隔離也會把我自己給隔離了，有些內在問題就看不到。……我覺得我也可以去選擇不要隔離我真正的感受。（未來的我）

◆ 雖然會去想自己是不是做了什麼才讓對方這麼委屈，但好像這時候也會想到自己的委屈，所以就沒辦法去想自己做的不好的地方，也不願意去想。（家暴事件-他）

◆ 我覺得如果可以把這件事情更多的理解，就會比較知道該怎樣跟外人相處。（未來的我）

◆ 我覺得也有種心態是走到這一步就是做絕了，可能他知道，但有不一定會這麼做。

◆ 原本該吵的架，沒有吵出結果，○○覺得很困擾，做自己呢？表現自己多少感受與情緒，爸爸的加入，讓原本該吵得沒有吵得很徹底。

❖ 立體維度

　　如同一般團體組成，大多是由帶領者與成員兩種身分，彼此角色與對團體的表述各自有其看法。鏡觀模式對團體引入聚思小組，即是將此二分角色顯明的團體動態，藉由可從第一人稱的「我」、第二人稱的「你」至第三人稱的「他」的聚思小組，遊刃餘地的在團體中自由進出他的位置。「我」、「你」、「他」的自我狀態位移，是藉由人自發性促成相對於「**我執**」的「**反者**」發生作用：「我位格」的「反者」是「你位格」，與「他位格」。當這個唯我獨尊，以自我為中心的「我」有機會讓「你」或「他」在一個相對的極地發聲，作為一個人的「人之道」才能開始動了起來。」（引自金樹人，2010，頁222）。

　　此處的「反者」即是聚思小組，透過其在外圍觀察成員的「身」、「語」、「意」，並連結促發聚思老師的「移情」、「投射」，進而於內團體分享討論時，將自己在「你」、「他」位格的距離空間，全般性的表述自我的理解與看見。

　　特別想說的是：「**當真的有促發到自己的生命故事，才能擬真表述貼近成員的人生歷程。**」這種在以自我揭露的述說著自己與成員相同／類似的故事場景時，與完形中的角色扮演（空椅子）或是心理劇中的替身，雖是聚思老師帶著情感講述自己的故事，然其實已是成員在進行自我表白。緊接著，可想而知的觸動，不僅波及成員，也影響到整個團體氛圍。

　　上段論述，可用「故事迴盪」代表，也即是從聚思老師的心裡面流淌出來，卻可流進成員的心坎裡。就是這種感受，當從別人的故事中找到共鳴，覺然觸及到美好的發聲，這不只是二重唱，更是三重唱，甚至可說是大合唱，以生命影響生命的迴盪與見證（林祺堂，2022：12）。

　　再次說明「我」位格的狀態，引用莊子的智慧而言，當人為何會與別人有衝突產生？即是因為有了「我」。莊子所著「齊物論」中的人我爭論，即是證明自己的存在，以「成心」一詞代表。成心即是成見之心，一種不斷在個人生活中堆疊養成的偏執想法，故提出了「吾喪我」的修練，即是將成心移除，才能看見**生命之全**、**大道之真**。（黃蕙如，2022：38）。但「我」又如前述，因是「我執」的狀態，根本無法撥開距離（間不容髮），所以運用鏡觀模式，重啟對話（Willott, Hatton & Oyebode, 2012: 193），虛擬出「你」、「他」的位格，**循跡式**的逐漸拉開一層層的距離，讓成員看到更多的替代方案，增進改變的契機。

　　「**觀看者（你）**」的空間維度是「立體的」，**在自我的內部形成一種心理空間**，拉出了遼闊的長寬距離⋯⋯「**觀看者（你）**」出現之前，「我」不斷的努力試圖改變或修復曾

經或正在發生的事件，心理的空隙是間不容髮的……「你」的出現稍微拉開了一些距離，事件成了被觀察的對象，事件中的「我」「你」亦然，「觀看者」與「被看者」中間出現了較大的空隙。在這個經驗中個體能夠感覺到自己與問題之間的距離，感覺到**自己與問題是分離的**。」（引自金樹人，2010，頁189-218）。

這句話徹底的帶出鏡觀模式的運作精華，藉由聚思小組的位移及其本質與團體交會，不僅提供聚思老師自身的體會，也促發了團體、成員、帶領者等多方的看見。而此看見是自己無法經由思維及學習得來，何以如此一說？因為在原有的框架下，要從「我執」的位置，挪出一丁點的空間，以反身的方式看待自己，這種可能性微乎其微。

因此，聚思小組在心理位移的過程中，儼然創造出複調對話的可行性，此刻專業地位已非重要，而是催化更多的新意義建構，及對問題更多層次的瞭解，且聚思老師的對話，不在於等候成員們同意或不同意的回應，而是希冀能為話語協助成員打開新觀點（Seikkula & Arnkil, 2016: 161-166）。

這裡有一特別的意義在：「由於對話過程可讓人找到聲音，參與者同時也成為了自己的回應者，對說話者來講，聽見別人慎重複述並回應自己所說的話，會使他們更有可能了解自己所說的事情」（Seikkula & Arnkil, 2016, p172）。此為聚思小組介入團體動力，最好的直接效益。

另在擴大治療界限中，有關立體維度的效用是在讓成員看見，帶領者與聚思老師的對話。其整體的團體形貌變成是

帶領者與成員身處於外團體，其位置恰如剛剛聚思小組的位置，帶領者與成員變成是聆聽者角色。

　　因此角色交換的效果，如同是心理位移一樣，從「我」位移到「你」的位置。不僅是創造出心理位移的距離，也多了複調對話的機會，更能增加助人系統之間有了真實的對話（**因是聚思小組的獨白空間，目的為開啟內在對話－小劇場的形式**），讓彼此的關係更加親近。深論成員願意改變的原因，是因鏡觀模式提供了團體運作過程，更多公開、多元及聆聽的「**後設位置**」（**聚思小組是當下團體的帶領者，是隱身的存在者，是全方位的觀察者，是團體的跟隨者**（蔣欣欣、王美惠，2019：14））（陳淑芬、陳秉華，2018：33-34）。此效果直接的促發成員有更多機會，看到或聽到不同的故事理路，也衍生出不同的意見（Friedman, 2005: 45; Halvor de Flon, 2017: 109）。

　　此時的聚思小組又已位移至「他」位格的位置，「這我」與人稱轉換成「那我」的距離，像是在「隔空聽他人」的故事，出現可綜觀全場與理性的客觀，好似將鏡頭拉得越來越遠，景物變得越來越小。相對的，景觀變得越來越大，大到可更清楚的看到全局，或覺察到原來沒有看見的部分（Gehart, 2018: 388），且因心理距離變遠了，人的情感變得沒有那麼糾結，也可以換個角度看待事情，自然的，便能看見整個脈絡了（金樹人，2010：206-207；李素芬、金樹人，2016：487；Nadan, 2020: 510）。

　　運用聚思小組於團體中的穿透，帶出「我」、「你」、「他」的三方位移視角，以「你」位置時，相當於視角的中鏡頭，在整體時空交織脈絡下，「**換位思考／逆向思考／創**

<u>意思考</u>」等客觀觀察彼此的關係，另在遠鏡頭的視角，是以宏觀的鳥瞰全景，可瞭解目前的狀況是什麼脈絡原因造成。上述三個位置，即是視角多元化的作用，最後篩選聚焦的觀點，便會越獨特豐富，可將原本的本位思考拆解消融（洪震宇，2020：155-156）。而在整體的三重視閾的轉換，帶點從快思到慢想，不僅能拉高視野環顧整個場景，重構與交錯出多重視角的全景效應，且能於移位過程產生頓悟與理解／觀照與迴旋（金樹人，2018：120-133，張仁和，2021：196）。

　　「團體，提供生活的體驗以及自然的引導。體驗的產生是來自參與團體時，一個清明的自己遊走於你、我、他之間，時而觀看、時而投身、時而對話，繼而思考團體與生活的連結。」（引自蔣欣欣，2022，頁2）。由此段話所衍生出的高度團體功能，鏡觀模式是念茲在茲，期待能在最有限的時間裡，服務到需要服務的人，而無論是在何種情況下，藉助聚思小組的立場與角度，借手成員的生命經驗，轉換成聚思老師的同理回饋，將以第三者的角度觀看，認真探索困擾自己的情緒的原始脈絡（蔣欣欣，2022：1），加上團體動力與催化，真正達到擴展團體治療效能。

聚思小組功能範例

◆ 豐富包括：「原來可能是他講出來的一句話，可是我們根據這句話，會連結這個團體動力還有當下他的表情，我們把他變成是拆解成很多層次的語言跟意象。

◆ 我們看的時候，有時候會比Le跟Co看得更深入的看到一些東西，因為他們起了頭，啊可能起了頭就在一個點就停住了，因為就是受限在那個團體動力裡面，沒辦法真的去兼顧到的時候，而你比較可以去把它補足，然後就是把它跑出來的線，把它拉多一點。

◆ 有些人是點深度，就是話中有話，有些人是點互動，有一些人是突顯氛圍，就是比較烏雲的東西罩在那裡，如果聚思這幾個面向都有顧到，那運作就會很流暢。

◆ 因為你們在講得有些層次的細膩度會比當下在L跟CL在回應上面更細緻，就是他的深度可能會更深，因為為什麼？因為我們有時候在管那個脈絡或是氛圍，那個深度有時候沒有那麼深，當然不是説所有的⋯⋯有些點的部分。

◆ 就是那個Le跟Co的開放度，因為有些東西是你們要掌控的，可是聚思小組在沒有跟你先協商的過程裡面，他進到團體裡面，他事先揭露，就是事先發出來，或是説他所做的東西是你在這次預設是你沒有要做的，可是他幫你點，那當然一個好處是，他幫你把整個團體的擴現出去是OK的，這是Leader開放度。

◆ 他這個部分也有一部分是對Leder跟Co-Leder沒有辦法給他一些他需要的內在的一些渴望，或需要的回應，所以他轉向到後面去這樣子，可是那些是他沒有辦法講出來，或是講出來會怎麼樣是他沒有辦法去衡量那個狀態是什麼，對這樣子。

聚思老師分享語錄

◆ 我看到○○拿那個「豬」（物件），有時我必須擺出一個樣子來，然後我們要去面對親密的人或者是喜愛的人的時候，他看到我不是那個樣子，可是我們是另外一個樣子。（家庭結構的認識）

◆ 「豬」出來的時候其實是可以跟「鴨子」對話，那個獅子是不行的，豬與鴨子屬家禽，牠們是同樣一個環境的，其實應該是可以對話的，如果我看自己是什麼樣子，我看對方是什麼樣子，我試著自己擺擺看，看到什麼樣子狀況下是可以對話。（家庭結構的認識）

◆ 我看到有趣的地方是，每位夥伴在討論的時候，都會覺得外人在看他的時候是兇悍（獅子）的，但看自己的時候自己是很脆弱（就像○○，我一直以為大象是○○，犀牛那麼小隻是他老婆，結果不是，他是小小的）。（家庭結構的認識）

◆ 我是覺得是我們夥伴很願意把自己掏出來讓團體的人看，但是，掏出來那個是其實是比較小的、脆弱的自己，所以今天的團體就在心裡面產生很多的疑惑：為什麼別人看我如此兇，看我自己就那麼的弱啊，我覺得這就是變成一個很大的、需要再去理解的一件事情。（未來的我）

◆ 看到今天的物件大家都說比較多關於自己、還有家人的事情，比較有看到○○的物件擺設，本來是媽媽向著他，他好像不理會媽媽，當爸爸跳出來之後，兩人會以父親為中心，剛剛老師提到，爸爸是裁判，我的疑惑，當事件發生時，○○是否有機會與爸爸討論？（家庭結構的認識）

◆ 爸爸可以在中間協調他與媽媽的關係的時候，是不是有可能在事件發生之前的，或者是透過爸爸討論，他可以看到他跟媽媽之間的關係。（未來的我）

◆ 表達關心，但是孩子不接受，○○的例子，開車上台北找女朋友，給錢是一回事，見你是一回事，如果你對孩子沒有期待，幹麼有互動，見面還是會有差！

◆ 後面感覺是溫馨，他期待這樣的關係，以及家庭的出現；似乎這件事對他影響很深，在他之後對事情或感情處理的方式，會有很大的陰影存在。（家庭結構的認識）

◆ ○○自己也有在想，感情不是那麼理性，一個前進一個後退，我以男生的經驗，我把妳封鎖，封鎖代表有點在意，勾起情緒，可能是喜歡或厭惡。讓對方懂，是一種藝術。（家暴事件-他）

❖ 擴大自我

「人是透過和他人的互動形塑自我，演出被形塑的樣態，並且用這樣的樣態去因應情境。」（引自陳淑芬、陳秉華，2016，頁29）。上述論述個人經由與他人的互動中，取得了自我的形象，此所謂的他人就是一個「參照點」，也可形容成「鏡映效果」。這種鏡映會隨著場景及己身經驗，與參照點對應時，會開啟不同的聲音，增進對自我的認知（Seikkula & Arnkil, 2016: 155; Allan, Klarenbeek-McKenna & Day, 2019: 394）。

　　換句話說，當人在形成自我意象時，常經旁人有形及無形的回應下，逐步形塑自我，所以當要取代現在已成形的自我意象，就須透過新的參照點來形塑出新的理解、新的意義，才有機會找到新的認同（陳淑芬、陳秉華，2016：29），再一層次的說明，倘若能透過多層次及多域視框（Young et al., 1997：28），發覺更多個人隱藏、被忽略的自我層面，及個人為何接受或拒絕他人觀點的原因，這些微不足道的覺察，都有可能讓個人的自我認知「移動」（陳淑芬、陳秉華，2016：29）。

　　何以運用聚思小組的用意，在此驟然間得到印證，我們團隊辛苦的工作，並期待能建構「鏡子」的能力，當形塑的「鏡子反映」儼然成形時，鏡映效果不僅是成員的參照點，也是能經過與成員的相互輝映，促發成員的生命意識提升，使其自我得到擴大，充分顯現了生命的深度（蔣欣欣，2009：22）

　　「我們是從外在對話（outer dialogue）接收過去所沒有的概念，然後經由內在對話的整理，決定要把哪些概念包含在將來的談話習慣中。」（Friedman, 2005. p59）。當聚思老師在外圍觀察時，不僅是觀察員的角色，也是團體中的一份子，所以團體中發生的任何動力關係，分秒影響著聚思老師，且促發了聚思老師將團體中的任何訊息（外在對話），經過內在自我對話的演譯，當然也涉及自我反思（個人信念、態度）（Suzanne et al., 2018: 508），待會進入內團體時的分享素材，這整個過程，也是形塑鏡子的關鍵節點。

　　「『意外』的評論在案主聽來可能太不尋常，但是如果加上引言，說明治療師為什麼會這想，參與者可能會比較容易了解，提出**意外的評論**時，正是進一步擴展對話空間的好

機會，也可以藉此將「沒說的話」說出來，讓所有參與者分享－－案主的對話裡哪一點讓你有這些想法？你怎麼會產生這個想法？你自己有哪些生命經驗導致你說出這些意見？」（Friedman, 2005, p206-207）。這也是聚思小組形塑鏡子的另一種作法（參與者即是聚思老師，案主是團體成員）。

聚思老師在分享時，為擴大成員的治療界線時，有時會將「例外」狀況，或是「具象化」等，透過與自身經驗或感知碰撞，產生了與「脈絡」連結，但卻又是不尋常的分享提問。所以「意外」的評論，來自於聚思老師的生命世界，卻又已不是單純聚思老師的生命世界了，而是滲入了團體語言中的元素（Nadan, 2020: 518）。此時此刻的發聲，就如同鏡映效果，讓鏡前的我（成員）重新喚醒了他們的生命故事，甚至可引發出自己的「例外」情形，又稱為解決自己困境的「另類知識」能量來源。

還有一種「異見」的議題，也是引發聚思小組發動的原因。每個人看待世界，一定憑藉著自己的價值觀來審視（Burke, 2020: 105），此時彼此間的交會，就會產生磨合，較激烈的情況，即是衝突場景。一般將衝突視為不好的團體氛圍，不過若衝突是可協助成員獲得人際學習，且對成員具有深層的內在衍化效果，甚至可促進團體凝聚力，及解決控制與權力對立所產生的焦慮（吳秀碧，2019：352-356）。這些個人價值觀與衝突，都是異見產生的最佳時機，當異見出現，會因彼此碰撞而擴大自己的面向，注意更多元的資訊，也就較易得到新的解答，所以異見就像創意激發器（Nemeth, 2019: 135），得到更多重的觀點。

　　想像一下，當聚思老師能激發出如此強大的功效時，亦即是成員被團體氛圍暈染，能說出隱而未現內心對話，主動性接受挑戰，並能擴展情感上、身體上、認知上或精神上的情感分享（Faddis & Cobb, 2016: 47），代表鏡映效果已達到創造新意義、新觀點及提供問題解決的方法（Hodgson & Haralson, 2017: 1），亦即是為成員做出了多元處遇的可能性，擺脫成員過去一貫死胡同的思維（Gehart, 2018: 387）。以此範定可行之處，是因聚思小組採後現代主義架構，展現聚思老師所理解與看見成員的思維（Postmodernism is in part a frame for how we think about our relationship to the world, what it is we are trying to know.）（Garven, 2011, p287）。

　　自我感官可讓我們看到了眼前的現實，「卻只捕捉得到有限的資訊，限制了我們對真相的認知，把我們的種種覺知都限縮在一個狹窄而扭曲的視野上」（引自楊定一、楊元寧，2014，頁230）。所以聚思小組的功能，也就是在「突破本身敘事和視角的實體與心靈高牆」（Kohn, 2019: 105），其介入策略好似心理劇中對「主角」的認知作了視域轉換，透過角色交換之方式，藉由輔角、替身等，促發主角可在自我任何角色時，深刻理解這個角色內在的感受與情感（游淑瑜，2018：89-90）。

　　當然有個質疑是：「輔角或是替身是否能真實意會到主角的認知？」怕主觀性的想法或是投射，誤導了主角真實的世界，這就好像是聚思老師的位置，同樣的會有這種距離的盲區，不過真的不需要如此的擔心，畢竟

改變的契機：「精熟需要耐性——石匠敲打石頭，可能敲了一百下，石頭上連一條縫都沒有，但就在第一百零一下，石頭斷裂為兩半。把石頭劈成兩半的不是最後那一下，而是先前的每一次敲擊。」（Clear, 2021，p37）。

「每個人生命中都有互相連結的部分，我們都知道每個人在說什麼，也都知道一個母親／父親／兒子／女兒的角色像什麼。」（引自游淑婉，2008，頁10）。這是身為共同文化的普同性，也是聚思老師必須有的「**默會知識**」。

想像一下，當有人願意在態度與行動上，傾聽及回應您的自我表述，且不只是同理您的觀點，更願意用他們人生歷程中與您類似或相異的經驗，和您一起分享。這股的真誠與無畏，對對話的兩方，都更願意坦露自我。以此自我勵志的聚思老師，將能帶出成員的情緒，及不再停止於表面的敷衍，能帶著力量澄清成員的核心擔憂（Teyber & Teyber, 2017: 210），提供了鏡觀模式更清晰的治療焦點。

換句話說，能讓鏡面更加的清明亮眼，促發鏡前的我（成員）看見了更真實的自我。進一步的延伸與強化聚思小組的功能，即是再賦予成員自我分化（self differentiation）的能力，協助成員能看見原本相同的情境外，同時也能夠覺察到不同的面向（Lair, 2007: 257-258），此將看見較多不同的選擇。

提及的自我分化，涉及到成員內在能否分辨情緒和思考兩者，且能在人我關係中維持自身個體性，也即是情緒成熟度（emotional maturity）的狀態。例如青少年期時，當母親的家庭議題未獲解決，而將此焦慮投射至子女身上，形成對子女的焦慮性關注。自我分化佳的子女，會因保持著良好的情緒成熟狀態，不被母親情緒所牽絆，所以能維持個體自主性（張在蓓、張世華，2019：62-63）。

　　針對這種分化融合議題，在團體中也會因成員投射（帶著家庭焦慮議題涉入至團體氛圍中），而變得模糊不清，如此的心智化的心理活動，在團體歷程中是應該被指認的（聚思老師時有所記的，即是透過瞭解成員的心智化活動，推測成員如何經由自己（鏡前的我），映照出他人（鏡中的我）的意圖和心理狀態（需要、渴求、感受、信念、目的，以及推理），進而解釋自身的心理活動和行為）。

　　據此，聚思小組擔任起指認工作的任務，從成員於團體中的諸多人我關係行為，及心智化活動，加上語言表述，聚思老師已可了然於胸，能在內團體分享時，透過鏡映效果，清楚呈現出成員的人生樣貌（Willott, Hatton & Oyebode, 2012: 184）。由此所促發成員的跨越「潛伏之力的停滯期」（當你終於突破潛伏之力的停滯期，大家會說那是一夕成功。外界只看到最戲劇性的事件，卻沒有看見先前的一切，但你心知肚明：正是你很久以前做的事……當時你覺得似乎沒有任何進展……才讓今日的躍進成為可能。（Clear, 2021, p37）。

　　聚思老師在擴大自我的範例：

◆ 客觀看待自己的各種關係模式，必定涉及系統思考，也需要盡力理解其中各個系統，包括追問好些不容易回答的問題：「我是如何疏遠我的家族？」、「我的原生家庭有多少種疏離關係？」、「我用什麼方式與朋友／同事保持距離？」、「我是用什麼方式把他們推開的？」、「導致關係疏離，或使關係疏離有其必要的焦慮根源是什麼？」（Glibert, 2016, p93）。

✦ 「放下」很重要，但「選擇」更重要。只有先選擇要放下，才會有動力想要去學習「如何做到」的「方法」。畢竟，推動我們改變的是「意圖」與「行動」。（引自賴佩霞，2021，頁27）。

✦ 當一方持續要求更親密，另一方卻要求更疏離時，他們都沒有意識到兩人藉此保持了彼此對親疏的舒適範圍，而這樣的範圍是在他們各自的原生家庭中所建立起來的。兩方再選擇了新伴侶時，從前那一整套戲碼又會再次上演。（Richardson, 2019, p53-54）。

✦ 人是整體性的，傷也是一部分，這都是生命中的體驗，傷若要癒合必須先正視它的存在，釐清對傷的感受，當體察生命經驗的全貌時，才能從中體悟收納於心，產生自我修復，同理自我與他人的限制、立場。（引自蔡至涵、劉盈君、蔣欣欣，2022，頁11）。

✦ 發生認知失調的其中一類緣由，即是「來自於過去的經驗」：「如果一個人站在雨中，卻沒有淋濕，那麼，這兩個認知彼此是失調的。因為他從經驗中知道，「淋濕」是緊跟著「站在雨中」。如果我們想像一個人從來沒有關於雨的經驗，那麼，這兩個認知就可能不是失調的了。（引自陳重羽，2022，頁453）。

聚思老師尋求將成員的敘說擴展和發展成有意義的故事情節（They seek to expand and develop them into meaningful storylines with presence.）（Nadan, 2020, 510）。譬如，將成員原本在原生家庭受虐的狀態與感受，透過鏡映效果引導其看見，並促發其「轉化」（孫頌賢、施香如、蔡美香，2019：9）。這裡的鏡映效果，係以成員的故事將其豐富化，並將其昂揚成多層含義的故事情節。也是從整體看到任何角落的作法，其顛覆了一般知微見著的看法（從一個小角落來看整體）（楊定一，2020：200）。

> 不是只有一個真理，而是多種有效的觀點。
> (there is not merely one truth, but rather multiple valid perspectives) (Amod & Miller, 2019, p105.)

聚思小組功能範例

◆ 聚思小組在進到內團體的時候，我們的對話，其實就是把原來在觀察團體所看到的面向，把它變得更豐富。

◆ 我們專注在這些像非語言，還有就是說他沒有表現出來，或者是他有表現出來。他在這個團體裡面，你會特別去在意他的地方會是在哪裡？是因為可以透過我們去改變他什麼？或是說我們用什麼樣的方式，能讓他們自己去解說剛剛那些現象。

◆ 可能就是把他比較另外一個比較後面的東西，把他拉出來。

◆ 這要的是要怎麼點，我的認知是要點，因為他其實是一個比較負向的動力，其實他今天應該不是有在團體裡面有這個狀況，他可能在外面也是有類似的情況。」

◆ 我今天跟你講他的事，壓力都很大，我跟你講你的事，那個投射跟情感的力道又……我直接跟講你怎麼樣，我可能講不出來，但是我跟你講我看他怎麼樣，比較講得出來，而且你還會回應我。」

◆ 根據L跟CL跟聚思小組討論，我剛剛想……就是有試著在腦中演練一下，我想到說就是先討論跟後討論的效果會不會不太一樣，我的意思是說譬如說我們今天先擬定了一些我們的策略，可能團體中有一些不太一樣的變化，或是突發狀況的時候，那就變成說我們聚思小組要在當下馬上隨機應變，那如果說事後討論，會有回顧進入團體的狀況，擬定下一次的時候你可以怎麼應對的話，是不是我們就可以以既有的東西去討論，那是不是比較不會亂套，我是有這樣想啦！

◆ 今天你在團體的一個主線，就是說……因為帶的方式大家都會照著今天你跟他們講的方式，可是如果今天這樣子的話，我的比較會……會有一點經驗的人，就是說會堵住，今天這個團體可以，當然是可以，但重點是你要試更廣的就被限制住。

聚思老師分享語錄

✦ 還有○○他好像把一些事情看開了，但是我會有一點想要說，如果在這邊能學到事情有一點不同的處理方式的話，那個對自己的幫助才會比較大。（未來的我）

✦ 這是你曾經愛過的，你怎麼看待這個過程中她離開，然後再回來，現在又再離開，那對孩子的影響到底有多少？今天的問題都可以再好好的思考。（重要照顧者與我：個人性格養成-依附）

✦ 我很感動今天○強分享他的事情，我覺得來到這邊不是要解決什麼問題，而是我覺得有更多的討論，你就會有更多的方式跟方向來互動。

✦ 我發現他的笑容變多了，然後他跟○維的部分是自己一個人生活要去面對他自己的過程，必須要去克服這些，他發現在自己的生命當中他需要愛、需要依靠。（原生家庭星座圖）

✦ 他剛剛講今天知道明天忘記，我一直在思考這句話背後有什麼意思，第一句話意思可能第一個是不會啦，我不會犯大家跟我說的錯，啊第二個我就是身不由己啦，我也知道但我遇到我老婆就是放不下，我在猜會不會有這兩層。

✦ 我剛剛看○○分享的時候，我覺得會不會有時候，孩子會想，我真的是有很棒的地方，只是父母你們都沒有看到。（家庭結構的認識）

◆ 好像是孩子一直在說我已經長大了，然後爸爸一直說我還是好擔心。（重要照顧者與我：分化／融合）

◆ 而且我也發現○○在很多無奈的時候，有說出自己還是有一些盼望。

◆ 我剛剛聽○○講他的事情，我覺得他很想引起人的注意，那我就很想問問他，他最想引起誰的注意？他最想要誰知道他的委屈？（重要照顧者與我：家庭動力-親疏）

◆ ○○沒有結婚，感覺他人生都是一個人的狀態，所以我也很好奇他在跟人相處，他怎麼經驗……對於他人際關係的經營？

◆ 我覺得○○是個很棒很愛家的人，每個人都很愛家，但我們可以為自己和為我們的伴侶做些什麼。（婚姻家庭星座圖）

◆ 我覺得關係就是這樣，常常會覺得自己付出很多，但這是不是對方需要的，就不……。

◆ 大家都很委屈，也會去想是不是對方其實也覺得很委屈，然後會再去思考是不是我做了什麼，才讓對方這麼委屈……。（家暴事件-他）

◆ 最傷心的是，我們怎麼傷害別人都不知道。

◆ 我看到的是無奈變憤怒，覺得不被理解。（家暴法律的認識）

◆ 這樣走下去，我會走到哪裡，我要往哪個方向走。（未來的我）

❖ 共變

試問：團體運作時，共變
的主體是誰？單指工作對象
的「成員間」嗎？答案當然不
是。倘若團體工作僅是將治療
「成員」改變的意圖，視為主
要目標，是理所當然的團體治
療規劃，可惜就是僅著重「第
一序改變」的工作型態（預

> 我們無法將案主的行為與
> 我們對他們造成的影響分
> 開看待……人們永遠無法
> 不受關係中他者的影響，
> 無論那個關係是多麼的無
> 足輕重。
> （Lair, 2007: 295）

測投入即會有產出，以線性因果關係為介入策略）。但如加入
團體動力，或是團體氛圍的視域觀察時，即發現團體流動是以
複調對談的方式進行，不是單由成員為主體，還會引動團體的
回應，及團體對成員的回應（Seikkula, J. & Arnkil, T. E., 2016: 156;
Nadan, Y., 2020: 518）。換句話說，在團體運作的過程中，處遇系
統和成員系統會共同演化，彼此互為激盪出「跨越兩者間邊界
地帶的新系統（邊界系統），所有人在其中共同創造故事，而故
事的意義也由這個系統決定……此治療中，不僅案主跟我們一
起激發的生命故事會改變，身為治療師的自我故事也會改變。」
（Friedman, S., 2005, p110-195）。

運用團體的功效即在於此，藉由團體動力拉近彼此關
係，當關係建立後，會產生相互學習及療癒，進而引發自
我內在感知，並透過話語形成「超自我」（蔣欣欣，2015:
78）。這是一種協作的過程，構建成有意義的共同進化隱喻
（metaphor），如此內涵中有對各方話語的認可，並表示尊
重，易形成團體共變（Young et al., 1997: 29）。也因如此的團體
動力，是鏡觀模式不可放過的切入點，當帶領者與成員就已
經產生了共變的氛圍，若再加上聚思小組的話語，更大跨度
的擴展了原始故事（the original story）的界限，產生了對個
人與關係定位更豐富的描述（Nadan, 2020: 512）。

　　另一種與共變有點相似性，但卻是走了相反道路的團體動力，即是「共演」（enactment），這種情況不僅對團體療效有阻礙可能（周勵志，2020：7），也常是由治療師所引起「案主防衛機轉」阻抗的狀態（Lair, 2007: 259）。因此情境的解決之道，亦可引入聚思小組從內團體討論時，明確的指出此共演情形（歷程評論），適時對帶領者與成員作合宜的修正或提點。

　　「人的生命場自然可以帶來一種共振。很多溝通，不靠語言，反而可以得到一種更深入的交流。」（引自楊定一，2020，頁288）。

聚思小組功能範例

✦ 他跟你當為這麼長期的聚思小組的老師，有一個很重要的關聯性，你對這個團體，你會有一個熱忱，會有一個想去做這件事情的想法的話，應該是你在這個團體的部分，你看到的東西對你的人生有一個很大的效用，這個效用不是用很明白的東西去跟你提，而是應該也會讓你像〇霖所講的共鳴，或是提升你的一個自我內在價值的部分。

聚思老師分享語錄

✦ 你好像告訴我，你在團體裡一路走過來，好像可以真誠地去回溯故事嗎？那你就會得到很多⋯⋯。（我的改變：迎向未來-納受想法-接受）

◆ 經驗迴盪就可以學習，自己燜在家裡面，會覺得自己最痛苦，在這個團體就是突然間看到大家可以這樣鬆，我是不是也可以這樣鬆的學習。（未來的我）

◆ 很高興看到大家，在團體中能坦然放下並用開闊的心讓家人等待自己的回歸正軌。（我的改變：轉身後的我-轉換思考）

◆ 我自己雖然現在坐在內圈講話，不過我很真實的感受到，大家都有因為參加這個團體變得很不一樣，我也能同樣覺得我也因他們的不一樣，而有了不一樣的感覺，就好像是大家一起都變得更好。（未來的我）

❖ 團體位置

「以衝浪的『觀浪、破浪、等浪、乘浪』歷程比喻自己帶領團體的體驗。提到，觀浪是觀看自己，破浪是突破自己，等浪是聽之以氣，乘浪是隨心起乘。」（引自蔣欣欣、王美惠，2019，頁8）。依上述再詮釋為：「觀浪：內省外觀（團體氛圍）；等浪：聽之以氣（成員語氣、脈絡及團體動力）；破浪：突破自己（無我、無慾－以無所得故）；乘浪：隨心起乘（共同臨在）。」

此意境甚美，讓我也連想到到帶領團體的意境及希望自己及團體、團體成員能走多遠，就好似帶著紅外線透視鏡，看到的不是紅色的影像，而是牽連著紅色的絲及暈染著紅色影像外圍的氣，當自己有幸在此氛圍游走時，如同在衝浪的專注狀態

下，看到了浪裡中水紋線條的強弱，及其各位置的驅動力，在當自己決定站在浪頭上時，潛意識的登頂已是了然於心，因為這就是最合適的狀態，最後就是逐浪而行，盡興就好。

這裡的帶領者有兩種，一是團體的帶領者，二是聚思小組。前面已有說明，聚思小組的身分非常具有彈性，不僅可在團體外圍時擔任觀察員角色，進入團體內分享，也是視為團體中的一員在發表想法，又具有帶領者的意味，可藉由探詢、好奇、支持關懷、面質等引導成員更深度回應。上述所談論的是以聚思小組的團體位置，有因角色及功能性有些不同，以學者蔣欣欣、王美惠所言（2019，頁14）：「引導團體進行的帶領者，是隱身的存在者，是全方位的觀察者，是團體的跟隨者。」這句話的形容對聚思小組也是很到位。

也因聚思小組的彈性位置及豐富度（多人組成），所以相較帶領者對處遇想像力、事件隱喻及解決新觀念更有空間可迴旋產出（Garven, 2011: 289），此位置因為讓聚思小組可停在一個反思的空間，並可讓他們產生自我反思與對團體的好奇（Garven, 2011: 297; Nadan, 2020: 516）。為團體創造出一些與往昔截然不同的解釋，也見證了團體及成員的努力，這種反思性的對話，是具有力量的，確實能協助到成員恢復或重新定義他們的自我認同（林祺堂，2022：12）。

在鏡觀模式中論及的「團體位置」時，有想要討論一下「配置」與「情境感知」（sense of situation）這兩項。這裡所指的情境感知，又簡稱為「**情調**」，是指自己最習以為常的日常事物、作息等，雖是不經意，卻了然而為，與「**默會知識**」有點相似，但卻又感到已被定調過的存有（being-attuned）。

　　它是每個人思考、實踐、行動的指引，又常被忽略，即便它以某種方式影響著，卻又無法感受到，只能透過覺察才能揣摩出一丁點端倪，如此的情調是最具力量的。也因為如此，情調將**團體**、**團體中的帶領者與成員**、**聚思小組**，在團體中所在位置的「在此」（dasein），伴隨著情調共在（with-ness），已然的存在，促發了聚思老師的情感認知，並與內在交會了，自發性的感受到「這兒我認得了！」，因為聚思老師同樣的也進入自己所熟悉的時空，這時聚思老師內在產生了「心流狀態」（flow state），此即為當下顯現聚思老師「配置」於一種情感定調的狀態（黃冠華，2022：117-119）。

　　「多重自我的對話與轉化」（邱惟真、丁興祥，1999）：一個相同的人裡面，可以同時具有許多「我的位置」，這個「我」根據所處的處境和時間能在不同的空間位置上做轉移，想像地賦予每個「位置」的我一個聲音，並且在不同的位置上建立起相互對話的關係、產生互動。」（引自邱惟真，2009，頁13）。鏡觀模式特別在意的一點，即是聚思老師的敏感度，以及願意以成員角度來了解成員的想法、感受與掙扎，亦即是完全透過成員的眼睛去看待他所處的世界觀（The therapist's sensitive ability and willingness to understand the client's thoughts, feelings and struggles from the client's point of view. [It is] this ability to see completely through the client's eyes, to adopt his frame of reference.）（Elliott, Bohart, Watson & Murphy, 2018, p400）。還記得在聚思小組的功能裡，所提到的示範效果、增進凝聚力與催化團體進程所述，皆是在此意境中。

　　長期以來，成員的生命世界裡，常以他人的眼光來定位自己的位置，如此一來，變成了他人觀賞的客體，故易受他人觀點的影響，結果導致自己的人生無法掌控，畢竟為迎合他人，就需要忽略自身的內在感受，也因如此的定位不明，更無法符合社會主流價值，間接引發了負面情緒反應（張可昀，2023：10）。

　　如此窘境情況，不僅是發生在成員所在世界，也在團體人我關係中顯現出來。那如何將此現象與困境與時呈現出來呢？鏡觀模式的「鏡映效果」就是以此為工作重心，聚思老師以一種獨特的角色提供了多重的觀點，及挪移不同的位置看待相同的問題，分享出不同的見解（Willott, Hatton & Oyebode, 2012: 184）。這個原理不用多說了，在前述心理位移已有諸多的解釋。不過，特別提醒的，聚思老師是以一種未知和好奇的態度，探索成員所遇困境的深層意涵，凝視著成員的生命議題，開展出新的解釋路徑。

　　聚思小組在團體的功能位置（functioning position）（係指在團體中的關係位置，如何影響成員及系統運作）所述範例：

◆ 在「我」位格的個體是處於一種孤獨疏離的狀態，渴望恢後健康的聯繫，「你」位格不自覺地出現親密的意義他人（自我客體），因深層同理而使得孤獨的狀態產生轉化。（引自金樹人，2018，頁130）。

◆ 當情緒與定見結合起來，加上強烈地想要維護自己團體裡的結盟感，便使得兩邊的人都難以理解另一邊的觀點。（Kerr, 2020, p31）。

✦ 大多數團體會在人我之間彼此交換自我，久而久之就發展出固著的關係模式。（Glibert, 2016, p44）。

聚思小組功能範例

✦ 我覺得這個是我第一次進入聚思小組的時候，我內心的一個企圖心，那我不知道這個是不是算影響權力結構的流動的一種。

✦ 對於成員來講，權力沒有什麼高低，可是如果他直接講說是不是老師今天可能引導的時候是不是怎麼樣，或者是這樣子的出發點的話，那成員就很容易覺得外面的權力，聚思小組的權力是比Le和CoLe高的，我不知道你們懂不懂我在說什麼。

✦ 如果說是正的部分，其實我們這些都是比較是屬於沒有牽涉到那麼多的權力結構部分，我們是會讓他們感受到，這個聚思小組的老師是真的想去理解我們，只是他們在發話的時候，他們感受到團體給他多大的一個權力的部分，去看這些部分會影響到他要不要談的東西。

✦ 聚思就是在裡面在談說，誰比較少講話，或著某些情境的時候，那可能那一個人本身的特質就是那樣子，或者我們是不是也讓團體成員注意到說，誒果然在他們的同學裡面有誰比較少講話，而去讓成員的一個次領導者出現，然後去拉攏那個比較少講話的人來靠在他們同一邊。

✦ 我覺得其實成員也很確定，就是在這個團體裡面有領導的地位其實是治療師跟Co這樣子，我覺得他們其實內在很清楚，這個角色的認定是什麼。

✦ 我們在聚思的時候，我也曾是成員，我們旁觀者清嘛。

✦ 以我來看我是覺得那個就最好，就是我們如果在外面，就是不要讓他們知道我們在幹麼，像我這個人這麼鳥摸，我就會覺得如果我知道我就一定要抓住那個，……就一個任務，會被限制住。

✦ 我有一個也是跟講的那個成員同一期，他12次的團體他就是每次來的時候，其實他都會在團體裡面好像會當一個L跟CL的助手或助理，然後對其他同學的說話會有一些協助，或者催化他都會有，可是問題是他卻不會去搶到L跟CL的角色，就是他有時候還是會去等L跟CL的怎麼去引導怎麼去問這樣子，然後我覺得他對團體成員有影響力，然後我覺得他也會用引為式去協助L跟CL讓這個團體順暢地進行。

✦ 有一些團體現象我覺得比較有興趣的是團體成員坐位的改變，就是他們像是……有一個成員他最一開始的時候不是坐在治療師的旁邊，可是中間的時候他會改變他的坐位，坐在治療師旁邊，然後到後面的時候他就會坐之前的位子，或隨便坐一個位子。

聚思老師分享語錄

◆ 今天第一次嘛，有一些是上一次見過的成員，有舊的、有新的；那新的成員一定會覺得舊的成員好像比較自在……會笑、會對話，中間還能去插老師的話。（參與團體的承諾）

◆ 我剛才看到成員在捍衛道理，有一點需要去把想要保護的東西去講出來，我覺得大家想的東西不一樣，就會有一些碰撞，可能是大家背後的東西很像，但是用道理講出來就變不一樣。

◆ 今天是個新團體，氛圍比較尷尬還怎樣，他願意先開話，這點我是很肯定。（參與團體的承諾）

◆ 大家在團體都有自己想投入的比重。

◆ 如果我來這個團體，不認識大家，不知道大家會對我說些什麼，我可能會想要做點事情來安撫自己。

◆ 感覺好像可以講更多東西，我剛剛坐在那邊很努力地想那是什麼感覺，聽大家講不同的故事。（聚思）

❖ 社會建構

　　「創造故事世界是**角色間**的對話，所以不再可能事先決定角色的所為有何意義，凡倒是須跟所創造出的**角色們**保持對話。」（Seikkula & Arnkil, 2016, p156）。對話是人與人之間理解的源頭，也是連結彼此不可或缺的元素，尤其是在複調世界中，彼此互為表述的對話，在這互為主體的處境中（蔣欣欣，2009：16），可建構出全新的觀點及意義，亦即是意識產生的方式。

> *In this sense, postmodernism is meta to any specific social theory and postmodernism is an epistemology as much as it is a meta theory frame.*
> 在這個意義上，後現代主義對任何具體的社會理論都是後設的，後現代主義是一種認識論，也是一種後設理論框架。
> (Garven, 2011: 287)。

　　這也是聚思小組運用的主要核心概念，試想於團體運作中，安插了功能性角色，相較於原團體中任何角色，它的位置超然、具有層次性、有專業的預設立場（非專家操控，而是本著**以案主為中心**的陪伴立場）、具後現代主義的視域、保持彈性及開放、尊重及同理案主等等，所以因聚思老師角色所發出的對話，戮力於和成員能保持共同的對話，目的是做到社會關聯（social bonds）（Gehart, 2018: 389），其極致目標是達到共同臨在之感。

　　以此角色立場，雖是以「他者」的身分，但努力去理解及看見成員的生命世界，亦即是「當一個人調整自己以對待他者並預期回應時，他者在某種程度上就來到了這人的『意識內』」（Seikkula & Arnkil, 2016: 157），這個所謂的調整，含括的不是僅是專業技巧，最主要的是生命態度，必須放下我

群的身分，以**第二序思維**和**後現代的想法**（with second order cybernetics and postmodern ideas）尊重他者（Gehart, 2018: 286-288），對比二分法的世界，在此空間裡，身分之間是無異的，而能感同身受的從「他眼裡看待外在的情境」。

人們一切經驗都會在體內留下記號，不過，僅有極小部分可透過言語被敘說出來，且在說者將其有意識的聚合成語言時，這過程會形成了這一生不同的聲音（Seikkula & Arnkil, 2016: 157）。這裡所指的對聚思老師，也可說是一種觸動，在理解他人生命世界的同時，因內化成自己所能表達的語意時，已是經過層層內在機制的篩選（一種潛意識的運作，涉及自動防衛的機轉），如同人的一生不斷透過表述自己想法時，都處於不斷的形塑、改變自己（Friedman, 2005: 57），及讓自己適應外在的環境（群體、文化與社會）。

> 我們每個人皆以獨特的經歷（內部感知 intra-personal perceptual）看待這個世界，亦即是每個人猶如戴著濾鏡來篩檢訊息（lens-like fashion）……社會建構主義概念，認為生命系統是自我創造的，其循環與結構是由內部自發性生成，所以聚思老師僅是促發而非指導成員從外部改變。
> (Willott, S., Hatton, T. & Oyebode, J., 2012: 182.)。

聚思老師也應有的認知是成員的發言，等同自己的論述，都有各自認定的真相，若以社會建構（social constructivism）的觀點而言，所有的溝通型態，皆是共同互動而產生（Gehart, 2018: 387），因此無法事事如預期（魏嘉伶、周彥伶，2019：10），亦即是每個社會架構都是由自身的情境創造出它自己的語言，所以經由團體形成的氛圍及對話，都是新構建的故事，如此

可見故事或對話，必須互為激盪才能形成（Friedman, 2005: 195-196; Anderson & Gehart, 2010: 34）。

再深一點論述，社會建構的演化，經由「**分離（separation）**」、「**蛻變（liminality）**」、「**重新融入（reincorporation）**」等三階段，逐漸轉化為新的經驗法則，「在「**分離**」階段，個體必須脫離熟悉的角色、立場與定位，過去習以為常的生活習慣大多不適用；「**蛻變**」是位於兩個「曖昧不清、青黃不接」的未知世界，其中的特點是混亂失序的經驗、探索的精神和高度的可能性；「重新融入」則是個體在熟悉的世界裡重新定位，找到跟原來不同的社會定位。」（Friedman, 2005: 346）。

聚思老師應謹記此三個階段，尤其是在第一階段時，經由聚思小組依循成員的生命脈絡，看見了其為何生成此困境，並透過鏡中的我，呈現此困境予成員看見，直至成員已可察覺到過往的人際關係、認知和行為模式等等，所造成牽絆生命的困境，進而思維如何與過往告別。

緊接著在第二階段時，當成員尚在猶豫及徬徨時刻，聚思老師引導成員正向思維，及看見了成員的優勢，陪伴成員安心的前行，直至從內心深處有了轉變。而在第三階段時，聚思老師充當「好的容器（好母親），以聆聽者的身分，持續影響成員充權（empowerful）和反思（reflections），直至將新的思維模式固化（Halvor de Flon, 2017: 118）。

有一點要特別說明的，在主流文化架構裡，治療師的角色被要求保持中立態度，必須秉持著全知的，也要比被治療者進化（專家角色），治療師能提供最好的建議，所以權限

資源／知識都具有專業地位（Friedman, 2005: 192）。這一點與鏡觀模式核心價值非常相左，試想，當一個無法表述自己內在最深層的意念的人（海水下方的9／10冰山）（非是表面被問題糾葛的當事人（海水上方的1／10冰山）），在他與治療師的接觸經驗，好似僅是一位聽命者，無開放對話空間，所以彼此間無複調聲音的出現，導致被治療者的背景與關係，在專業語言強勢主導下消音滅跡，造成整體的治療歷程，喪失了人與人的互動連結，以及無法回應差異化的個人表徵（Garven, 2011: 286-287），少了社會建構的意味。

在社會建構的觀點裡，套用一句話：「永遠無法對一個人或事件達到真正的理解或最終的詮釋，每次敘述都只是真相的一個版本。」（Anderson & Gehart, 2010, p33）。這裡有兩個主體性，一個是「**這個人**」，另一個則是對這個人相對論述的「**另一方**」（聚思老師）。在「這個人」和「另一方」兩者間，必有相對應的連結，有可能是各種形式的對話，包含語言和非語言的溝通，及各種關係的交流等，這些對應仍是以檯面上的建構，而真正一層的社會建構，則受到兩者各自的維度「本源－我們」所影響。

此「本源－我們」是被父母的態度（如意義、目的、靈性／信仰與世界觀。此類存在社會中的引導體系包括既定的社會常規、某些生活方式、家族、典範、成就或逸樂原則、道德準則、座右銘或理想等（Messias, Peseschkian & Cagande, 2022, p46-47）。這也是為何鏡觀模式從根本探源成員原生家庭與之滲入的影響，而當聚思老師眼裡看見成員受到早年時期影響的態樣時，也因漣漪效應受到不同程度的波及，雖是相異卻也有了相似的感知。

　　說到這裡，我突然跑出了一個大膽的意象：在我團體裡的這些成員，他們在進入團體之前的身分，常是與社會已有違失的狀態，有的是因違反家庭暴力罪，而被裁處遇喻令參與團體，大多已非自願性案主角色進入團體，在社會建構下，他們是被貼上標籤的類罪犯，也有點被社會指認是一個「生病」的人，所以要被處遇才有可能得到治癒的機會。

> 隱性偏見像是社會偏見的投射，銘刻在我們的無意識中，而且這會發生在我們所有人身上。
> (Kohn, 2019, p151)。

　　倘若以社會建構思考，將其標定為「生病」角色，他們就會喪失原本的角色（父親、先生……），自然有義務接受強制的治療。而承接此工作的我們，也在社會菁英的社會建構下，堅信以所設計的團體方案，期待在團體中得到改變。當然，我們也視他們為具缺陷的「病人」，如此在團體中，成員顯現的角色是需要被教育者，這樣的投射作用，我們不自覺的以專家的身分，教育著他們。即使不是如此的認為兩者角色就是對立的兩方，但形勢卻是如此。

　　因帶著專家的眼光，我們可以帶著理論框架檢視著團體過程、團體中成員的表現、成員與我們在團體中的位置及流動，且將其範定為團體動力。可否，再自我剖析深入些，這些不自覺的專業學習得來的知識，及自許為團體帶領者的「我們」，不也是樂以在社會建構中享受自己所在的位置。

　　上述的覺察，有時會讓我驚出一身的冷汗，我們所認知的理論，是來自於社會建構及不斷的專業論證，但卻是在「**我群**」的迴圈中，不斷的被強化／證明。當我們運用在成

員的身上，也是經過我們的詮釋，認定經過我們的團體投入，成員得到實質的改變。然改變的實質受益者，不是我們，應該是參與的成員與其關係人，到頭來，我們卻常是評定處遇有效的評證人。

這段論述，非強調專業霸權的的社會建構謬誤，而是在鏡觀模式的核心精神裡，我們精心塑造的「鏡子」，當其反射出來的「本質」，是由鏡前的我（成員），在此時此刻的站立位置，最真實的相互辯證效果。而此過程中，因聚思老師有自我覺察到的深層體悟，一來不僅消解了一些專業角度的滲入，二來也有了「人」的味道，這時是兩者（鏡中的我（聚思老師）與鏡前的我（成員））最為接近的時候，也就有「兩行」的狀態了。

聚思小組功能範例

◆ 就是跟他咬人的反應不太一樣，因為我們在這邊被咬，所以大家就會提出一些咬的解釋嘛，還是他拋出訊息他想咬他就慢慢可以停留在我自己身上，就是外在環境給他的刺激。

◆ 我就比較相信情感，所以我就比較喜歡從共鳴面去⋯⋯這是我對影響的定義；對影響的定義不同的話，我覺得聚思就會有不同的表達，就是我們每個人對影響的定義不同。

◆ 在這樣的一個團體裡面，因為像○敏還有○坊剛剛講的，我們都會同時再做觀察，只是說回到我們聚思的時候，去回應這些我們所看到的部分，我會覺得先看到他

們在這個團體裡所表現出來的狀況，包含他的情緒，然後他們下意識不想表現出來的這些非語言，在說出來後我們去真正的提出來我們所看到的，然後我們質疑的部分，其實是間接地跟他們做一個對話。

◆ 我想到的是如果說今天他有攻擊L或CL的狀況，譬如說像就是……或是可能是像剛剛那個他就針對所有的女性或是什麼的，那我那時候大概可能假設……喔不是假設……我就是女性，那如果我在那個當下可能我感覺到我自己是有那個情緒是被戳到的。

聚思老師分享語錄

◆ 如果說到親子互動大家就會提問題互相做討論，但是剛剛○○提到一個問題，你用什麼角度去看，男性去看女生，這個性別怎麼看，跟你怎麼看待這件事情，和你在家的互動關係，這事有很大的關係。

◆ 見小孩的部分，我其實蠻贊成○○講的，也是有想小孩的意味……應該有點情感的部分，可是我們男的比較內向，有時候我們其實不知道我們為什麼要這麼做。（代間傳遞的影響／重要照顧者與我：家庭動力的複製-性別意識）

◆ ……有的人會覺得男生皮肉傷沒什麼關係，我自己也會有感覺說皮肉傷，我可能第一個時間也不會想到自己受到迫害，不覺得有什麼，可能今天受傷了不會覺得怎麼樣，對方可能就會說要提告，但是我覺得這當中除了自

己的認知，還有雙方的情緒夾雜在裡面。比如說吵架原本就有情緒，再加上受到傷害有更多影響的時候，可能他就決定要提告。（家暴法律的認識）

◆ 不知道這是不是男生女生的差異，比如說我和先生吵架了，我就會打電話給我的閨密，她們就會給我一些意見，會不會男生比較不會去跟他的朋友說。男生也是會找朋友，如果自己情緒不好的時候，也是會跟朋友喝喝酒、喝喝咖啡，聊聊天，找人宣洩。（代間傳遞的影響：家庭動力的複製-社會學習）

◆ 那個情過不去，好像○○說的，一個男人要承認失敗好像有點困難，有時候我的心情就像是關係上，好像有時候要讓心情出來，可能別人會覺得我不夠好，我覺得是生氣自己，氣自己說當初怎樣怎樣就好，為什麼不怎樣怎樣，現在怎樣怎樣，當初又怎樣怎樣。（家庭結構的認識）

◆ 他們從本來不能講，到後來可以慢慢表達，我覺得這個過程蠻真的。就像○○之前上過課，從不能講到慢慢表達，這個轉變的過程真的蠻真的，因為我覺得在社會下，男性要講出自己的難受其實是不容易的事情，所以這個轉變是很珍貴的，我希望在後面能夠多聽到大家的故事。（家庭結構的認識）

◆ 好像時代變遷，以前的那套已經不管用了，但是有沒有人教我們，或者是也沒有什麼機會可以學到新的方式，可是我們的問題就已經來了，所以就很難去調適。（代間傳遞的影響：家庭動力的複製-社會學習）

◆ 我聽到男人真命苦的感覺,我們對太太對女兒都做了很多的事情,但是為什麼我們這樣做是錯的,我愛他的方式是這樣,但是好像我這樣做錯了嗎,比如說我愛太太,那他要我做些什麼事,名下的房子啊車子都給他了,他最後為什麼會這樣,……怎麼會有這樣的事情發生。(代間傳遞的影響:家庭動力的複製-社會學習)

◆ 真的現在的父母親很難為,我要這樣做是從我以前成長的經驗裡面,這樣子的行為是對的,我的經驗裡面求學的時候老師打好像也沒有錯,然後在家裡面我們也不能跟家長說「你怎麼這樣做」,你只能就這樣(照著)做,那我們就乖乖做,不能頂嘴不能有回應,那我們都接受這樣的一個教育,覺得這樣是對的,所以面對我們這樣的孩子的時候就會想說,爸爸媽媽這樣教我沒有錯,為什麼現在到我這樣做的時候就好像問題很多,這樣的問題到底是哪邊出了狀況,我覺得爸爸教育的這個方式好像也沒有錯,那為什麼我還要來這邊。(代間傳遞的影響:多代情緒歷程-無效養育方式)

◆ 他確實蠻矛盾的,他剛才在講話的時候,那個語氣是很快的,我聽不太懂,那個字就黏在一起(台語),我自己是這樣猜,因為我自己是男生,啊我們男生的情緒一般來說不太外露,啊這邊有很多人,我不太外露,所以我講話都會很小心,但是通常我有情緒的時候會怎麼樣,可能眼睛會一直眨、講話會變得越來越快,都黏在一起,還有黏在一起是有情緒的。(代間傳遞的影響/性別:家庭動力的複製-性別意識)

◆ 但是我想這可能也有時代脈絡的部分，像○○大哥的時代可能就會覺得不樣講太多，或是我們這個年代對孝順的定義也跟以前不太一樣。像我阿公那個時代來講根本就是為了家庭出力，就要犧牲，或是女生就是不值錢，小孩是工具。（代間傳遞的影響／性別：家庭動力的複製-性別意識）

◆ 大家都很常說，女人只是愛錢而已，如果大家都這樣說，那就什麼事情都解決不了。

◆ 獅子有他想要保護的。（代間傳遞的影響／性別：家庭動力的複製-性別意識）

◆ 我們這麼多人組成一個家，可是同樣這個社會不是一樣很多人組成的嗎？」

◆ 他會讓我發現他不同的一面，我覺得很可愛，男人好像不是很喜歡被說可愛。（代間傳遞的影響／性別：家庭動力的複製-性別意識）

◆ 所以○○的意思是說：孩子比較容易被環境影響，不一定是他自己心裡願意這樣，但是環境就自然造成。

◆ 大環境造就，父母不用太自責，要保持耐性。

◆ 小時候爸媽怎麼教我，我就怎麼教孩子，那一套在現代社會是行不通的，所以現在不知道該怎麼辦；大家常也卡在裡，結果這樣做也不對、那樣做也不對……。（代間傳遞的影響：家庭動力的複製-社會學習）

◆ 如果女生被騙，就會去挖真相是什麼，當然，男生也會想要知道真相，知道真相後會難過。…… 可是女生被騙會到處講，到處問，可是男生好像比較不會……因為會生氣。（代間傳遞的影響／性別：家庭動力的複製-性別意識）

◆ 以我自己的生命經驗來講，記憶最深刻是：最愛的或最恨的，對自己內心形成的效應，我們會面臨社會上的人，比如說：老公外遇、老婆外遇、男女朋友劈腿，這種議題，對男生來講或女生來講，不會是南部人與北部人的差異，而是男生與女生的想法真的不一樣。（代間傳遞的影響／性別：家庭動力的複製-性別意識）

◆ 男生是不是情感出不來，往內裝……爆炸，那就很糟糕，極端化去了；我鑽研正念，當我們，覺察之後才真正能夠翻轉，我真的好奇○○未來會怎麼做？（未來的我）」。

◆ 我們男生常被另一半抱怨，奇怪，我跟你講心情，你回我道理，那男生希望妳可以聽懂我的話，這男生也是很辛苦。（代間傳遞的影響：家庭動力的複製-社會學習）

◆ 性別或角色對「分」跟「離」會有差異。（代間傳遞的影響：家庭動力的複製-社會學習）

◆ 男生講自己大男人主義，對一位男生來講其實是很不容易的。……講自己大男人主義並非否定自己，而是一種自我覺察。……對於男女生之間的夫妻職責認定，因人而異，有時可能也會是另一種標籤的存在。（代間傳遞的影響／性別：家庭動力的複製-性別意識）

❖ 涵容

　　「涵容」是指接納及包容，有溫暖的感覺，當團體內的任何事情、任何言語，皆可被聚思小組攝入轉化成「正向的語意」，此即是聚思老師的態度。這涉及到奉獻精神，也是極具挑戰性，亦即是當一個人不以主觀性看待團體內的一切，願意打開心胸傾聽和完全接受成員的觀點，且進而將所接收到的信息，轉化成有意義的助人言語（Halvor de Flon, 2017: 118）。

　　除了上述的態度外，聚思老師也應有後現代主義思維能力，能透析成員、團體內的對話背景，提供聚思小組及團體更豐富的多重真實的視野（multiple versions of reality），所以也要對很多不確定性保持寬容及好奇心（curiosity），並能容許（挑戰已被公認的想法（taken-for-granted ideas））和有耐心，如此聚思小組的創造力於焉產生（Garven, 2011: 298）。

　　聚思小組的訓練，一定要認清自己雖有自我立場或也可說是角色，不過卻能接受彼此的差異，並能將此差異顯現到最好的狀態（Johansson, Nyström & Dahlheim–Englund, 2017: 740）。這裡值得探討的是「鏡中的我」，如是將鏡中的我展現出與鏡前的我一致或是具差異化的形象，對聚思老師而言，要從內心層次去辨識。當聚思小組所展現出如同和鏡前的我是一致的，乍看之下，鏡子所反射出的意象，如同鏡前的我最貼近的形象，如此是「**惡的結果**」，就像我們與他們碰觸的「**助緣**」（如同是**投射性認同**中的壞的客體（壞母親－不好的容器）），因過失或是犯了法，這對成員來說，會激起防衛，甚至招來人際衝突，這也是他們習慣使用的方法。

但如我們顯現的具差異化的形象時，鏡前的我，會產生了「內心小劇場」，我的外觀（也是內在）是否要再修飾一下，才能符合第三者（外在眼光－他者）的期待或看法。當然差異化是需要用包容的態度去進行（好的客體－好母親），其現實做法就是矯正性情緒經驗（吳秀碧，2019：318）及運用依附理論，提供了同理了解和一致性回應的態度（相反面是雙重束縛）（Teyber & Teyber, 2017: 238），經過上述的過程，才能有機會打進他們的內心，達到改變的機會。

運用後現代的觀點，主要是去化專業性的角色，用心「聽到」案主的世界觀，並誠心接受案主的內在認知，核心概念就是「**情感涵容**」。聚思老師是以**慈悲態度**對待他們，當他們感受到時，慢慢的會轉向自身，用同理及慈悲（being kind）的態度面對自己及過去的困境（康學蘭，2023：11；Teyber & Teyber, 2017: 117-149）。誠如依附理論中的「**同調的回應**（attuned responsiveness）」，不僅能讓成員感受到聚思小組能以對話夥伴（conversational partnership）關係參與他們的困難的處境（吳麗娟譯，2017：169；駱芳美、郭國禎，2023：434），且願意跟其同行及展現更多包容、接納與尊重（李素芬、金樹人，2016：486；駱芳美、郭國禎，2023：423），如此的作為遠勝於任何言詞（Trull & Prinstein, 2017: 503），讓他們即使在困境中，卻有能量面對「不舒適」的自己。

「案家沒有跟，治療師要接住他，給他下台階，學習此路不通，怎麼換一條路走。」（引自田禮瑋、張瑢麒，2017，頁96）。此次案家改成團體成員，治療師改成聚思小

組，當進入這個場景時，可用心理劇的視角看待一下，當
「主角」（成員）經由替身或是輔角，以「包容性替身
（containing double）」展現時，將主角未曾經歷過的經
驗演出，將提升主角安全感，及避免一再掉入情緒黑洞
（游淑婉，2008：10）。此時的聚思老師如同好的母職角色，
明確的建立親子次系統的界線，協助主角有良好的自我分
化能力（楊雅嵐、李玉華，2017：190）。

　　「當人們被深刻地尊重、好好地傾聽，看見自己的存
在價值與意義，並在他人生命中創造有貢獻的影響，這將
是非常有力量的。」（引自林祺堂，2022，頁9）。此將鏡觀模
式訓練聚思小組所要求的涵容態度，經此段文本發揮的淋
漓盡致，也即是聚思老師於內團體的獨白空間裡，所提問
的內容如同「**賞識探詢**」（appreciative inquiry, AI）般，
以正向思維（蔣欣欣、廖珍娟，2021：18）培植肥沃黑土，並以
同理回應成員的不適反應，當安全的環境建立成功（安全
的治療聯盟），相信成員將會自發性的冒險前進（蔣欣欣，
2021：21；湯華盛譯，2021：18；Johnson, 2022: 92-93）。尤其是在
成員邁向未知路徑時，鏡觀模式中的聚思小組，就是透過
涵容的力量，及願意陪伴他們走的人。

　　另有一見解在此分享：「涵容即是化解阻抗的良
藥」。我們隨處都可遇見團體中的阻抗（扮演主導者、插
話、獨占、支配、質疑……），只是常視而不見，但如發
生衝突或是攻擊團體，甚至是挑釁帶領者時，又造成團體
氛圍焦慮，這時的團體張力升高，帶領者與成員都無法承
受，這時的團體動力會採自救方式因應，不自覺的就以代
罪羔羊來承擔焦慮的苦果。若以漠視及尋找壓力出口的方

式處理團體衝突／抗拒，短期內可達到減壓效果，然對團體而言，卻是有負面的傷害。

反倒是透過帶領者／聚思小組以涵容態度，盡可能容受成員的憤怒表達，並尊重他的話語權，畢竟阻抗是必經的過程，非團體所能控制（Lá, 2022: 65）。當成員於團體中能安全自在的發洩情緒，表達了內在的滯礙或困境時，團體自然有能力自行恢復平衡，又加上聚思小組的撫慰及拓展效果，更深化衝突後所帶來的清明。

「就《莊子》看來，世人多「內化而外不化」，成心執而不化，溺於是非辯鬥，與物爭勝，相刃相靡而不順，其內變化無明，猶如流水……外化而內不化，已然似明鑑之效。且虛靜之心，能造止水之境，容受是非，與物共感。他人無感其傷，繆心得以解釋，信任得以敞開。」（引自陳重羽，2022，頁446-447）。以此先以容受接納為要件，願意自我坦誠接受學習，衍生出復原的能力，並啟動療癒的空間與自發條件（林明照，2021：115-116；李素芬，2023：36），此味的藥引，即是我們用生命看見他們的人生參與者－「聚思老師」。

聚思小組功能範例

◆ 我覺得Leder跟Co-Leder跟聚思小組是一個更大的網絡，是一個更大的包覆，因為Leder跟Co-Leder是在裡面嘛，但是聚思小組是在外面。雖然說是進來，但是進來他是分享，但是整個整體都還在外圍的時候，我覺得那是一個很好的整個包覆性跟涵容性。

聚思老師分享語錄

◆ 我剛發現○○有情緒，那我們在帶這麼多次的團體，也都可以去理解有這樣子的情況存在沒有關係。

◆ 不過我也很讚賞○○可以講出自己的委屈。還有講家人的時候，語調變得很柔和。

◆ 有成員說她只要來簽到就好了，我心裡想說「來簽到也很好啊」。

◆ 來到團體的情緒釋放，可以就放在團體中而不帶回家了。

◆ 來上課可以跟團體中的夥伴走在一起才能更長遠。

第十一章　聚焦論述

　　「很多的事情，應該是當下所發生的，但卻用了過去的方法來處理現在的事情。」以這句話的原意，特別指出，很多的人在解決目前的困境時，沒有考量當下的人、事、時、地、物，而以往處理問題的經驗法則，面對現在的處境。也許有時會過得了關，但現在的問題所顯現出來的窘境，已證明了往昔的解決技巧，已無法有效的被執行，或是用錯了地方。

　　這是任何人常犯的錯誤，但卻也是重複的犯錯。唯此，鏡觀模式不是要驟然的扳回這種劣勢，以建議分析的方式幫助成員解決所遇問題。畢竟問題的解決，有很多種方法，每個人都有他的解決策略，且還是問題解決的專家。反倒是，讓他清楚辨明問題的源初，及何種近因導致其身陷窘境。畢竟，「**解鈴還須繫鈴人**」。

　　如此的思維，鏡觀模式藉助著聚思小組及多維度的團體運作，如斯的將成員的內在存有（為己及為他人存有），經由聚思老師的位置與理解，以探詢和共構的手法，雕塑出貼近成員們的「鏡子」，此作法即是強調「此時此地」的氛圍，拉出「彼時彼地」的生命軌跡，嘗試建構出在當時的軌跡裡，那些刻痕是什麼？關注（敏感度）的探究，理解他的遭遇與因應方式，及後來為何變成成員生命不可抹滅的傷痛。

　　最主要的將此生命節點，透過聚思小組於內團體的分享，逐層與漸近的敘說，並由團體內的聚思老師彼此回饋，建構出緊貼著成員原本生命故事的另一種生命說法。這些的「替代故事」，在成員的生命裡，是有時一閃而逝的選擇，在重塑的鏡像裡，堅毅的顯明可見。

❖ 此時此地

　　「領導者同時運用**此時此地**與成員互動交流的內容與歷程，來協助成員自我發現，當成員自我覺察他們的溝通性質，便能夠導致自我發現，繼之可以啟動改變。」（引自吳秀碧，2019，頁283）。此段論述可見團體帶領者可藉由此時此地的運用策略，將困擾成員陷入困境的因子—「**彼時彼地**」的經驗再度帶至此時此地處理，其符合團體治療的目標，即是往昔的應變反應，透過團體能量將其重構（重新概念化），縫合其人生的斷裂，亦即是將成員敘說著過去的不適時，透過團體動力的運作，將其焦點放在團體的當下處理（謝佩玲、林淑君、王麗斐，2009：24），尤其是成員的對話僅出現在此時此刻，要保握當下稍縱即逝的寶貴機會（Seikkula & Arnkil, 2016: 153）。

　　這一點考量是因人會隨著環境的變化不斷調適自我，所以有經驗的帶領者，常透過當下的時間點來理解成員（Friedman, 2005: 56；鍾明勳、陳姝蓉，2016：17）。當成員所述獲得團體的注意時，帶領者會引導團體動力來回應他（關注的即刻反應）（Case & Dalley, 2017: 184），其發展的形式即是成員可內化於團體所習得內容與歷程，不僅可促發成員自覺其溝通型態的不適，且可啟動其改變，所看見的將是成員在團體內的一小步，也是個人在世界上一大步的起點（吳秀碧，2019：283-284）。

學者吳秀碧（2019：285）以存在主義觀點說明此時此刻
用於團體的定義，她認為個人於當下才是唯一的存有，過去
已不可追，所以自身是無法為過去再做什麼，而未來卻是不
可確定性，現在的自己無法為未來做任何事，只有當下決定
改變或做什麼，即是當下決定改變，才是自己能掌握與立刻
去做的（陳偉任，2022：11）。換句話說，團體無法改變成員過
去的生活，但在當下成員已有意願改變時，可以增能改變動
機（使真我（true self）現身（蔡至涵、劉盈君、蔣欣欣，2022：
4）），將於團體所經驗的，外化於團體外的生命世界（Amod &
Miller, 2019: 110）。

不過，這裡有一點須要提示的，當團體聚焦於成員當下
的工作時，聚焦是相對困難的，因為以成員過往經驗而言，
常是讓其懊惱錐心、怒氣難消，或是感到羞愧不已，所以影
響成員當下會感受到無力沮喪，自然而然影響到其當下的決
定，有時就會走回老路，即是重複使用相同的人際因應策略
（Teyber & Teyber, 2017: 195）。

有些帶領者於團體運作時，勇於自我揭露過往及當下的
感受或生命經驗，所以在團體中的透明度佳，成員也有感受
到帶領者的暖意，有時成員於團體中顯現出焦慮時，帶領者
常直接貼近焦慮源頭，幫助成員探討與更精確的釐清，展現
出跟隨成員腳步，進一步靠近問題的核心（Teyber & Teyber,
2017: 195），畢竟當成員有焦慮時，正在顯現成員與成員間或
是與帶領者之間的人際歷程，正在重演／循環成員過往人際
關係的問題，這時的帶領者要保有涵容的心態，擔當好的容
器（好母親），以創造立即性的介入（Teyber & Teyber, 2017:
217），消弭成員的投射性認同。

　　那聚思小組在「此時此刻」的作用為何？前面已有提到，聚思小組的「**整個**」也代表著是帶領者角色，所以當帶領者受限於執行團體既定流程或是目標，無暇兼顧成員的情緒或是未辨明此時此刻發生的事時，聚思小組可在進入內團體時，將此時此刻的動力關係、有意義的言詞、非肢體的語言等，立即性的回饋，並指出成員在團體中的情緒元素，甚至將說者與聽者間傳遞的相關訊息，再度運用此時此刻拋回給團體，這可讓成員有機會，自行解釋到底是怎麼一回事，以便獲得自我領悟（吳秀碧，2019：304）。

　　另聚思老師透過言語參與成員的建構時，也正在進行著彼此的相互建構（蔣欣欣，2009：16），就在此時此刻的團體氛圍內接住了成員的情緒，或是理解了成員困境的脈絡，產生了自我覺察的生命經驗時，以真誠的分享，再度和成員的生命脈絡相連結（Allan, Klarenbeek-McKenna, & Day, D, 2019: 390）。聚思小組也可挽救瀕臨枯槁的團體氛圍：常看到的場景是成員都裹足不前，互相提防及警戒，呈現出「說話的主體（who speaks）與被說出的主體（who is spoken）」之間存在著一種斷裂（蔣欣欣，2009：19），此團體動力處於僵住的狀態。

　　一般而言，當此情境帶領者可以逕行以歷程評論回應團體氛圍，將此時此刻的狀況具體指出，形成團體當下最重要的議題。但有一些風險存在，有時會讓團體更無法邁進，甚至產生了代罪羔羊的，而此刻的帶領者卻無力保護團體。

　　聚思老師可進行縫補的角色，即是透過歷程評論方式，將此時此刻所感受到或是看到團體現象正處於這種狀態：「我在外面的時候，我聽到○○在說他在家裡，常會有莫名

其妙的情緒，有時很低落，不想理家人，有時就會很生氣，看到家人時，都不自覺的感到很嫌惡，就有動手的意念產生，對○○而言，這段敘說算講的很深入，不過，我卻看到同學們，好像不怎麼關注○○講的內容，有的甚至專注在自己的身上，或是無所事事的塗鴉，這些行為讓我很好奇，是什麼樣的原因，讓自己無法聚焦在○○身上……。」將此種現況呈現出來時，關注成員間的互動，探詢當下此時此刻人際往來所呈現的意義，以及成員的經驗如何？方能瞭解到團體中所發生的情事（陳美碧，2018：1）。

　　聚思小組有別於帶領者身分的另一角色，即是團體中的一份子，也即是成員角色，此身分非常具有戲劇性：一來是單一化的成員，當於內團體討論分享時，他的位置相當於一位成員的角色，所以發言的內容，會引起帶領者及成員們的注意，此時好比在團體成員之列分享自己的生命經驗，或是對議題的分享，是從內部立場（inside position and actually reflect）的角色反思，其對外圍的聆聽者（成員），具有很大的影響力（Halvor de Flon, 2017: 118）。

　　更深一層的來看，學者安德森論及社會建構主義，特別指出於關係內部產生意義（social constructionism generation of meaning within relationship; Andersen, 2007），亦即是說，當成員信任、接納了「聚思小組」的這位成員時，將會伴隨著聚思小組的內心對話變得十分微妙，甚至如聚思老師的面部表情（內在小劇場）、外部對話動作（手勢）等，皆有可能與成員們社會聯繫創造出共同的意義（Gehart, 2018: 387-389）。對於社會建構主義而言，語言和知識是交織在一起的，並且儘可能保持彼此間對話及開放性，切記不要過早下定論，此也促發了外圍成員將

聚思小組的回應與聽到的內容聯繫在一起，並與自己的現在的
處境激盪，這種衝突的狀態，可衍化出對原來的認知產生差異化
（因鬆動了固著的認知，開始產生了信念裂痕）。在此時此地的
空間裡，無論是聚思小組或是成員們，皆允許一同加入彼此更多
元想法（Garven, 2011: 287-288），增進成員改變的機會。

　　此時又符合聚思小組是由多個聚思老師所組成的小群
體，當於內團體內分享時，所反映出的觀點，又是更具多個
個人視角所看見的落點，當然其含概性與周全性，更貼近社
會建構論的精神，記得當下即是唯一，沒有可能在不同時間
複製同一個感受與經驗，所以聚思小組要謹記在心的，珍惜
此時此刻的共處，及一切順著脈絡走。

　　「<u>它觸動了我的內在，導引我看到童年的家</u>。」（"I said
that I saw my childhood home because it touched me in a
personal place..."」（Nadan, 2020: 519）。如同前述所言，社
會建構是互為共構的，所以當聚思老師因成員的生命故事觸動
了自己時，因此時此刻同為成員角色，無帶領者的身分限制，
故聚思老師此刻的感動（屬內隱溝通）（周勵志，2020：5），進
而觸發了成員的意識撼動，有的說是共鳴（resonate），有的
認為是發生了共同臨在之感（陳美碧，2023：1）。

　　這個現象引用學者邱
惟真（2009，頁155）：「它直
接有一個現場的「他者」的
存在，說給誰聽，在哪裡
說，它現場的脈絡性相當地
強烈，它的互動是立即的，

> 無一物止留，人物情境瞬
> 變不已……萬物在變化中
> 的每一刻，都是嶄新而不
> 重複，在變化中，自我瞬
> 間已成過去，而當下則是
> 嶄新的自我。（引自林明照，
> 2021，頁117）。

「他者」的反應也是立即的，這反應包括語言的、表情的、
姿態的等等都是立即的。」「我看到、我聽到、我感受到、
我想到……」，聚思老師運用此時此刻共振出正向能量，產
生新的經驗（楊雅嵐、李玉華，2017：159），就是最佳的例子。

聚思小組功能範例

◆ 就心裡的難受就不會覺得我就是快死了或是怎麼樣，所
以我覺得那個停滯感就是我們大家都感覺到停滯，就是
Leder跟Co-Leder都可以感覺的到，大家都感覺的到，可
是他沒有被講出來或是沒有被說明，可能他是怎麼產生
的時候，好像這件事情就不能講，所以我們大家就只好
停在那邊，不要動。

◆ 聚思小組的成員能夠抓到Leder跟Co-Leder的主軸，
回到here&now，就是除了主軸，……主軸是一條線，
here&now是一條線，怎麼樣把這個here&now跟主軸是扣
在一起，其實對Leder跟Co-Leder也有很大的幫助。

◆ 如果是我來做，你就是要告訴我你要幹麼，不然就會變
成，我就可以很自在的，去感覺那個here&now，那個
here&now有時候是我們在當Leder或Co-Leder的時候，我
一定要做一件事情嘛。

◆ 我會注意他們講話的一些情緒以及語調的變化，然後可
能像有些人在表達情緒或情感比較豐富比較強烈，那有
些人講話的速度比較平淡一點，有時候會比較去留意他
們這些非語言的情緒表達。

◆ 他如果是一直在講話的,我可能就會配合他在講話的過程裡面,有沒有比較落差大的情緒……他講到什麼的時候,特快或特慢,或是臉部變了,或是眼神閃了,就是他講一段話,他這一段話裡的什麼,他的眼神突然不一樣了,我是很注意這種東西。

聚思老師分享語錄

◆ ○○都很直率的表達他的想法,但我也很想知道那個背後有什麼直率的心情,例如他剛剛講那一夫多妻,那個心情是什麼。

◆ 我今天聽到○○的故事我很有感觸,所以如果我過度聚焦在他身上,請大家提醒我一下,我可能會講很多。

◆ 他是以什麼樣的心情來上課?

❖ 脈絡

要理解人類的行徑,必須剖析採取行動的脈絡,這大可從視角及多元層次看待事件的動態過程,好比是神經學的概念,其運作是集體/串連式,不由單一神經元所決定(鍾明勳、陳姝蓉,2016:15-16)。此段意旨與系統觀點相同,強調「系統中的各部分是彼此關聯、共同運作和相互影響、系統中的各部分所放出的訊息是為維持系統的平衡,有所謂牽一髮而動全身的現象、系統中的現象是循環牽引下產生的(非線性因果)、一個問題很難孤立觀察,要放在系統中來看、來觀察,不只注重內容更要注重歷程……等……從系統的角度來

思考－團體中的任一現象須放在團體中來看才能較清楚原貌。」（引自洪雅鳳，2004，頁19）。

　　上述這種系統觀點，應用在個人身上時，就必須尋找可以協助成員理解症狀與問題的生命故事（Teyber & Teyber, 2017: 66），比如個人如何在人際關係的脈絡中發展與維持（吳秀碧，2019：374），當成員感受到自己的生命脈絡被看見，會讓原來的糾結或困擾，彷彿被更大的客體接住，自己就不會再顯得那麼的無助或憤怒，並以這個脈絡順藤摸瓜的了解成員，敞開心門以開放及接納的態度「聽之以氣」（蔣欣欣，2011：2）不僅可解離成員的抗拒，且協助成員向內聚焦，及探詢內在的抗拒歷程，除重要的功能性是確認成員的擔憂，也間接提供了治療的入口處（焦慮的人際態度、錯誤信念、痛苦的感受等）（Teyber & Teyber, 2017: 193-197）。

> **華麗枷鎖**－自己的「應該」，他人的期待 (*Shoulds for the self, Expectation from others*)：**苛求自己**，加諸自己很多「應該要怎樣」，才能換取自己覺得別人會給予自己的「權利」，亦即，當事人覺得必須把許多因為社會角色互動而來的「應該」扛起來，才能由他人處換取回權利、認可、肯定。他需要完整或完美的順從取悅／違抗攻擊／遠離冷漠地執行許多的「應該要怎樣」，才能夠贏得權利。結果就會像是「**黃金牢籠、華麗枷鎖－輝煌的皇冠、禁錮的王者**」——主觀地認為唯有這麼做，才能讓其他人看見、認可自己。(*Teyber & Teyber, 2017, p325*)

　　倘若是運用於團體時，成員表現出的抗拒或行動化時，常是來自於系統複雜的失功能人際歷程所造成（洪雅鳳，2004：19）。比如成員於團體中的慣性人際應對，像極了一個小孩子會尋找在其家庭和其世界的意義，最常出現的是手足競爭，

這是要引起關注及被愛的表現，依此情況複製到團體中的人
際關係，亦即是團體中重演其家庭星座的位置和角色，成員
不自覺於團體中形塑了家庭星座圖，（吳秀碧，2019：31），展演
出了家庭的互動脈絡。

　　「偶然的事件，總是在諸多必然的因果線條中，意外的
出現在間不容髮的縫隙中。」（引自金樹人，2011，頁2），聚思小
組一如往常的顯現自己在團體功能，不過與團體帶領者較不
同的是，聚思老師於內團體工作時，是採後現代主義中的**後
設分析**，加上**第二序（second order）**的思維去看待成員的
生命世界。就如學者金樹人所言，即使遵循著脈絡看待故事
的發展，但在循軌的因果關係中，卻有幾乎一閃即過的短暫
空間裡，有一例外的情事發生。這個不可求卻突然乍現的機
緣，是聚思老師在內團體時，較諸帶領者可看見的。為何如
此？因為聚思小組在團體氛圍裡是「理性的觀察者」，所注
意的「每個時刻，誰想被聽到；每個回應，是如何傳給他人
的。」（Gehart, 2018: 387）。

　　再延伸一些，聚思小組在細究成員生命脈絡後，可以透過
聚焦於**雕塑**的不同區域，選擇創造深層的意義（The therapist
may choose to create deeper meaning by focusing in on a variety
of areas within the sculpture.）（Faddis & Cobb, 2016, p48）。這
裡的「雕塑」（塑造）即是成員或是團體中的故事、事件、
情緒及氛圍，聚思老師如同戴著可伸縮的望遠鏡，在外團體
時，時刻關注著具差異性的想法，是如何連結起來，或是從
成員突發的新創意（非預期的新觀念unexpectedness of the
resulting new ideas）或是改變的對話中，探詢這些觀點是如
何發生（Garven, 2011: 297）。

「如何在團體流動中創造『見樹又見林』，其做法就是瞭解成員之行為背後所隱含的意義。」（引自陳美碧，2018，頁1）。當瞭解成員不是刻意讓自己掉入泥淖裡，且日積月累終究無法脫困的窘境，即使他們身上有些掙脫困境的技能，但因他們都沉浸在自己的困擾裡，並且只知道趕快解決問題，而發展出被外界認為是不良的因應方式（troubles them and in need of making a change and finding a solution with which they can cope, and fast）（Nadan, 2020: 515），所以當要理解成員的困境時，要從脈絡著手理解，即是要全方位的去探尋。

「想要理解一個人，必須盡可能完整地理解核心家庭。」（Glibert, 2016, p57）。誠如前述所言的冰山理論，著實影響著鏡觀模式的運作型態，我們常被顯而易見的困境吸引，並急於解決結果面的問題，但較少關注於形成結果的真相為何？也即是若有了「**脈絡思考**」，可增加聚思小組的高度與整體觀，不僅不會被眼前的表象影響，更能看見不同元素之間相互運作的結果（洪震宇，2020：60）。

唯此，透過聚思小組觀察團體成員於團體中的**身**、**語**、**意**呈現，深度理解成員的焦慮，特別是彼此間所發生的事，促發了成員焦慮的人際關係（Teyber & Teyber, 2017: 197）。這裡特指何種

> 童年逆境經驗（*Adverse Childhood Experiences*，簡稱 ACE）泛指在童年時期的所有不良經歷，包括虐待、忽略、性侵……等。（引自陳俐君，2023，頁45）。

人際關係是由原生家庭所投射出來的鏡像反映，例如：當成員小時候認為自己需求是合理的，但卻無法被重要照顧者接受，由此所產生的焦慮，是為了得到自我控制及保護與重要照顧者的依附連結的因應之道（Teyber & Teyber, 2017: 317）。

　　探索脈絡的問題成因，可瞭解為何成員於團體中有如此人際關係的「**投射反應**」，也讓聚思老師能夠更了解成員的生命脈絡，並更有能力承接了成員的生命糾葛或困擾（Teyber & Teyber, 2017: 72）。想像一下，如果成員與父母、手足的相處模式，以代間傳遞的方式複製到自己與配偶子女的關係時（Kerr, 2020: 200），也即是最初來自家庭情緒系統及多年重複性的模式，不自覺已變成了永久情緒反應（Glibert, 2016: 54）。

　　這個脈絡不僅是存在成員的生命世界裡，且經由聚思老師的分享與看見，再透過對話及涵容的重述方式，將成員的生命故事重構與加注正向生命力（蔡美娟，2012：29）。這裡的一切過程都會在大腦中留下痕跡（洪蘭，2012：18），且在潛意識之下，不時的影響到自己的未來。也有一點意思的是：大多數人常掉入原生家庭負向的既定模式（紛擾家庭的生命事件），大部分是當年壓根不想記得的，但又在非意識的狀態下複製了它，轉而暴力對待現在的家人（廖云釩，2007：143-155）。

　　再一次重述，聚思小組的功能是採用多元式的方法和角度，並且著重在脈絡的衍生與發展（Jonasson, NyströM & RydströM, 2017: 398），且以鏡映效果將成員的內在「如實」及「多層次交互作用」的呈現出來，藉由鏡面所顯

> 人有時候就是這樣，只要理解事情背後的根源，就比較容易體諒，不會那樣的糾結、痛苦與煩惱，很多時候，沒有解方也無妨，我們要的無非就是理解與釋懷，然後才能放下。（千里淳風，2022，頁260-261。）

現的，猶如被成員自己看見了：「我的生命中到底發生了什麼事？」。如此的對照效果，協助成員以更寬廣的脈絡去覺察自己、理解自己與統整自己。而多層次的交互作用，是經由聚思老師自我內在的展演，自發性搭配著成員的舞步，與

成員一起解構、重新再建構，賦予成員過去經驗的新意義，促發成員跨過生命中的困境（陳俐君，2023：49）。

以鏡觀模式的觀點，人的一切，皆受限於眼前的認知，但卻無法清楚為何如此。深究有些成員陷入困境的原因是從單一角度看待「問題」、「現實」，且長期以來都是以這種如似「隱喻的困境（metaphorical groove）」或「自動化信念」，讓問題更加強大（Willott, Hatton & Oyebode, 2012: 184）。

然鏡觀模式認為問題的真正原因，不一定是來自於當下所遇的事件，而是有其脈絡所推展而成，我們試圖重啟成員的生命脈絡，讓成員看見這些變化不是孤立的，但每一個都是另一項變更的一部分；一項改變可能會刺激其他。成員開始意識到過去的狹隘觀點，從而回憶被遺忘的細節（Chao& Chen, 2023: 7）。

成員思路轉換的七個層次：「1.當事人僅僅談論事件、想法或其他；2.提及自己，但沒有情緒表達；3.僅表達與外界狀況有關的情緒；4.當事人直接聚焦在自己的情緒和想法上；5.投入探索自身的深層經驗；6.覺察過往經驗中的潛在感受和意義；7.持續深度自我覺察的過程，可以提供解決重要議題的新觀點。」（引自張卉湄，2019，頁94）。

聚思小組功能範例

◆ 聚思他可以去看見那個成員他要陳述背後的那個需要，和他背後的那個東西的議題，把他拉出來，也讓團體成員去看見他那個是什麼。

◆ 主要是這是一個異質性很高的團體，因為他們進來的，我個人覺得，我參加這麼久我都覺得差異真的很大，那他們看起來有一些共同同質的故事，可是他後面的那個脈絡，那個差異太大了。

◆ 就是有時候我覺得我們人會很害怕或是迴避掉一些負面的情緒，或是攻擊，那我覺得是自然的，就是我覺得我們的成員可能過去的經驗就是說，我可能咬我身邊的人，我可能遭受到更重的對待，所以當他進到團體裡面，他一樣就是咬老師咬Leder，就是求生的本能。

◆ 一個在單次聚思小組結束之後，這些成員又是怎麼回應這個團體，他講了什麼。每一次團體，他們的歷程，就是這個個案他，所選擇講的話是跟他前幾次其實是有脈絡性的，或者是跟前幾次他選擇出來那個動力的方式呈現是不是有些不同。

◆ 有時候我也會留意這些主題，我會去看他們回應的時候，譬如說他們講這句話他們背後的觀點到底是什麼？會去思考說那他的觀點是這樣。

聚思老師分享語錄

◆ 很妙的是我在第一次團體看他的時候，團體很尷尬沒有人講話時，他就出來了，就會讓氣氛活絡；第二次團體的時候，他變得比較悶，那時候看得出來他有太多事要煩了，像前妻的事，那個時候，他應該與前妻的關係比較「滾」！他有說過去被爸爸打得像沙包一樣……我在第二次團體看到他講話時很像小孩，但我想這就是○○該有的樣子，像他講得讓我非常訝異與驚艷。（重要照顧者與我：家庭動力的複製-性別意識）

- 今天你對太太這麼好，房子給了太太、錢也給了太太，可是怎麼現在還用這樣的方式去對待你，真的會覺得說事情發展怎麼會變成這樣，我的問題在這邊，那是不是在生活的過程中裡面，是平常在生活中我們沒想到的，好像滾雪球一樣越滾越大，變成今天這個局面。

- 這樣的關係是在法律之前還是法律之後，我相信不管是法律之前還是法律之後，兩個人的相處本來是因為有血緣、本來是因為有愛，可是為什麼會走到現在，我相信還是有一些我還沒有看到的故事。

- 他只能用自己覺得最合適的方式去處理。（代間傳遞的影響：多代情緒歷程-負面因應行為）

- 我在畫家系圖的時候也會覺得我有我爸媽的影子。（代間傳遞的影響：家庭動力的複製-社會學習）

- 感覺上輕鬆的，但背後那個痛是在的。（代間傳遞的影響：多代情緒歷程-負面因應行為）

- 孩子沒辦法為媽媽做點什麼，那種無能為力。……無能為力最後會轉化成恨。（重要照顧者與我：家庭動力-親職化）

- 家庭對於每一個人影響蠻深的。（代間傳遞的影響：多代情緒歷程-負面因應行為）」

- 每個人會隨著年歲會一直堆疊他的生命經驗。

- 我聽到幾段關係：一段是父母跟自己，一段是自己跟孩子，談到青少年與環境○○想到他自己：他媽媽是非常有潔癖的人，他剛好是中生代。女兒剛出社會，頭髮很

長，○○被母親訓練出來（不是潔癖），所以至少在家是掃地，女兒不愛做家事，有天，他受不了，拜託女兒掃一掃，她回他：「幹麼掃，那麼長的頭髮留在地上，多有人味」，○○傻眼，這什意思，突然想到，世代的差別，上一輩的、中間的、下一輩的三世代差別，後來○○默默地掃，試著從女兒角度看她的世代的觀念，大致上的相關無事⋯⋯。

◆ 我看到○○可能曾經有多次失敗的經驗，他讓媽媽常常生氣，媽媽又是從小生他、養他的人，常常對他生氣，他也不太敢跟媽媽反駁，一反駁就會用很大的力氣跟媽媽說，因大聲跟媽媽說話，媽媽更生氣，所以，不跟媽媽說；這樣的誤解就會更深，關係會更僵。（重要照顧者與我：分化／融合）

◆ 因為我覺得這樣的事件發生，後面有一定的意義在，到底這些事情有沒有共通的、特別的，但是我們沒有辦法得知事件發生的共同是什麼？

◆ 看影片時的感受，想到他小時候爸媽對待他的狀況，過程對他生活造成直接的影響，後來他自己發現，對人的互動或溝通這一塊，會比較退縮或畏縮，對有權力者:不敢。（代間傳遞的影響：多代情緒歷程-負面因應行為）

◆ 每個人生氣的背後所要呈現的真相或事件是什麼，反而是最重要的部分。（代間傳遞的影響：多代情緒歷程-負面因應行為）

◆ 描述家中事件時所感覺到的是負向而不能接受的，代表內心渴望能被接受。

❖ 具象化

以好奇心和面質的方式來探詢問題時，會不自覺的開啟成員更多的思考空間，並讓問題雖與成員有連結，但又有了距離

> 對母親的未解決情緒，
> 複製在我的婚姻中。
> (Kerr, 2020, p208)。

感。這裡所述**距離感**的意思，若以心理位移來說，好比透過「我」和「你」的位置，讓聚思小組取代「你」的位置，以「積極想像（active imagination）」的方式，把**清醒狀態的潛意識**內容「可視化（visualization）」（金樹人，2010：216；金樹人，2018：136；金樹人；2023）。為何說是「清醒狀態的潛意識」，一般來說，潛意識是無法被察覺，但它確實存在，也著實影響我們如何做及如何想，以致於很難在意識清楚狀態上，感覺到它的樣子。

不過，聚思小組的終極目的，即是建構出多層次的「鏡子」，將其來自早年經驗所衍化出的潛意識，在鏡中顯現出來，並觸動鏡前的我（成員），有「**意願／動機**」觀看鏡中的自己，這種來自**本我**的觀看，有涉入**超我**的影響，彼此三方皆有辯識與交談。換句話說，就是聚思老師的能耐，不只是假設性揣摩成員早年經驗與現在的身分連結，也反應出聚思老師的「看見」，此看見會引領成員進入更深層的思維，好似心理劇的角色交換，將最底層的潛意識，喚醒與重新建構的歷程，這就是鏡觀模式所講的「鏡像反映」效果。

　　另如果距離感愈透明的話，可以更進一步啟發、刺激或改變成員的認知，亦即是可將問題外化（externalizing），讓成員成為「客觀觀察者」的立場，這種抽離或是製造出距離的形式，可衍生出不同觀點來反思自己的經驗（林祺堂，2022：7）。前述也常提及站在不同的山頭或是站在不同高度的山上時，所看到的谷底景象，會產生不同的視覺效果，此也是多層次的理解。那所談的距離感和具象化有何連結呢？

　　誠如學者金樹人（2010：190）所言：「意識型態的心理位移，在於破除習性，趨向圓融。」語意重點即明示為「指差確認」的用意。當聚思老師將成員無意識的身、語、意的習慣性模式，拉至有意識的狀態時（Clear, 2021: 80-83），就是一種標示效果。將其習慣外化，變得可清楚辯識，此時的習慣（自動化思考），就變成了被注意的對象（問題），或是也可定義為「功能性事實」（丈夫說了責怪妻子的話，她會以退縮來回應）（Kerr, 2020: 22）。此明確指認出妻子選擇以退縮回應丈夫的責怪，退縮行為即是一種功能性事實。

追溯問題的歷史：聚思老師可以獨白方式提出好奇：不知道○○過去，以及當時人和問題之間的關係：「那個問題」—外化或隱喻

○○什麼時候開始注意到「那個問題」？多久以前？

○○還記得「那個問題」進入他生活前的哪些事？

○○會說「那個問題」是什麼時候最強烈？什麼時候最微弱？
○○覺得什麼時候比較有力量面對「那個問題」？

○○覺得六個月前（三個月前、一年前、四年前、三天前）是什麼情況？關於「那個問題」，○○注意到什麼？當時「那個問題」對○○的生活有多少影響？

(Alice, 2008, p53-54)。

　　另一個功能性事實的例子：「藥癮成癮者顯得無助、無望、沒有藥物便無法應付現實生活……他們在主要的關係中都採取低功能姿態，這種關係姿態是早年生活中關係姿態的複製品。」（Glibert, 2016, p216）。上述的低姿態也是功能性事實的回應方式，而成癮行為是其結果的呈現。

　　「問題不是問題，大家怎麼看問題才是問題」（陳淑芬、陳秉華，2018：32）。聚思小組能發揮不同於原本問題故事的觀點（Friedman, 2005：237），透由聚思老師激發出來的議題和詢問的問題，俱力道式開啟了想像空間，促發了成員有動力去追求自己指定的目標（Friedman, 2005：245）。

　　將問題具象化後，有時候可看見了時刻影響著成員的人際歷程，卻始終是一位影武者在操控著自己（Halvor de Flon, 2017: 109）。因此當意識到自己與影武者中間所牽連的線，及如何擺動這些線的張力與弧度時，就可以更突顯操控著現在自己是什麼？此即為具象化的思維覺察。

　　而有時也透過媒材，聚焦於將不易察覺，或是較難以辯識的感受、想法，清楚或全貌式的呈現出來，鏡觀模式也設計了使用物件，將成員的「**家庭系統動力／關係**」具象化，這種物件象徵的媒介優勢，不僅讓團體中的每位成員呈現出家庭動力的樣態（Case & Dalley, 2017: 184），也讓成員多角度的看見了家人不同型態。

　　其運用手法有些類似「**完形的空椅法**」，是一種將當事人**內在對話／內射**（introject）**價值**外化的方法，此也涉及了心理位移的內隱顯現（金樹人，2010：190），也像心理劇中的替

身角色，提供了主角不同的人生版本，供主角進行修改與確認（游淑婉，2008：8），其中另一奧妙是讓主角看到許多不同的事，而產生了不同領悟（Case & Dalley, 2017: 144）。

綜合上述，聚思老師何以在內團體時，特別能講出具象化的隱喻或是深層的看見：當聚思老師於團體外圍觀察時，聆聽著成員敘說及如何與團體成員互動，在內心裡出現的意象（吸引你的那個部分所召喚出來的個人生命意象）是什麼？此觸動的畫面，會如何與成員的生命經驗交會？（林祺堂，2022：13）。

將此感觸於一個安心的氛圍裡，貼著自己內心，好好地說出成員聽的懂的語彙，如能形成兩個層次的版本效果會更佳，第一層次的版本是聚思老師的看見（不想再這麼繼續過下去的版本（充滿問題的主幹故事）），第二層次是屬於渴望的版本（支線故事－例外情況）（林祺堂，2022：5）。

以此將問題及脈絡具象化，也是一種將失敗的「想法」與不良的「感受」拉開距離，避免無意識狀態產生自動化的回應（康學蘭，2023：11）。此也為外化對話（externalizing conversations）的運作方式，即是以客體化的過程，將問題顯露出來（Alice, 2008: 37；White, 2018: 51）。

這些是聚思老師的獨特專長，以生命交會及好奇的探詢，將成員的身、語、意背後的脈絡浮現，讓他們對原本的困境產生一種新的理解（趙文滔等人，2016：39），這就是我們要做的，也期待能幫助到他們。

具象化的範例：

✦ 虐童、創傷與忽略，通常是家庭基本分化程度的後繼徵象
（secondary manifestatios）……他的生命歷程會如此失功
能，酗酒不只是原因，也是症狀。（Kerr, 2020, p95）。

✦ 對成員而言，抗拒曾是有效的因應策略，例如在孩童時
期完全靠自己，不允許自己有需求或不向照顧者要求任
何東西，這樣能夠讓自己免於被拋棄、嘲笑、打擊，或
其他形式的傷害。（Teyber & Teyber, 2017, p94），所以有
時成員在團體過程中出現的問題，是屬於投射認同的一
種，將成員早年的創傷關係，投射到團體中重現。（吳秀
碧，2019：329）

✦ 失落傷痛致使複雜情結糾結在無意識中，平日未意識到，
一旦碰到類似情境或議題，便一發不可收拾地引爆大量
混亂情緒，使個人當下受制情結的掌控。（引自李佩怡，
2012，頁39）

✦ 當成員看見了自己的缺陷有了名號、源頭、特點，甚至
所演化的症狀時，竟然有不再懼怕的感覺，好似獲得了
自主的能力。（Burke, 2020: 67）

每種情緒都有特定的行為傾向，而將此行為傾向具象化：

憤怒：它是個體需求的表達，是想要移除那些阻礙我們獲得滿足
的障礙。

悲傷：想要獲得他人的支持和準備放手時的退出。

羞恥：引發了掩藏。

驚訝：想要探索和參與的反應。

喜悅：讓人變得開放和願意參與。

恐懼：會引發逃跑和僵住，以致於失去行動能力或者出現戰鬥反應。

(Johnson, 2022: 81)。

聚思小組功能範例

◆ 他本來就對power比較敏感的人，我覺得那是一個不同的極端，那我剛剛就會好奇説，像這樣子的人，也講是權力的議題，他是會被勾起來還是怎樣……。

◆ 聚思小組進來就會把這個現象點出來，我覺得這個就是，然後大家又會在聚思裡面去討論或是分享説，那我看到這個人怎麼樣，然後我才想他會不會是怎麼了。

◆ 聚思老師有把他講出來，這件事情就變成，講出來就已經是一種可以幫助他的事情，大家就可以聽到這個團體是停滯的，就會覺得説，那停滯是大家一起造成的，也不是我一個人的問題，或者是我也不用生氣別人這樣做，他現在就是這個樣子。

◆ 有些人是用説的有些人是用打的，就是用我不信啦，我不知道這是不是也是一種看見，應該算啦，只是我不是用説的，就是我不信你的話，就是你明明是痛苦的可是為什麼你講這種話。

◆ 這可能就是一個行為，但是他可能背後還有難過生氣，就是標誌出他這個外在攻擊裡面內在的情緒，就把他標誌出來。譬如説，這個是尷尬、這個是難過、這個是什麼，但是他可能仍然在咬，他可能就會發現説，我跟外面的其他人的互動是不一樣的時候，他就更能夠去慢慢從咬的這個行為，去換別的表達方式，更精準地去表達他內在的東西，慢慢他就不會用咬的方式，就有延伸出一種新的互動。

◆ 但是他反而越打他太太越跑，那對他又更傷更傷，那他在我們這邊的時候他一樣也是用打的，他的那個打可能是透過口語的攻擊。

◆ 他的太太是一個很弱的，他是一個很暴力傾向的，結果沒想到後來他在選那個物件的時候，他把他太太選成是一隻老鷹，他是一隻金剛，還帶點有憂鬱。

◆ 他之前有一次講說他在家裡曬衣服，他爸爸喝醉酒進去就會不分青紅皂白地從她背後一直猛打，然後他就說當他第一次對他太太動手時，他心裡很懊悔，就是他那個惡魔出現了，他在講那個惡魔的時候，姿勢就這樣……那個表情好像是……我不知道那個情緒是什麼……是我擺脫不了嗎？還是我怎麼也跟我爸一樣？那個表情很複雜。

聚思老師分享語錄

◆ 像○○講他媽媽對他說「你怎麼都遇見這款的女生？（台語）」。（重要照顧者與我：投射性認同）

◆ 幾個大哥有提到一個點，希望大家可以繼續走下去，但是我也看到幾位大哥家暴的點有點過不太去，講的時候氣還是在，就好像是我小時候吃荔枝的時候吃到蟲，以後我可能好幾個月不敢吃荔枝，我會覺得荔枝有蟲，其實不見得，可能聽到某一個點就會氣，就是看到一個點就會看到一個圓，我不知道這個是所有家暴的人以後要去面臨的事，就是看到一個點就是那個女人害的，新仇舊恨，這個以後不知道大哥要怎麼走，就是祝福他們。

（家暴事件-他）

◆ 聽大家的分享會感覺大家在這個家裡面活得很辛苦，不論是女朋友或是自己的太太，或是自己的孩子什麼的，都特別的要去注意這些，好像不能像以前那麼自在的過自己的生活，有一股很強烈的委屈想要去訴說。（代間傳遞的影響：多代情緒歷程-焦慮的傳遞）

◆ 配合家人的期待，或是體諒家裡的人，幫人著想，或是背叛的方式，我好奇說，到底我們真正要的是什麼？是去證明我沒有被拋棄？還是證明還有人要我？證明我有價值？（重要照顧者與我：分化／融合）

◆ 我剛聽○○講的時候，他好像是在講，這個東西到底是你要的，還是孩子要的？（代間傳遞的影響：多代情緒歷程-無效的養育方式）

◆ 我知道道理但是做不到的時候，會不會覺得很丟臉，然後就一把火。（代間傳遞的影響：多代情緒歷程-負面因應行為）

◆ 有時候我們看到的是事情、外在的一個行為，但實際上是不是這樣子我們並不清楚，那透過談話我們可以慢慢去釐清。

◆ 小時候媽媽是很保護的角色，長大之後，要放手就會需要比較大的調適。這就會讓○○被捲入太太跟媽媽的拉鋸中。

◆ ○○好像很想要尋什麼，但是每一次都撞牆。

◆ 大家都曾經想要去處理，但好像都沒有效，所以就想要用更有力量的方式去處理。（家暴事件-他）

◆ ○○在想：到底要不要跟前妻說「不要再打電話」這件事，去一棒打醒告訴前妻，會不會對他們的未來比較好？我一直打電話給你，妳的名字會一直跳出來在我的手機裡面，我會一直看到，假如我對你是一種失望的狀況，名字一直跳出來對我的感覺：我又想起跟你之前的衝突。（家暴事件-我：外化情境-移情投射）

◆ 面對司法後的未來像驚弓之鳥，甚至想放棄。（家暴事件-我：自我涉入-觸發想法）

◆ 怎麼可以被看見「怎麼了」是一個很重要的需要。（我的改變：轉身後的我-自我覺察）

◆ 來這裡上課的人大多呈現是穿著盔甲的武士或是守門的人。（代間傳遞的影響：多代情緒歷程-負面因應行為）

❖ 敏感度

「不僅聽入言語，也聽出言外之情」，其理意即是用心聆聽，看透話語的表面，聽見話中有話的意義（引自蔣欣欣，2011，頁2-5），例如帶著憤怒情緒的成員，總是在團體中扮演著不受歡迎的角色，對別人頤指氣使，常讓人感受到十分不友善。但其真正的語詞，卻是「不可以傷害我，

> 如果我們選擇不同的隱喻，例如在對話裡表達（發聲）的人是在碰觸聽話的人，會有什麼結果？接下來，被碰觸到的人可能會受到感動，而且不是被動，是主動參與，願意有所改變。如果受到感動的人要釐清自己究竟想要什麼，就必須在語言中搜尋，以了解情況和如何反應，所以他的下一步就是表達出自己所理解的意義。（Friedman, 2005, p62）。

幫助我、我好害怕，所以我要先發制人，最好的防衛就是攻擊……」（（蔣欣欣，2011：5）。但「被人聽見」（被他人真誠聽見及回應的經驗（Seikkula & Arnkil, 2016: 140）），確實有其困難度。

聚思小組就是要具有此敏感度：關注個別成員參與團體的程度；覺知團體運作時，感知成員的狀態（陳淑芬、陳秉華，2018：28），連同成員的肢體動作、張力及意象等，皆是聚思老師隨時觀察的重點。例如，當自己表達意見時肢體動作（（含臉部表情）也是發聲的一部分）（Gehart, 2018: 389），最直接的方式就是看見自己的臉反射在溝通對話的「**那個人**」眼睛裡，同樣的，對方也借用了你的眼睛（Friedman, 2005: 59-60），如此反覆的看見，此即為鏡觀模式以聚思小組來照映成員的參照點所在。

以鏡觀模式的理念而言，相信大多數人會以我們的理論知識，作為工作的基礎或背景，而這些理論基礎會影響我們對個案的理解與互動。（Halvor de Flon, 2017: 115）。因此，身為治療者也有能力決定在治療過程，運用那些知識，也即是控制治療的管理是在治療師手上（Young et al., 1997: 28），如此本於先天所界定的角色，我們不得不小心的看待自己所在的位置。

為了身負此責任，我們務必專注更細心及敏感的看待每個成員（Nadan, Y., 2020:515），聚思小組必需發現「**尋常和不尋常之間**」的界限，在哪裡開始，哪裡結束；或是尋找一個轉折點，諸如嘆息、動作或是身體肢

> 早期經驗注定會在不同的情境下，以相同的特徵在你目前的生活中重複發生……原生家庭背景和早期環境中所發展出的敏感度，與他們之間的衝突有強烈的關聯。
> *(Richardson, 2019, p20-26)*。

態，都是對話的一部分（Gehart, 2018: 388-389）。這些非常態的潛在對話方式，對成員具有某種的意義存在。例如有些是來自於成員的投射性認同，將心中無法容忍的經驗，使用「轉向」（redirection）的方式，投射到成員及帶領者身上，所以團體當下被投射的人，即是他「憎惡」的那個客體，並進一步的「操縱」所歸咎的客體，其內在的「引誘」行為，致使被投射的一方逐漸發展出與之互補或一致性的認同關係，即是屈服於被操縱的角色（吳秀碧，2023：309-310）。

此種潛意識的投射性認同，常是過往有過創傷的成員（很多孩子受的傷，是由大人造成的。很多大人，也都曾是受傷的孩子……原生家庭對一個人日後的人際、感情、婚姻與教養所造成的影響，往往出乎意料的深遠。（引自千里淳風，2022，頁156））。用在人際關係上，這也是部分成員從原生家庭得來的人際模式，其中包含著父母關係未解決議題（吳秀碧，2019：362）。上述投射性認同的舉措，藉由聚思小組以一種成員從未有過的經驗，促發成員看見（Allan, Klarenbeek-McKenna & Day, 2019: 389），是具有很強大的影響力。

顯見聚思老師可以幫助成員發現某種基於不知道什麼原因，被他們壓抑隱藏起來的潛在力量，像是與問題故事不同的事件、經歷與陳述的故事（Nadan, 2020: 514-515），而這些的看見，是透過成員在下意識的狀態，將其自己的微縮世界反映在團體中，再經由團體中的他者，納入自己內在客體的人際歷程裡（吳秀碧，2019：285）。

這時的聚思老師，就好像是替身角色，竭盡所能的運用第三隻眼與第三隻耳，敏銳地觀察與傾聽（游淑婉，2008：8），用心注意到某些成員想要訴說的意象，或是覺知同時並存的不同面向（金樹人，2011：3；Case & Dalley, 2017: 143）。

　　這裡提及一個較稀有，卻又已被科學論證的反射性回應，係由彼得・列文博士（Peter A. Levine）提出：「人在遇到重大緊急事件時，身體反應會呈現對戰或逃跑的狀態，肌肉呈現緊繃，準備對外在的事件做出本能反應。然而，體內累積的能量若是沒有在對戰或逃跑的反應中釋放，體內的能量會被身體儲存或「歸檔」下來，變成一種存在感覺運動系統的內隱記憶（Implicit Memory），代表某種未完成的過程。透過外界的刺激，讓我們的內隱記憶重新浮現時，體內所有荷爾蒙與腺體釋收化學元素，讓肌肉又重啟裝備，彷彿當初的威脅仍然存在。」（引自李崇義，2022，頁203）。這也是我們有時在某段時間，或是面對某件事情時，心中感受到煩躁及不舒服的狀態，因為在每個人的生命經驗裡，或多或少皆有未被完全釋放的「未竟之事」，干擾到我們的日常。

　　聚思老師運用敏感度的參考範例：

◆ 這個非常正向的經驗也引起了其他令她「厭惡」的矛盾感受……覺得被人聆聽與理解，但是……「悲傷」，因為湧出多年來沒有被人正視的孤獨；「憤怒」，因為過去很多時候，沒有人聆聽她的心聲，和常被詆毀；「罪惡感」，因為感覺到對父母親的憤怒，因此會覺得對他們不忠；「焦慮」，因為打破了家庭的潛規則，和外人談論這些問題，以及說出家庭裡真正的問題是什麼。（Teyber & Teyber, 2017, p136）

◆ 「你的問題不是問題所在，你的反應才是問題所在」——你看見了某樣東西，聽見了某種聲音，感覺到某樣東西。一股脈動以光速從大腦衝向胃部，僅僅二十億分之一秒，訊息就已編碼、傳輸、解碼。那些指令導致你的心跳加速、肌肉緊繃、身體緊張，你進入就緒狀態……」（Burke, 2020, p129）

◆ 將焦慮外化（而非內化），結果兩人都比較不易發展出與焦慮內化相關的身心症狀。……三角關係讓兩人可以透過第三人的介入而讓焦慮得到控制，如此便能維持更穩定的親密關係。」（Kerr, 2020, p48）。

聚思小組功能範例

◆ 當你在一個內團體裡做了這些權力控制的意涵的情形之下，可是後來Le跟co沒有接了，就是一個權力流動的一個狀態，因為他認為說，當然這不是主觀性，或是有意識的認知，但他在一個過程就會不自覺地去做出來。

◆ 那時候外面的成員就會覺得說，外面的老師是在提醒裡面的老師，為什麼他頭低低的他講什麼他不回應。

◆ 反而沉默的人他對權力的慾望比較低，那我認為他被勾起來的可能也很少，本來就是我來這邊，你們最好都不要注意到我，所以我們雖然花了很多力氣要去勾他，他對那個東西，因為他這個人本身的那種慾望就低，就是你要花比較多時間去勾他。

◆ 我們可能在裡面弄的時候我們想要讓他很低，想要讓他……，沒有錯我們覺得就是當的痛苦其實是對治療師重要的，可是每個人的承受度不一樣，那個人可能快要倒了，所以如果你對那個人洗臉，他才會更進來，不然他就躲掉了，他就會去躲，他就不願意，因為超過他的極限了，我比較是這樣看。

✦ 就是從那個異質性講出一個東西叫做情緒的易感性較高，我覺得在那個層面裡確實是這樣耶，我覺得那句話好好喔。

✦ 類似這個個案，他本身不會去搶一個L跟CL的話語權，可是他用一個很激烈的要去催化這個團體，他也是在幫團體，這個跟他的人生經驗會不會是有相關才會這樣子。

聚思老師分享語錄

✦ 今天蠻多的時間都是○○在聊他的想法，好像是在聊他的心情；不知道我總是有一個感覺，○○好像有一點點敏感，好像很擔心別人會怪他告媽媽，好像覺得他做錯了什麼？所以他有點覺得委屈還是什麼？我覺得他很敏感怕他會被怪！（重要照顧者與我：個人性格養成-依附）

✦ 他說孤單一個人（台語）的背景對他有什麼影響，這個我沒有答案，不過我倒覺得蠻有趣的，他問這個問題可能也是要問自己說小時候發生了些什麼事呢？我小時候經歷了些什麼，所以才有現在的我？（代間傳遞的影響：家庭動力的複製-受暴經驗（含目睹）

✦ 我覺得我也看到他害怕，他心裡有很多的害怕，不曉得之後會不會有什麼壞事再出現這樣。（家暴事件-他）

✦ 笑容的背後有很多東西，被笑容掩蓋掉。

✦ 家人間好像就是沒辦法看到這麼透徹。（重要照顧者與我：分化／融合）

◆ 講到的時候雖有點無奈，但又有點關心。（重要照顧者與我：分化／融合）

◆ 他之前的表現都是很正向的，那他是不是也很嚮往正向，但卻很壓抑自己被家人打壓的心情。

◆ 其實我覺得他講的是情，那沒辦法用法條去把它好好的處理。

◆ 大家都是放不下的，只是用很多不同的方式來綁住對方。（重要照顧者與我：分化／融合）

◆ 如果能夠比較看的清楚對方的話，是不是就會比較好。（重要照顧者與我：分化／融合）

◆ 我看到○○說他很討厭，我看到情緒，呈現真性情，我相信後面有討論的機會。

◆ 感覺今天團體自己深刻的部分。像○○講到對孩子的期待，如果孩子留下來生活完全不一樣的想像。

❖ 投射作用

人如何看待外界的人、事、時、地、物，是單純以眼睛所見為憑嗎？或是有不明究理的背後指引所影響。而這股力量從何而來？自己全然清楚且能掌控嗎？在這一生裡已發生了多少次是雷同的判斷，或是已變成慣性反應？自己有曾經反思過為

> 當我們看著物件的時候，什麼東西在回看、凝視呢？此一短暫感受，代表物件在凝視，因此，長久被遺忘的時光或記憶在某個時刻偶然地、非自主地閃現，猶如一段過去的幽靈投射到現在，衝擊著觀看者。
> （引自黃冠華，2022，頁125。）

何會有如此的回應／行為？這些問自己的覺察，有多少次或在什麼時間點較容易發生？以上的疑惑或是問話，對一個人真的很重要，也是視個人願意改變多少程度的偵測因子。

不過，在這裡約略可談的是：對外在世界人事物的解釋，很多是來自於個人早期與家人、重要他人的生活經驗，亦即是透由投射現象（林子軒，2016：38），再經參照點的反應後再解釋，此情況會有些時光重疊的意象。好似特殊生命經驗（童年逆境），以錯位（dislocated）的構建方式，依附在現實當中，此刻的自己及所處的氛圍，即是與現實（reality）生命自身錯位（out-of-joint）的真實生命（黃冠華，2022：123）。

想像一下，個人成長背景及過去經驗，日積月累且不自覺所形成的內在客體關係，在與他人互動時，其實整過程就有隱形的重要他人的影子，這又涉及了移情關係與代間傳遞的議題。以移情而言，這屬於較深層的內在狀態，比如對某人會突然出現莫名其妙的情緒反應（此為潛意識中內在客體

的投射）（鍾明勳、陳姝蓉，2016：16-17），或是由「**情結**」（個人經驗創痛時刻的相關意象，經此記憶深埋於潛意識中，常因遇到相似刺激時，被喚醒後有很強的傷害性）掀起了擾亂作用（李佩怡，2012：39；侯南隆、李玉嬋，2012：195），這屬同一空間的突發經驗，藉由他者存在所產生的特殊圖像，而所呈現的又屬與別人連結所產生早期的關係（Case & Dalley, 2017: 184），這就是移情的激起反應。

如在團體內則可觀察到成員很常將家庭情感或是經驗投射至成員及帶領者身上（林子軒，2016：36；唐子俊，2021：1）。最常見的是因具有權威的帶領者，被當成父親角色，若以團體投射定義而

> 當我們從他人那裡取得某種價值，並因為加諸在我們身上的條件，而接受它成為自己的價值時，這項價值就內射了。(Lair, 2007, p.220)。

言，有些成員會擁戴與順服，有些成員則是表現出攻擊與發洩行為（宋卓琦，2013：24-25）。有些成員與團體初期時易與他人關係緊張，這可能是投射出嬰兒式需要的移情，或是在團體內總感到孤單，及與成員間有疏離感，這也可能是手足競爭的經驗，總是要爭搶，才能獲得自己想要的延伸（張達人，2019：4-5），這些都是將早年的家庭角色複製至團體中開展的現象。

此為「內射性（introjection）」的自我認識，也是成員為了活存下去，及尋找人生意義的慣常人際行為模式（Glibert, 2016: 124；孫頌賢、施香如、蔡美香，2019：2）。為此，團體的移情、投射紛擾及不良的人際關係顯現，時時考驗著團體的穩定度及治療效果。

以鏡觀模式而言，透過聚思小組的用意，即是為了團體運作能趨於功能良好的狀態，因此必須處理團體分裂（splitting）與投射性認同（projective identification）等團體現象（周勵志，2021：28）。此刻的聚思小組角色任務，不僅是吸納成員們的投射性認同所造成的污染（好的容器／母親），且能將成員重要意義的自我知覺，及與世界的關係，具象化成可見的問題徵結點（**內射的過程**）（Lair, 2007: 223）。

「這個人間……一切，最多只是個現象。而任何現象，都離不開我們每個人的頭腦－－也都是頭腦投射出來的。」（引自楊定一，2019，頁36）。當投射出來的影像，再度內射至自己心坎裡時，自己的解釋會影響到個人判斷世間的一切認知，如果以佛法來說：「當鏡中的影像有被鏡前的我所攝入時，代表著此「**緣影**」是被世間所影響著，也就是「**有為法**」，此境界猶如神秀大師所作一偈的印證－「**身是菩提樹，心如明鏡臺，時時勤拂拭，勿使惹塵埃**」，即使透過後天的努力，一切皆是枉然，仍保有被沾染的氣息，亦即是在凡俗的困擾中，無法頓漸出超然的境遇，反倒是像六祖惠能所作一偈「菩提本無樹，明鏡亦非臺，本來無一物，何處惹塵埃」，表述了「如明鏡之前，物來悉照，物去即空，所以，要無所住，就可以十分清淨。」

聚思小組與帶領者在團體的位置上，有相對的安全性，最重要的是較難成為成員的移情對象，但當聚思老師在內團體分享討論時，針對某成員的移情陳述內容，可扮演一位好的客體（母親、容器）。

例如「某某人，在他小時候的原生家庭裡，因爸爸對其很嚴格，動不動就以責罵方式控制他，雖然年幼的他無法反抗，但卻常以消極的抗議為方式，像是功課表現不佳、少話、常與同學吵架被投訴，結果現在我看到他在團體中的表現好像小時候的他，這讓我感受到小時候的他好可憐，我很想跟他說辛苦的您，現在可以放鬆了，好好愛自己！」。

這例子學者吳秀碧（引自2019，頁33)有提到：「每一位成員都在反映著他的原生家庭承傳，成員對於團體整體的移情，可視為個人早期家庭驗的複製，成員將早期的家庭經之態度、情感情緒投射在諮商與治療團體，也在團體中複製自己早期家庭型態中的位置和角色。」

「<u>投射性認同</u>」（projective indentification）也是移情的<u>一種，同屬投射作用，只不過較屬負面的複製行為</u>。

聚思小組功能範例

✦ 我會覺得在權力的意象上面，誰的權力比較大的話，我覺得是從成員的整體行為出發。

✦ 我想補充一個權力的部分，權力投射可引為，就是可能我在進到聚思之後察覺聚思內部有一些權力，那我想起早期的聚思的構成，從你、振〇老師、〇樺姐、敏〇主任，我是說進去的時候只有我，印象中我是最沒資歷的，我進去時你們都沒講話我就不敢講話。

◆ 因為治療師會當局者迷，在中間的時候會當局者迷，然後就會很死的要做那件事情，就是你會有一個任務嘛，會有一個任務想要去做那個東西，可是因為我們這是一個非自願團體，他的異質性太高，那聚思進來的時候，他其實每個抓的重點都不一樣，那個其實也有聚思成員自己的投射，他反而能夠去照顧到，就是剛剛那個手足。

◆ 某個聚思成員自己的那個投射，所以我有我自己的內心，就是有時候我自己在裡面講一些話，因為我個人討厭，因為我自己以前都喜歡講一些客套話，我一天到晚講一堆五四三的，對聚思裡面，我對於成員講很多，就是你明明是痛苦你為什麼講很多五四三的。

◆ 但是相對來講可能有壞處，就是可能會變成投射，就是人的一個風險，可能會變成這個議題我過度關注，但是也有可能真的是自發性的。

◆ 有些成員，其實他在團體的時候，他會比較說跟治療師講話，反而跟其他成員的回應是比較少的，所以有時候其實會想說他可能是投射了某部分的經驗，譬如說投射了父母親的一些縮影在身上。

◆ 就是團體中那些行為……那些動力的部分，剛開始……我自己也是最近幾次才比較敢講說他講很多，其他人很沉默這個，之前我真的不太敢講，我覺得我不敢講的就是這個，因為老實講，他在上面講，我在下面都聽得很清楚，……這個代表我聽不下去，我之前都不敢講這個，可是我會覺得……後面不曉得有什麼變化，我覺得這個該講，但是我自己覺得觀察團體聚思這麼久，

講這個有困難，因為你就是在挑戰某個人，就是你講很多……你就會覺得這個東西好像……你就是在直接挑戰他，就是說你這樣的行為，會不會讓你自己更無助什麼的，這個講起來，我會覺得有點不安。

◆ 我那時候是聚思，其實我很難受，我不知道該怎麼去聚思小組裡面討論這個東西，因為如果我怕我講出一些什麼的時候，會不會去激怒他去做一些什麼樣的一個危害他太太或他孩子的事情，然後他又會在團體裡面又講說他的氣憤、他的什麼樣，但後面又會透漏他好像有一些……有一些情緒的時候，我又不知道我該不該去同理他那塊情緒，就是變成是……。

◆ 如果我去同理，會不會去強化他某一些「我的憤恨跟我的氣憤，跟我的報復的那個……我可以去報復的心情，那我就不能說；那我又很擔心去講到他某一個點的時候，他會去……就是說他會造成他太太和小孩子的危險，我記得那次我蠻印象深刻的。

◆ 他跟可能L和CL比較多的互動，他就有很多的投射，所以他對那件事情的理解，可能就會比較失真。

◆ 因為基本上L和CL他一定是有權利，尤其是對這些夥伴來講，對這些成員來講，尤其是假設L或CL都是女生的時候，那她對於他的那個可能投射。

聚思老師分享語錄

◆ 其實男人要像你一樣這麼容易表達出來的，真正是很不簡單；但有的是鬱悶在心裡，我也是尊重他們；其實你會感覺他們心裡好像有滿滿的東西，但是想說卻說不出來。（代間傳遞的影響：家庭動力的複製-社會學習）

◆ 其實我聽到一次的意外，改變了我們要怎麼看待我們的人生，已經沒什麼不同了，所以我有聽到在關係上○○也沒去強求，一切隨緣，不過在隨緣的過程中還是要學習，我還是聽到○○在說老婆，其實這段關係○○還是想要再去呵護她，不容易，一個男人要說我老婆說的這麼自然，聽得都覺得羨慕。（婚姻家庭星座圖）

◆ 可以感受到他們的人生經歷，認真努力面對人生所遇到的每件事情，接受現況去行動，對未來有一些規劃，我覺得是很不容易的事情，因為我都是很容易會被這些事情給打敗，所以就會覺得很佩服。（未來的我）

◆ 他是個蠻貼心的人，○宏不想要念的時候他很快地跳出來然後幫助他，在剛剛的過程裡，他是扮演一個很體貼父母，然後會心疼父母，甚至會心疼父母，在團體裡面可以幫助其他人的一個人。（重要照顧者與我：家庭動力-順服）

◆ 我爸媽這樣，我媽媽說他不改我改。（重要照顧者與我：個人性格養成-人際關係因應策略）

◆ 我曾經問過我媽媽，你是什麼時候開始不打我的。（重要照顧者與我：投射性認同）

◆ 所以其實今天的團體也讓你勾起了很多小時後受暴的經驗。（重要照顧者與我：投射性認同）

◆ 他不喜歡媽媽的行為，但是他在無形中，好像就模仿了媽媽的行為。（代間傳遞的影響：家庭動力的複製-社會學習）

◆ 身邊的朋友都說他像他媽媽一樣強勢，所以如果我的聲音比較小的話，人家就不會看到我所做的一切，也就會想要別人認同我的能力的存在。（重要照顧者與我：投射性認同）

◆ 「同居人想要走就可以走，追求她的幸福」，我唯一一次當過人家的第三者，每次約會我覺得女生蠻痛苦的，有一次我以自以為的超然的說：如果你想清楚，你要去哪邊我都尊重你，當然，女友就回到前男友身邊，我就沒了（現場笑聲，需要我們安慰你嗎？現場笑聲），這句話不是超然的，是違心論。」

參考文獻

千里淳風（2022）。你以為的偶然，都是人生的必然：通透好命的本質，解生活的憂，排人生的苦。台北市：天下雜誌。

王國仲、黃柏嘉、洪宗言、莊騏嘉（2019）。家庭暴力加害人認知教育輔導團體處遇手冊。社團法人台灣力人關係促進協會。

広瀨寬子（2021）。悲傷關懷與療癒：引導家屬和醫護人員走出悲痛。（高逸樺譯）。新北市：合記。（原著出版於2011年）。

田禮瑋、張鎔麒（2017）。伴侶治療。載自於華無式家族治療-吳就君的治療心法和助人美學。林筱婷、杜恩年、田禮瑋、張鎔麒、楊雅嵐、李玉華、蘇益志等合著。（頁88-149）。台北市：張老師文化。

曲慧娟（2008）。心理劇暖身技巧初探。諮商與輔導。273，2-6。

余柏龍、陳一斌（2015）。從正向心理學的觀點思考愛滋病患支持團體之運作方式。諮商與輔導。349，6-10。

巫珮如、謝麗紅（2015）。正向心理團體諮商對新住民學生正向情緒與正向特質之影響。輔導季刊。51（3），37-46。

李素芬、金樹人（2016）。憂鬱症團體領導者心理位移之影響分析研究。教育心理學報。47（4），473-499。

李素芬（2023）。新手團體諮商師心理位移之經驗與影響研究。臺灣諮商心理學報，11（1），32-63。

李雪欣（2017）。正念與自我接納。諮商與輔導，380，13-16。

李佩怡（2012）。悲傷諮商與治療的團體工作。載於李玉嬋、
　　李佩怡、李開敏、侯南隆、張玉仕、陳美琴合著。導引悲
　　傷能量--悲傷諮商助人者工作手冊（頁106-135）。台北
　　市：張老師文化。

李玉嬋（2023）。從認同自我人學探索展開諮商輔導多元養
　　分。諮商與輔導，455，i-i。

李崇義（2022）。冰山對話：從開門到關門、從理解到支持的
　　深度溝通。台北市：遠見天下文化。

宋卓琦（2013）。權威情結。中華團體心理治療。19（4），21-25。

吳若權（2021）。先放手，再放心：我從《心經》學到的人生
　　智慧。台北市：精誠資訊。

吳秀碧（2019）。團體諮商與治療-一個嶄新的人際-心理動力
　　模式（第二版）。台北市：五南。

吳秀碧（2023）。團體諮商與治療-一個嶄新的人際-心理動力
　　模式（第四版）。台北市：五南。

吳秋燕（2017）。正向心理治療法在分手事件上的應用。諮商
　　與輔導。377，31-34。

吳齊殷、陳易甫（2001）。家內暴力的成因與後果：以母親為
　　例。應用心理研究，11，69-91。

金樹人（2011）。心理位移之結構特性及其辯證現象之分析：
　　自我多重面向的敘寫與敘說。中華輔導與諮商學報。
　　（28），187-229。

金樹人（2018）。心理位移：位格特性與療癒效應研究之回顧
　　與展望。中華輔導與諮商學報。53，117-149。

金樹人（2023）。生涯諮商與輔導（3版）。台北市：東華書局。

林筱婷、杜恩年（2017）。個別治療。載於林筱婷、杜恩年、田禮瑋、張鎔麒、楊雅嵐、李玉華、蘇益志等合著。華無式家族治療-吳就君的治療心法和助人美學（頁20-86）。台北市：張老師文化。

林子軒（2016）。非自願性個案在強制治療性團體內之抗拒行為。諮商與輔導。366，35-38。

林子榆、張庭瑜、羅家玲（2021）。讀你，在眉目之間--團體諮商歷程中澄清眼神意義與影響研究。南臺人文社會學報，25，107-143。

林明照（2021）。遺忘、安適與容受：《莊子》「忘」的教育意義。清華學報，38（1），107-132。

林沄萱、吳怡旻、黃久美、傅雅麟（2017）。團體對話中的自我覺察。中華團體心理治療，23（1），21-28。

林瑞容（2021）。高齡者團體藝術治療：失智症的介入與預防活動手冊。台北市：五南。

林祺堂（2022）。敘事實踐之見證與重組會員工作坊研習手冊。主辦單位：財團法人「張老師」基金會台北分事務所。發展與前瞻學報，34，31-58。

林哲瑩（2021）。結合客觀結構式臨床測驗與反映團隊建構學用合一的學校社會工作課程之研究。發展與前瞻學報，34，31-58。

邱珍琬（2022）。諮商技術與實務（三版）。台北市：五南。

邱惟真（2009）。性侵害加害人團體之自我敘說：一種敘說建構取向。輔仁大學心理學研究所博士論文（未出版）。

周立修（2022）。團體中的敵意。中華團體心理治療，28（3），2-6。

周立修（2023）。夢與人生--榮格取向心理治療學習。中華團體心理治療，29（1），16-21。

周勵志（2020）。團體心理治療中的非語言溝通。中華團體心理治療，26（3），3-8。

周勵志（2021）。試論心智化為本團體治療與精神動力團體治療之異同。中華團體心理治療，27（1），28-33。

侯南隆、李玉嬋（2012）。兒童與青少年的悲傷與諮商實務工作。載於李玉嬋、李佩怡、李開敏、侯南隆、張玉仕、陳美琴等著。導引悲傷能量--悲傷諮商助人者工作手冊（頁174-199）。台北市：張老師文化。

洪雅鳳（2004）。團體治療中的抗拒與反抗拒。輔導季刊。40（1），12-25。

洪琳絜、徐可馨（2017）。新手團體領導者帶領團體經驗之省思。諮商與輔導。380，56-59。

洪震宇（2020）。精準寫作：精鍊思考的20堂課，專題報告、簡報資料、企劃、文案都能精準表達。台北市：漫遊者文化。

洪蘭（2012）。請問洪蘭老師。台北市：天下雜誌。

柯貞如（2012）。經驗性團體中的自我覺察-2011歐洲團體分析年會參與反思心得。中華團體心理治療。18（1），9-16。

施香如（2015）。諮商實務課程團體督導之學習經驗初探-循環發展督導模式及反饋小組的應用。中華輔導與諮商學報。43，127-157。

唐子俊（2021）。從互為主體跟當下的經驗交會做深度的學習和改變。中華團體心理治療，27（1），1-2。

許育光、吳秀碧（2010）。諮商團體領者於情緒處理段落之介入策略研究。中華輔導與諮商學報。27，245-284。

許晧宜（2018）。情緒陰影：「心靈整合之父」榮格，帶你認識內在原型，享受情緒自由。台北市：遠流。

留佩萱（2022）。擁抱你的內在家庭：運用IFS，重新愛你的內在人格，療癒過去受的傷。台北市：三采文化。

孫蒨如、林慧慈、洪嘉欣（2017）。當自我資源耗竭面對維持正向自我評價需求時：自我調控的啟動與運作。中華心理學刊。59（3），163-181。

孫頌賢、施香如、蔡美香（2019）。家庭關係中親密與自主的平衡。中華輔導與諮商學報，56，p1-16。

張仁和、黃金蘭、林以正（2010）。心理位移書寫法之位格特性驗證與療癒效果分析。中華輔導與諮商學報。28，29-60。

張仁和（2021）。平衡與和諧：自我寧靜系統之特性與機制。本土心理學研究，56，177-243。

張可昀（2023）。轉化身體意象：心理位移書寫帶來的新「體」驗。諮商與輔導，450，9-12。

張守中（2008）。團體凝聚力的變化機制與影響因素。人文及社會科學集刊，141-172。

張在蓓、張世華（2019）。青少年母親親職適應團體之成效研究-Bowen家庭系統理論之運用。中華輔導與諮商學報，56，59-95。

張卉湄（2019）。澄心聚焦取向藥癮預防復發團體處遇模式-臺北監獄戒毒班24次澄心團體歷程。矯政期刊，8（3），75-99。

張芳榮、李娟娟、謝宏林、王梅麗、張達人（2005）。家庭暴力加害人非自願性團體治療之團體歷程探討。中華團體心理治療，11（2），1-13。

康學蘭（2023）WHO壓力因應指南--應用於家庭照顧者之自我照顧團體。中華團體心理治療，29（1），7-15。

陳宗仁、戴雅君（2017）。透過陪同精神病患脫藥探究銅人療法的行動歷程。東吳社會工作學報，33，153-176。

陳宏茂（2021）。非自願性團體的經驗與團體動力-以酒駕道安講習班為例。中華團體心理治療，27（3），23-31。

陳美碧（2018）。團體治療的「見樹又見林」：心智狀態的形塑。中華團體心理治療，24（3），1-2。

陳美碧（2020）。團體互動過程的「覺察」與「共鳴」。中華團體心理治療，26（4），1-2。

陳美碧（2023）。團體治療的「此時此地」與「自利利他」。中華團體心理治療，29（1），1-2。

陳俐君（2023）。一個中年女子生命轉化的療癒敘說。玄奘社會科學學報，13，42-69。

陳偉任（2022）。動機式晤談於團體諮商的運用。中華團體心理治療，28（4），1-2。

陳淑芬、陳秉華（2018）。反思團隊之發展及實務應用。輔導季刊。54（2），26-36。

陳重羽（2022）。鏡像的應世與教化思想--論《莊子》的「自我教化」。清華學報，52（3），431-469。

黃冠華（2022）。情調; 氛圍; 空無：論《百花深處》中的無形媒介。新聞學研究，151，111-144。

黃薏如（2022）。《莊子》內七篇論人生攻略解析。南亞學報，42，31-51。

湯華盛譯（2021）。團體發展各階段的自體心理學的觀點。中華團體心理治療，27（2），17-22。

游淑婉（2008）。談心理劇的替身技術。諮商與輔導。273，7-11。

游淑瑜（2018）。心理劇治療抗拒經驗現象與處遇之初探。國教新知，65（1），86-101。

葉寶玲（2022）。團體領導者。載於黃國彰、黃玉蓮、葉寶玲、陳思帆、鄭青玟、刑志彬、李明晉著。團體諮商理論與實務（頁3-1-3-42）。台中市：華格那。

楊定一、楊元寧（2014）。靜坐的科學、醫學與心靈之旅：21世紀最實用的身心轉化指南。台北市：天下雜誌。

楊定一（2019）。好睡：新的睡眠科學與醫學。台北市：天下生活。

楊定一（2020）。奇蹟。台北市：天下生活。

楊雅嵐、李玉華（2017）。家族治療。載於林筱婷、杜恩年、田禮瑋、張鎔麒、楊雅嵐、李玉華、蘇益志等合著。華無式家族治療-吳就君的治療心法和助人美學（頁150-205）。台北市：張老師文化。

維基百科（2023）。周哈里窗。https://zh.wikipedia.org/zh-tw/%E5%91%A8%E5%93%88%E9%87%8C%E7%AA%97.

廖云釩（2007）。末那催眠-末那識（Mano Hypnotherapy），是憂鬱病毒也是解藥。新北市：人本自然。

趙文滔、徐君楓、張綺瑄、徐蕾、謝宜芳、李如玉、呂伯杰
　　（2016）。在關係中，讓愛流動：華人家庭關係的評估
　　與修復。台北市：張老師文化。

蔡至涵、劉盈君、蔣欣欣（2022）。團體與心體。中華團體心
　　理治療，28（1），3-16。

蔡吉昌、危永中、吳佳純、曾科魁（2017）。團體動力與團體
　　凝聚力對童軍教育學習滿意度影響之研究。管理資訊計
　　算，6特刊（1），1-11。

蔡美娟（2012）。生命書寫-一段自我療癒之旅。台北市：心靈
　　工坊。

蔣欣欣（2009）。團體過程中靜默者的言語。中華團體心理治
　　療。15（4），15-26。

蔣欣欣（2011）。團體分析取向的議題形成。中華團體心理治
　　療。17（2），1-8。

蔣欣欣（2012）。團體帶領者的倫理態度。中華團體心理治
　　療。18（2），31-37。

蔣欣欣（2015）。團體對話中的自我反思--精神衛生護理人員
　　的經驗。護理雜誌，62（4），73-81。

蔣欣欣、王美惠（2019）。團體的相遇：團體對話的教與學。
　　中華團體心理治療。25（2），6-16。

蔣欣欣、廖珍娟（2021）。小組對話的師生共學：精神衛生護
　　理學實習為例。中華心理衛生學刊，1，3-24。

蔣欣欣（2021）。小組對話教學。中華團體心理治療，27
　　（1），19-27。

衛生福利部保護服務司（2023年4月19日a）。家庭暴力通報事件被害人案件類型及籍別。統計專區。https://dep.mohw.gov.tw/DOPS/cp-1303-59326-105.html.

衛生福利部保護服務司（2023年4月19日b）。家庭暴力加害人處遇（資料來源-本部統計處）。統計專區。https://dep.mohw.gov.tw/DOPS/lp-1303-105-xCat-cat01.html.

賴佩霞（2021）。轉念的力量：不被念頭綁架，選擇你的人生，讓心靈自由。台北市：遠見天下文化。

駱芳美、郭國禎（2023）。諮商理論與實務：從後現代與家族系統的觀點著手。新北市：心理出版。

鄒繼礎、蔡群瑞、吳秀碧、鍾志宏（2010）。帶領一個性加害人團體之經驗省思：結合心理劇方法、認知模式與再犯預防模式之嘗試。亞洲家庭暴力與性侵害期刊。6（1），15-42。

鍾明勳、陳姝蓉（2016）。福克斯團體分析理論。中華團體心理治療。22（1），15-24。

鍾明勳（2017）。帶領團體治療師的力量。中華團體心理治療。23（2），1-2。

魏嘉伶、周彥伶（2019）。新手領導者帶領青少年團體的僵局經驗。中華團體心理治療。25（1），4-17。

謝宛婷（2019）。因死而生-一位安寧緩和照護醫師的善終思索。台北市：寶瓶文化。

謝佩玲、林淑君、王麗斐（2009）。團體帶領者在團體僵局中之介入方式研究。中華團體心理治療。15（1），9-35。

羅大倫（2021）。老子教你斷捨離，讓人生更輕鬆：不糾結、不生氣、不委屈，越柔軟反而越強大的簡單生活指引。台北市：高寶書版。

羅美麟（2017）。幫助「被精神疾病困住個體」走出困局--「支撐個體健康生活」工作架構。東吳社會工作學報，33，101-127。

蘇凡淇、李傅怡（2015）。新手領導者及協同領導者如何克服帶領團體的焦慮。諮商與輔導，359，17-20。

蘇益志（2017）。如何引導改變發生？談華無式家族治療的人性療癒精神與歷程。載於林筱婷、杜恩年、田禮瑋、張鎔麒、楊雅嵐、李玉華、蘇益志等合著。華無式家族治療-吳就君的治療心法和助人美學（頁p206-237）。台北市：張老師文化。

Alice, M.（2008）. 從故事到療癒：敘事治療入門。What is narrative therapy: An easy-to-read introduction.（陳阿月譯）。台北市：心靈工坊。（原著出版於2000年）。

Allan, R., Klarenbeek-McKenna, M., & Day, D.（2019）. Somebody watching You': Impact of reflecting teams on hope in couple relationships. Australian and New Zealand Journal of Family Therapy, 40, 383-399.

Amod, Z & Miller, J.（2019）. Systemic reflecting team training: Perceptions and experiences of south african educational psychologists. The American Journal of Family Therapy. 47（2）, 102–119.

Anderson, H. & Gehart, D.（2010）. 合作取向實務-造成改變的關係和對話。Collaborative therapy: Relationships and conversations that make a difference.（周和君、董小玲譯）。台北市：張老師。（原著出版於2006年）。

Andreas, S.（2023）. 薩提爾改善家人關係的溝通模式/對話的力量，統整薩提爾家族治療技巧X NLP神經語言程式學X催眠引導。Virginia Satir: the patterns of her magic.（戴月芳譯）。新北市：和平國際文化。（原著出版年：2019）。

Anderson, T.（1987）. The reflecting team: Dialogue and meta-dialogue in clinical work. Family Process, 26（4）, 415-428.

Anderson, H.（1997）. Conversation language and possibilities. New York, NY: Basic Books.

Armstrong, K., Underhill, J., Epstein, K., Metzler, T., O'Connor, A., Norona, J.& Ihle, E. C.（2019）. Looking into the one-way mirror: A pilot study on the impact of reflecting teams on family members. Family Process, 58（4）, 819-831.

Burke, R. W.（2020）. 練習自在面對衝突：從意見表達到溝通談判，不受情緒操控，輕鬆駕馭衝突、主導結果。Quiet the rage: How learning to manage conflict change your life（and the world）.（姚怡平譯）。台北市：采實出版。（原著出版於2017年）。

Callanan, M. & Kelley, P.（2018）. 生命最後的禮物：正確看待臨死覺知，傾聽臨終者的話語，做出有效的溝通。Final gifts: Understanding the special awareness, need, and communications of the dying.（李文綺譯）。台北市：商周。（原著出版於1992年）。

Capuzzi, D. & Stauffer, M. D.（2021）. 團體心理諮詢理論與實踐。（魯小華、馬征、蔡飛、李斌、王穎、劉宇等譯）北京市：人民郵電出版社。（原著出版年：2019）。

Case, C. & Dalley, T.（2017）. 藝術治療手冊。The handbook of Art Therapy.（陸雅青、周怡君、王秀絨、蔡汶芳、林純如、許純瑋譯）。新北市：心理出版社。（原著出版於2006年）。

Chao, S. H. & Chen, P.h.（2023）. Effects of outsider witness practice on a support group for parents of children with autism spectrum disorder. International Journal of Qualitative Studies on Health and Well-Being, 18, 1-9.

Clear, J.（2021）. 原子習慣：細微改變帶來巨大成就的實證法則。（Atomic habits: An easy & proven way to build good habits & break bad ones.（蔡世偉譯）。台北市：方智。（原著出版於2018年）

Dahlberg, K., Dahlberg, H., & Nyström, M.（2008）. Reflective lifeworld research（2nd ed.）. Lund: Studentlitteratur.

Doherty, W. J.（2004）. 心理治療的道德責任：面對個案的專業倫理。Why psychotherapy must promote moral responsibility.（李淑珺譯）。台北市：心靈工坊。（原著出版於2004年）。

Elliott, R., Bohart, A. C., Watson, J. C. & Murphy, D.（2018）. Therapist empathy and client outcomw: An updated meta-analysis. Society for the Advancement of Psychotherapy, 55（4）, 399-410.

Faddis, T. J., & Cobb, K. F.（2016）. Family therapy techniques in residential settings: Family sculptures and reflecting teams. Contemp Fam Ther, 38, 43-51.

Friedman, S.（2005）. 行動的反思團隊-家族治療中的合作式應用。Steven Friedman, 1995, The reflecting team in action: Collaborative practice in family therapy。（李淑珺譯）。台北市：張老師。（原著出版於1995年）。

Garven, R.（2011）. Creating dialogic contexts for multidisciplinary clinical reviews: The reflecting team process. The Australian and New Zealand Journal of Family Therapy, 32（4）,283-299.

Gehart, D. R.（2018）. The legacy of Tom Andersen- The ethics of reflecting processes. Journal of Marital and Family Therapy, 44（3）, 386-392.

Glibert, R. M.（2016）. 解決關係焦慮：Bowen家庭系統理論的理想關係藍圖。Extraordinary relationships: A new way of thinking about human interactions.（江文賢、田育慈等譯）。台北市：張老師。（原著出版於1992年）。

Guilfoyle, M.（2018）. Constructing unfinalizability: A subject positioning analysis of a couple's therapy session hosted by tom Andersen. Journal of Marital and Family Therapy, 44（3）, 426-437.

Halvor de Flon.（2017）. The reflecting team approach: Different uses in live supervision and group supervision with both family therapy trainees and practitioners. Focused Issues in Family Therapy. A. Vetere, J. Sheehan（eds.）, Supervision of family therapy and systemic practice,107-120.

Hamilton, N. G.（2013）. 人我之間：客體關係理論與實務。Self and Others: Object Relations Theory in Practice.（楊添圍、周仁宇譯）。台北市：心靈工坊。（原著出版於1999年）。

Harris, N. B.（2018）. 深井效應：治療童年逆境傷害的長期影響。The deepest well: Healing the long-team effects of childhood adversity.（朱崇旻譯）。台北市：究竟。（原著出版年：2018年）。

Hodgson, J. & Haralson, D.（2017）. Reflecting team supervision in couple and family therapy. J. L. Lebow et al.（eds.）. Encyclopedia of Couple and Family Therapy.

Johansson,RM., Nyström, M. & Dahlheim-Englund, AC.（2017）. Reflecting team and process-oriented supervision- a case study on differences. Reflective Practice, 18（6）, 737-749.

Johnson, S.（2022）. 情緒取向治療全解析：EFT如何療癒個人、伴侶與家庭。Attachment theory in practice：Emotionally focused therapy（EFT）with individuals, couples, and families.（劉婷譯）。台北市：張老師。（原著出版於2019年）。

Jonasson, L.L., NystrÖm, M. & RydstrÖm, I.（2017）. Reflective team in caring for people living with dementia: A base for care improvement. Reflective Practice, 18（3）, 397-409.

Kerr, M. E.（2020）. 炸彈客，沒有那麼簡單。家族成員情緒失控釀災，包溫端出救火新概念。Bowen theory's secrets: revealing the hidden life of families.（張美惠譯）。台北市：張老師。（原著出版於2019年）。

Kohn, S.（2019）. 逆轉恨意：洞察仇恨的源頭，讓善意與惡念開始對話。The opposite of hate: A field guide to repairing our humanity.（戴至中譯）。台北市：時報文化。（原著出版於2018年）。

Lá, J. S.（2022）. 沒關係，你可以哭出來：一場長期照護者們的內在療癒之旅。（范兆延譯）。台北市：平安文化。（原著出版於2020年）。

Lair, G. S.（2007）. 臨終諮商的藝術。Counseling the terminally Ⅲ: Sharing the Journey.（蔡昌雄譯）。台北市：心靈工坊。（原著出版於1996年）。

Liu, X. , Liu, Z. & Wang, X.（2022）. Application of reflecting team in psychiatric consultation-examples of joint action of psychiatric consultation and systemic family therapy. Asian Journal of Surgery, 45, 3005-3006.

Madigan, S.（2011）. Narrative therapy（1st ed.）. Washington, DC: American Psychological Association.

Messias, E., Peseschkian, H. & Cagande, C.（2022）. 正向心理科學臨床實務：平衡生活、促進身心健康與提升人生幸福感。Positive psychiatry, psychotherapy: Clinical applications, By Springer Nature Switzerland AG.（郭約瑟譯）。台北市：啟示出版。（原著出版於2020年）。

Nadan, Y.（2020）. Outsider witness groups as a means of professional growth in family therapy training: An exploratory qualitative study. Family Process, 59（2）, 509-524.

Nemeth, C.（2019）. 異見的力量：心理學家的7堂決策思考課。Charlan Nemeth : In defense of troublemakers: The power of dissent in life and business.（王怡棻譯）。台北市：遠見天下。（原著出版於2019年）。

Olsson, A. E.（2014）. Dialongical participatory action research in social work using delta-reflecting teams. By F. Rauch et al.（Eds.）. Promoting change through action research, 163-172. Sense Publishers.

Richardson, R. W.（2019）. 原生家庭療法--七個步驟，解開關係束縛，做出改變，重建更成熟的情感對應方式。Family Ties That Bind: A self-help guide to change through family of origin therapy 4E.。台北市：本事出版。（原著出版於2011年）。

Seikkula, J. & Arnkil, T. E.（2016）. 開放對話、期待對話-尊重他者當下的他異性。Open dialogues and anticipations: Respecting Otherness in the present moment。（吳菲菲譯）。台北市：心靈工坊。（原著出版於2014年）。

Siegel, A.M.（2005）. 斯。柯赫與自體心理學。 Allen M. Siegel（1996）. Heinz Kohut and psychology of the Self. New York,Routledge.（葉宇記譯）。台北市：遠流。（原著出版於1996年）。

Suzanne Ho-wai SO, James Bennett-Levy, Helen Perry, Debbie Helen Wood & Chee-wing Wong.（2018）. The Self-Reflective Writing Scale（SRWS）: A new measure to assess self-reflection following self-experiential cognitive. Reflective Practice, 19,（4）, 505–521.

Tavani, J. L., Collange, J., Rateau, P., Rouquette, M-L., & Sanitioso, B. R.（2017）. Tell me what you remember and I will know who you are: The link betweem collective memory and social categorization. Group Processes & Intergroup Relations, 20（1）, 91-108.

Teyber, E. & Teyber, F. H.（2017）. 人際歷程取向治療：整合模式（二版）。Interpersonal process in therapy: An integrative model 7E.（吳麗娟、蔡秀玲、杜淑芬、方格正、鄧文章等譯）。台北市：雙葉書廊。（原著出版於2017年）。

Toseland, R. W. & Rivas, R. F.（2017）. 團體工作實務。An Introduction to group work practice 8E.（莫藜藜譯）。台北市：雙葉。（原著出版於2017年）。

Trull, T. J. & Prinstein, , M. J.（2017）. 臨床心理學（第二版）。（Clinical psychology, 8th ed.）。（游恆山譯）。台北市：五南。（原著出版於2013年）。

Whitaker, C. A. & Bumberry, W. M.（2016）. 與家庭共舞：象徵與經驗取向的家族治療。（Dancing with the family: a symbolic-experiential approach.）。（傅馨芳譯）。台北市：張老師。（原著出版於1988年）。

White, M.（2018）. 故事・解構・再建構：麥克、懷特敘事治療精選集。Narrative therapy classics by Michael White.（徐曉珮譯）。台北市：心靈工坊。（原著出版於2016年）。

Willott, S., Hatton, T. & Oyebode, J.（2012）. Reflecting team processes in family therapy: A search for research. Journal of Family Therapy, 34, 180-203.

Winter, E.（2019）. 情緒賽局。Feeling smart: Why our emotions are more rational than we think.（高英哲譯）。新北市：大牌出版。（原著出版於2014年）。

Yildirim, S. Y., Dengiz, A. S. & Çaglayan, E.（2020）. Reflecting team experiences of clients during the counseling process: A post-modernist study. Turkish Studies, 15（2）, 1499-1514.

Young, J., Saunders, F.,Prentice, G., Macri-Riseley, D., Fitch, R., & Pati-Tasca, C.（1997）. Three journeys toward the reflecting team. A.N.Z.J. Fam. Ther., 18（1）, 27-37.

國家圖書館出版品預行編目(CIP)資料

團體工作理論與實務：團體的看見.群策共享處遇經驗：
鏡觀模式的思維與運用/謝宏林著. -- 第一版. --
新北市：商鼎數位出版有限公司, 2024.08
　　面；　公分
ISBN 978-986-144-279-2(平裝)

1.CST: 社會團體工作 2.CST: 心理輔導

547.3　　　　　　　　　　　　　　　113010948

團體工作
理論與實務

團體的看見・群策共享處遇經驗 — 鏡觀模式的思維與運用

著　　者	謝宏林

出版策劃	社團法人中華人際關懷處遇協會
	地址：702 臺南市南區夏林路222巷2號
	電話：(06)2636-195
設計發行	商鼎數位出版有限公司
	地址：235 新北市中和區中山路三段136巷10弄17號
	電話：(02)2228-9070　傳真：(02)2228-9076
	客服信箱：scbkservice@gmail.com

編 輯 經 理	甯開遠	
執 行 編 輯	尤家瑋	
獨立出版總監	黃麗珍	
編 排 設 計	翁以倢	

商鼎官網　　　　　來出書吧！

2024年8月10日出版　第一版／第一刷